CW01081680

Contabilidade Empresarial para Gestão de Negócios

Edson Cordeiro da Silva

Contabilidade Empresarial para Gestão de Negócios

Guia de Orientação Fácil e Objetivo para Apoio e Consulta de Executivos

Suplemento, com alterações trazidas pela Lei nº 11.638, de 28 de dezembro de 2007.

SÃO PAULO
EDITORA ATLAS S.A. – 2009

Sumário

1 Introdução

A Lei nº 11.638/07 alterou dispositivos da Lei nº 6.404/76, e estendeu às sociedades de grande porte disposições relativas à elaboração e divulgação de demonstrações financeiras. Embora a Lei nº 11.638/07 não tenha promovido todas as mudanças esperadas por alguns segmentos da sociedade, conforme propunha o Projeto nº 3.741/2000 de iniciativa da CVM, é preciso considerar que as modificações efetuadas principalmente na parte que trata dos procedimentos contábeis e de elaboração das demonstrações financeiras representam, sem dúvidas, um grande avanço em relação aos procedimentos contábeis até então praticados no Brasil.

As alterações ocorreram nos artigos 176, 177, 178, 179, 181, 182, 183, 184, 187, 188, 197, 199, 226 e 248, além das modificações nos artigos supracitados, a Lei nº 11.638/07 introduziu o artigo 195-A, que trata de reservas para incentivos fiscais.

As principais alterações se referem a aspectos contábeis. A partir de agora, as sociedades de grande porte estarão submetidas às mesmas disposições que regem as sociedades por ações, e serão obrigadas a publicar suas Demonstrações Contábeis, as quais passam a ser chamadas Demonstrações Financeiras. A lei se aplica a toda e qualquer sociedade que apresentar no exercício social anterior ativo total de R$ 240 milhões ou receita bruta anual superior a R$ 300 milhões. Embora a lei esteja em vigor desde 1º janeiro de 2008, alguns artigos irão demandar regulamentações e instruções normativas de vários órgãos, de modo que a data-limite para implementação dessas modificações é 31-12-2008.

As mudanças introduzidas pela Lei nº 11.638/07, que visam adequar os procedimentos contábeis praticados no Brasil aos padrões internacionais aceitos nos principais mercados de valores mobiliários, darão, portanto, maior transparência, integridade e credibilidade às nossas demonstrações contábeis permitindo, desse modo, a inserção das companhias abertas no processo de convergência contábil internacional.

2 Mudanças relativas às demonstrações financeiras

A Lei nº 11.638/07 substituiu a obrigatoriedade de elaboração de uma demonstração, porém incluiu uma nova:

- Demonstração das Origens e Aplicações de Recursos (DOAR) foi substituída pela Demonstração dos Fluxos de Caixa (DFC);
- Foi incluída também, entre as demonstrações de elaboração obrigatória, a Demonstração do Valor Adicionado (DVA).

As demonstrações financeiras exigidas pela Lei. nº 6.404/76, a partir de 1º de janeiro de 2008, são as seguintes:

- Balanço Patrimonial.

- Demonstração do Resultado do Exercício.

- Demonstração de Lucros ou Prejuízos Acumulados.

- Demonstração das Mutações do Patrimônio Líquido.

- Demonstração dos Fluxos de Caixa – DFC.

- Demonstração do Valor Adicionado – DVA.

Nota: Conforme § 2º do artigo 186 da Lei nº 6404/76, quando a companhia elaborar e publicar a Demonstração das Mutações do Patrimônio Líquido estará dispensada da elaboração da Demonstração de Lucros ou Prejuízos Acumulados.

a) Demonstração dos Fluxos de Caixas (DFC) passa a ser elaborada e divulgada pelas empresas e não será obrigatória para as companhias fechadas com patrimônio líquido inferior a R$ 2 milhões (dois milhões de reais).

b) A Demonstração do Valor Adicionado (DVA) é obrigatória somente para as companhias abertas.

3   Principais destaques

3.1   *Balanço patrimonial*

Doravante passa a incluir o Grupo Intangível no Ativo Permanente e Ajuste de Avaliação Patrimonial no Patrimônio Líquido.

BALANÇO PATRIMONIAL

ATIVO	PASSIVO
Ativo Circulante	Passivo Circulante
Ativo Realizável a Longo Prazo	Passivo Exigível a Longo Prazo
Ativo Permanente	Resultado de Exercícios Futuros
Investimentos	
Imobilizado	Patrimônio Líquido
Intangível	Capital Social
Diferido	Reservas de Capital
	Ajustes de Avaliação Patrimonial **Reserva de Incentivos Fiscais**
	Reservas de Lucros
	(–) Ações em Tesouraria
	(–) Prejuízos Acumulados

3.2 Demonstração de Lucros ou Prejuízos Acumulados

Essa Demonstração pode ser substituída pela Demonstração das Mutações do Patrimônio Líquido com a extinção da conta de Reserva de Reavaliação, inclusão das contas Reserva de Incentivos Fiscais, Ajustes de Avaliação Patrimonial e Prejuízo Acumulado.

DEMONSTRAÇÃO DE LUCROS OU PREJUÍZOS ACUMULADOS

Saldo anterior de lucros (Prejuízos) acumulados

Ajustes de exercícios anteriores
    – Efeitos da mudança de critérios contábeis
    – Retificação de erros de exercícios anteriores

Parcela de lucros incorporada ao capital

Reversões de reservas
    – Para contingências
    – De lucros a realizar

Lucro líquido do exercício
Proposta da administração de destinação:
– Transferências para reservas
– Reserva legal
– Reserva estatutária
– Reserva de lucros a realizar
– Dividendos a distribuir (R$ por ação do capital social em ...)
Saldo final (Prejuízos Acumulados – nova versão)

Nota: Foi extinta a conta de Lucros Acumulados, entretanto se manteve a conta de Prejuízos acumulados. O lucro líquido apurado em cada exercício deverá ser totalmente destinado à constituição de reservas de lucros, à compensação de prejuízos ou à distribuição de dividendos.

3.3 Demonstração das Mutações do Patrimônio Líquido

As empresas que elaborarem a DMPL estão dispensadas de apresentar em separado a DLPA. Uma vez que essa, obrigatoriamente, estará incluída naquela, quando essa for elaborada e publicada pela companhia deverá ser observada a Instrução CVM 59/86, que exige das companhias de capital aberto a elaboração e publicação da DMPL.

DEMONSTRAÇÃO DAS MUTAÇÕES DO PATRIMÔNIO LÍQUIDO

	Capital social		Reserva de capital		Ajustes de avaliação patrimonial	Reserva de lucro	Prejuízo acumulado	Total
	Subscrito	Realizado	Ações de tesouraria	Conversão em ações				
Saldos iniciais								
Ajustes de exercícios anteriores								
Efeitos da mudança de critérios contábeis								
Retificação de erros de exercícios anteriores								
Aumento de capital com lucros e reservas								
Aquisições de ações próprias								
Realização da reserva de reavaliação								
Lucro líquido do exercício								
Distribuição proposta à assembléia de acionistas								
Reservas								
Dividendos a distribuir (R$ por ação do capital social em ...)								
Saldos finais								

Nota: Foi extinta a conta de Lucros Acumulados, entretanto se manteve a conta de Prejuízos Acumulados. O lucro líquido apurado em cada exercício deverá ser totalmente destinado à constituição de reservas de lucros, à compensação de prejuízos ou à distribuição de dividendos.

RESERVAS DE LUCROS (DESDOBRAMENTO)

Descrição	Legal	Estatutária	Lucros a realizar	Expansão	Total
Saldo iniciais					
Incorporação ao capital					
Destinação do lucro líquido					
Saldos finais					

3.4 Demonstração do Resultado do Exercício

Essa demonstração foi mantida com a inclusão de uma nova linha específica com "Participações de debêntures de empresas e administradores e de instituições ou Fundos de Assistência de Previdência de Empregados."

DEMONSTRAÇÃO DO RESULTADO DO EXERCÍCIO

Receita operacional bruta
Venda de produtos
Serviços prestados
Dedução da receita bruta
Impostos incidentes sobre vendas
Devoluções e abatimentos
Receita operacional líquida
Custos dos produtos vendidos e dos serviços prestados
Lucro (prejuízo) bruto
Despesas operacionais:
– Com vendas
– Gerais e administrativas
Despesas financeiras deduzidas das receitas
Outras receitas e despesas operacionais
Resultado de participações em outras sociedades
Lucro (prejuízo) operacional
Resultados não operacionais
Resultado do exercício antes dos tributos:
– Imposto de Renda
– Contribuição Social

Participações e contribuições:
– Debêntures – Empregados – Administradores – Partes beneficiárias – Fundos de assistência a empregados – Reversão de juros sobre o capital próprio
Lucro Líquido (prejuízo) do exercício
Lucro Líquido ou Prejuízo por ação de capital (R$)

3.5   Demonstração de Origem e Aplicação de Recursos

Deixa de ser publicada sendo substituída pela "Demonstração dos Fluxos de Caixa".

3.6   Demonstração dos Fluxos de Caixa

Passa a ser elaborada e divulgada pelas empresas e não será obrigatória para as companhias fechadas com patrimônio líquido inferior a R$ 2 milhões.

A Lei nº 6.404/76 também não fixou um modelo de DFC a ser observado por todas as empresas. Ela se limitou a estabelecer no inciso I do artigo 188 que a DFC deverá indicar no mínimo as alterações ocorridas, durante o exercício, no saldo de caixa e equivalente de caixa, segregando-se essas alterações em, no mínimo, três fluxos: das operações, dos financiamentos e dos investimentos.

A Demonstração dos Fluxos de Caixa pode ser apresentada sob duas formas (NPC-20/1999 E CPC 03) – Método Direto e Indireto – visa demonstrar as alterações ocorridas, durante o exercício no saldo de caixa e equivalentes de caixa, segregando-se essas alterações em, no mínimo, três fluxos financeiros conforme anteriormente citado: das operações, dos financiamentos e dos investimentos.

A lei permite que, no primeiro exercício social, a DFC seja divulgada sem indicação dos valores referentes ao ano anterior. A CVM entende que essa faculdade não deva ser adotada por aquelas companhias que já vêm divulgando esse tipo de demonstração (art. 7º da Lei nº 11.638/2007).

Interessante é que a Lei nº 11.638/07 não revogou os incisos III e IV do artigo 188, que tratam de aspectos da antiga DOAR e da variação do Capital Circulante Líquido (CCL), e que ficaram fora de contexto na lei, a menos que se queira entender que tanto a DFC como a DVA devam indicar, em seu bojo, a variação de CCL, o que não é função desses demonstrativos, mas da DOAR (Osmar Reis Azevedo, IOB).

O comitê de Pronunciamentos Contábeis (CPC 03) encoraja as entidades a divulgar os fluxos de caixa decorrentes das atividades operacionais usando o "Método direto".

3.6.1 Demonstração dos fluxos de caixa (método indireto)

Atividades operacionais
Lucro líquido
Ajustes ao lucro:
Depreciação
Lucro na venda de imobilizado
Despesas financeiras de longo prazo
Resultado de equivalência patrimonial
Investimentos de curto prazo:
Variação das contas a receber
Variação da PCLD
Variação dos estoques
Variação das despesas antecipadas
Variação de outros ativos circulantes
Variação de salários a pagar
Variação de fornecedores
Variação de despesas a pagar
Variação da provisão para IR e CS
Variação de outros passivos circulantes
Caixa líquido gerado pelas atividades operacionais
Atividades de investimentos
Investimentos no realizável a longo prazo
Outros investimentos de longo prazo
Investimentos de imobilizado
Investimento no diferido
Investimentos em participações societárias
Outros investimentos permanentes
Caixa líquido gerado pelas atividades de investimentos
Atividades de financiamentos
Aumento de capital
Captação de longo prazo
Pagamento de empréstimos
Pagamentos de dividendos
Caixa líquido gerado pelas atividades de financiamento
Aumento (redução) nas disponibilidades
Caixa no início do período
Caixa no final do período

3.6.2 Demonstração dos Fluxos de Caixa (método direto)

Atividades operacionais
Recebimentos de clientes
Pagamentos de fornecedores
Recebimento de outros ativos circulantes
Pagamentos de salários
Pagamentos de despesas a pagar
Pagamentos de despesas antecipadas
Recebimento de juros
Pagamentos de juros
Recebimentos de dividendos
Outros recebimentos
Outros pagamentos
Caixa líquido gerado pelas atividades operacionais
Atividades de investimentos
Investimentos no realizável a longo prazo
Outros investimentos de longo prazo
Investimentos de imobilizado
Investimento no diferido
Investimentos em participações societárias
Outros investimentos permanentes
Caixa líquido gerado pelas atividades de investimentos
Atividades de financiamentos
Aumento de capital
Captação de longo prazo
Pagamento de empréstimos
Pagamentos de dividendos
Caixa líquido gerado pelas atividades de financiamentos
Aumento (redução) nas disponibilidades
Caixa no início do período
Caixa no final do período

3.7 Demonstração do Valor Adicionado (DVA)

Essa nova demonstração passa a ser elaborada e divulgada apenas pelas companhias abertas.

A DVA é um relatório contábil que evidencia o quanto de riqueza uma empresa produziu, isto é, quanto ela adicionou de valor aos seus fatores de produção e o quanto e de que forma essa riqueza foi distribuída (entre empregados, governo, acionistas, financiadores de capital e outros). A DVA indica também a parcela de riqueza não distribuída. A nova lei não prevê um modelo de Demonstração do Valor Adicionado, dando maior flexibilidade para que os órgãos reguladores o façam. Apenas estabelece que seja feita uma evidenciação mínima dos componentes geradores do valor adicionado e da sua forma de distribuição ou retenção. No entanto, o CFC aprovou a Resolução nº 1.010/2005 sobre DVA-NBC T 3.7. A CVM divulgou um modelo simplificado de DVA baseado em modelo elaborado pela FIPECAFI por meio de ofício-circular/CVM nº 1/2007 (Osmar Reis Azevedo, IOB).

A demonstração referida no inciso V, do *caput* do artigo 176 da Lei nº 6.404/76, poderá ser divulgada no primeiro ano de vigência desta lei (em 2008), sem a indicação dos valores correspondentes ao exercício anterior (art. 7º Lei nº 11.638/07).

DEMONSTRAÇÃO DO VALOR ADICIONADO (DVA)

1 Receitas
1.1 Vendas de mercadorias, produtos e serviços
1.2 Provisão para devedores duvidosos (reversão/constituição)
1.3 Resultados não operacionais
2 Insumos adquiridos de terceiros (inclui ICMS e IPI)
2.1 Matérias-primas consumidas
2.2 Custos das mercadorias e serviços vendidos
2.3 Materiais, energia, serviços de terceiros e outras despesas
2.4 Perda/recuperação de valores ativos
3 Valor adicionado bruto (1 − 2)
4 Retenções
4.1 Depreciação, amortização e exaustão
5 Valor adicionado líquido produzido pela entidade
6 Valor adicionado recebido em transferência
6.1 Resultado de equivalência patrimonial
6.2 Receitas financeiras
7 Valor adicionado total a distribuir (5 + 6)
8 Distribuição do valor adicionado
8.1 Pessoal e encargos
8.2 Impostos, taxas e contribuições
8.3 Juros e aluguéis
8.4 Juros sobre o capital próprio e dividendos
8.5 Lucros retidos/prejuízo do exercício
Nota: O total do item 8 deve ser igual ao item 7.

3.8   Notas explicativas, relatório da administração e parecer do conselho fiscal

3.8.1   A Lei nº 11.638/07 manteve o seguinte procedimento

- Publicação das Notas Explicativas – parte integrante das Demonstrações Financeiras.
- Relatório da Administração; e
- Parecer do Conselho Fiscal (art. 164, parágrafo único, Lei nº 6.404/76).

3.9   Parecer da auditoria independente

A nova Lei nº 11.638/07 inova em relação ao parecer da auditoria que passa a ser obrigatório para as sociedades de grande porte.

Em consonância ao artigo 176 da lei, todas as sociedades de grande porte, ainda que não constituídas sob a forma de sociedades por ações, são obrigadas a elaborarem as demonstrações financeiras. Com isso facilita a convergência das normas legais e práticas executadas em nosso país aos padrões internacionais de contabilidade.

Sociedades de grande porte – considera-se de grande porte, para fins exclusivos desta lei (11.638/07), a sociedade ou conjunto de sociedades sob controle comum que tiver, no exercício social anterior, ativo total superior de R$ 240 milhões ou receita bruta anual superior a R$ 300 milhões.

4   Alterações na classificação e nos critérios de ativos e passivos

4.1   Ativo permanente – intangível

Serão registrados os direitos que tenham por objeto bens incorpóreos destinados à manutenção da companhia inclusive fundo de comércio adquirido.

4.2   Patrimônio líquido

Foi criado um subgrupo para registrar os ajustes de avaliação patrimonial em que serão contabilizadas as adaptações correspondentes a valores de mercado dos ativos e passivos. Esse fato exige a adequação das contas de reservas de lucros a realizar, de Reserva de capital e Reserva de lucros, incluindo a conta de Reserva de incentivos fiscais em que será considerada, de acordo com proposta em assembléia geral, parte ou totalidade das doações e subvenções governamentais para investimentos originados de entidades do governo. Os valores destinados a essa reserva poderão ser excluídos da base de cálculo dos dividendos obrigatórios.

4.3 Incorporação, Fusão e Cisão

A lei estabelece que as transações realizadas entre partes não relacionadas terão seus ativos e passivos obrigatoriamente contabilizados pelo "valor de mercado".

4.4 Método de Equivalência Patrimonial – Controladas e Coligadas

A nova lei estabelece que para se considerar a relevância do investimento e a utilização do método de equivalência patrimonial na avaliação de investimentos deve se levar em conta a participação mínima de 20%, no caso das coligadas do "**capital votante**" e menciona o texto inerente a grupo de sociedades.

4.5 Avaliação dos Ativos e Passivos

A possibilidade de constituição de reserva de reavaliação foi substituída pela obrigatoriedade de avaliar os elementos do ativo e do passivo pelo "valor de mercado". A contrapartida dos ajustes pelo valor de mercado será em conta intitulada "Ajustes de avaliação patrimonial" registrada no Patrimônio Líquido.

Para os ativos aplicados em "instrumentos financeiros", inclusive derivativos, a lei estabelece a avaliação por valor de mercado ou equivalente.

Ativos e Passivos de longo prazos serão avaliados a valor presente líquido. As modificações inseridas nas peças contábeis têm como principal objetivo a convergência às normas internacionais e aumentar a confiabilidade nos relatórios contábeis.

5 Resumo das principais Mudanças – Comentários gerais

- Foi mantida a expressão Demonstrações Financeiras, ao invés de Demonstrações Contábeis.
- No artigo 177 da Lei nº 6.404/76, não foi modificada a expressão princípios contábeis geralmente aceitos. O CFC consagrou a expressão princípios fundamentais de contabilidade (Resoluções CFC nos 750/93 e 774/94).
- O artigo 178 das S/As, que trata do balanço patrimonial, não alterou a estrutura dos grupos de contas, e ainda manteve a classificação inadequada do patrimônio líquido dentro do grupo de contas do passivo, contrariando o princípio da entidade.

- A nova redação do artigo 181 (referente ao resultado de exercícios futuros), mais rica do que o texto atual, foi vetada, simplesmente em razão de abrigar os resultados de transações entre sociedades controladoras e suas controladas. Nada impede que, em função de regulamentação específica da própria CVM, as doações e subvenções para investimentos possam ser contabilizadas de acordo com as normas internacionais de contabilidade e, enquanto não realizadas, sejam classificadas como Resultados de exercício futuro.

- A Lei nº 11.638/07 não contempla a necessidade das organizações evidenciarem através das notas explicativas, ou de quadros suplementares, informações de natureza social e de produtividade, que poderiam dar um suporte formal para a elaboração do balanço social.

- A nova lei também não eliminou o equívoco conceitual existente na Lei nº 6.404/76, que considera como reserva de capital, inclusive integrando o patrimônio líquido da sociedade, os valores destinados ao resgate de partes beneficiárias. As partes beneficiárias e não instrumentos financeiros de capital, portanto, os valores decorrentes da sua alienação, a serem destinados para o resgate desses títulos, constituem exigibilidades.

- A Lei nº 11.638/07 deveria ter exigido a apresentação de notas explicativas sobre os segmentos de negócios em que a entidade atua e sobre a existência de operações em processo de descontinuidade. Não fez. Acredito que a CVM, mais a frente, poderá utilizar suas prerrogativas para normatização do assunto (artigo 177, § 5º).

- A nova lei também deveria ter substituído a Demonstração de Lucros ou Prejuízos Acumulados (artigo 186) pela Demonstração das Mutações do Patrimônio Liquido.

- Também a Lei nº 11.638/07 não tratou da divulgação em separado dos ganhos e perdas em operações descontinuadas na Demonstração de Resultado do Exercício. A CVM poderá oportunamente dentro de suas competências normatizar o assunto.

- Com relação às demonstrações financeiras consolidadas, a Lei nº 11.638/07 poderia ter eliminado o limite de 30% estabelecido no atual artigo 249 da Lei nº 6.404/76, inclusive tornado obrigatório a consolidação para as companhias fechadas.

- O artigo 289 da Lei nº 6.404/76 deveria ser revisto em função dos altos custos de publicação das demonstrações financeiras, e inclusive pelo aumento das informações complementares, notas, quadros adicionais etc.

- Também deve ser observada a Deliberação CVM nº 505/06, que recomenda que as companhias abertas divulguem em nota explicativa as suas demonstrações financeiras relativas a 31/12/2007, os eventos contemplados na nova lei que irão influenciar as suas demonstrações de 2008 e, quando possível, uma previsão de seus efeitos no patrimônio e no resultado de 2007, ou o nível de relevância sobre as demonstrações de 2008.

- Em função do disposto no § 5º do artigo 177 adicionado pela Lei nº 11.638/07, as normas contábeis emitidas pela CVM deverão estar obrigatoriamente em consonância com os padrões contábeis internacionais e de acordo com as normas emitidas pelo IASB.

- Com relação às demonstrações financeiras, a Lei nº 11.638/07 introduz a Demonstração dos Fluxos de Caixa, em substituição à Demonstração das Origens e Aplicações de Recursos, em função da facilidade de melhor entendimento da posição financeira da empresa. A CVM deverá melhor regulamentar essa demonstração com base no IAS 7 e SFAS 95.

- A Demonstração do Valor Adicionado tornou-se obrigatória para as companhias abertas, a qual apresenta os recursos gerados pelas operações e a sua distribuição entre o governo, empregados, financiadores, acionistas etc. A norma internacional IAS 1, item 8, não inclui a DVA entre as demonstrações básicas, entretanto o IASB encoraja a sua apresentação. Essa demonstração deveria ser uma demonstração complementar, juntamente com as notas explicativas como parte integrante das demonstrações financeiras (§ 4º, artigo 177, Lei nº 6.404/76).

- A Lei nº 11.638/07 permite que, no primeiro exercício social de 2008, essas demonstrações sejam divulgadas sem indicação dos valores referentes ao ano anterior. Entretanto, tal faculdade não deverá ser adotada, caso a companhia já venha divulgando esses tipos de demonstrações – DVA e DFC.

- A escrituração contábil foi regulada de forma a preservar a qualidade das informações contábeis e fiscais a serem divulgadas para utilização dos seus vários usuários (ex.: livros auxiliares como LALUR ou na escrituração mercantil, aí surge uma novidade – LALUC, desde que sejam efetuados lançamentos contábeis adicionais que assegurem a preparação e divulgação das demonstrações contábeis, conforme a estrutura conceitual básica – artigo 177, novo § 2º, item II e o 7º).

- Já no Ativo Permanente foi incluído um novo subgrupo: intangível contendo marcas, patentes, fundo de comércio etc. A CVM deverá regulamentar esse subgrupo de contas na visão do IAS 38. A nova lei (inciso IV, artigo 179 da Lei nº 6.404/76) torna obrigatório o registro no ativo imobilizado dos direitos que tenham por objetos bens corpóreos destinados à manutenção das atividades da companhia, inclusive os decorrentes de operações que transfiram à companhia os benefícios, riscos e controle dos bens (arrendamento mercantil).

- A reavaliação espontânea de bens corpóreos do ativo imobilizado foi excluída dando lugar aos ajustes decorrentes de avaliação patrimonial, enquanto não computados no resultado, em função do regime de competência, em razão de aumentos e diminuições de ativos e/ou passivos avaliados a valor de mercado.

- A nova lei cancelou também os itens *c* e *d* do § 1º do artigo 182 da Lei nº 6.404/76, que estabeleciam o registro de prêmio recebido na emissão de debêntures e doações e subvenções para investimentos diretamente como reservas de capital em conta de patrimônio líquido. Isso significa que, pela nova sistemática, as doações e as subvenções para investimento passarão a ser registrados no resultado do exercício. A lei possibilita que esses valores sejam destinados para reserva de lucros, denominada de reserva de incentivos fiscais e excluídos do cálculo do dividendo obrigatório.

- Foram também introduzidos no artigo 183 novos critérios de avaliação de ativos para os instrumentos financeiros, inclusive derivativos, ajustes a valor presente de direitos e obrigações (artigo 184) e outros. Essas modificações introduzidas pela lei nos critérios de avaliação de ativos e passivos conduzem ao conceito do chamado valor justo, o qual já se vem discutindo com a comunidade contábil internacional.

- Sociedade de Grande Porte – Lei nº 11.638/07 – foi a obrigatoriedade da adoção das normas contábeis e de auditoria independente prevista na Lei nº 6.404/76, ainda que não constituída sob a forma de sociedade por ações.

- O art. 5º da Lei nº 11.638/07, ao acrescentar um novo artigo na Lei nº 6.385/76, dá uma importante opção aos órgãos e agências reguladoras, qual seja, de celebrar convênio com entidade independente que tenha por objeto o estudo e a divulgação de princípios, normas, padrões, procedimentos de contabilidade e de auditoria.

- A nova redação dada ao artigo 248 da Lei nº 6.404/76 eliminou a variável de relevância para ajuste dos investimentos em sociedades coligadas e controladas pelo método de equivalência patrimonial e alterou o comando do percentual de 20% do capital total para 20% do capital votante da sociedade investida, ou seja, a incidência do percentual passou a ser apenas sobre o montante das ações ordinárias.

6   Referências

AZEVEDO, Osmar Reis. *Comentários às novas regras contábeis brasileiras*. São Paulo: IOB, 2008.

BRAGA, Hugo Rocha; ALMEIDA, Marcelo Cavalcanti. *Mudanças contábeis na lei societária:* Lei 11.638/2007. São Paulo: Atlas, 2008.

DIAS, Adriana Marques; CALDARELLI, Carlos Alberto. *Lei 11.638/07*: uma revolução na contabilidade das empresas. São Paulo: BDO Trevisan, 2008.

INSTRUÇÃO CVM nº 469/20008 e Instrução CVM nº 457/2007.

IUDÍCIBUS, Sergio de; MARTINS, Eliseu; GELBCKE, Ernesto Rubens. *Manual de contabilidade das sociedades por ações*: suplemento. São Paulo: Atlas, 2008.

Legislação – Lei nº 6.404/76 – Sociedade por ações, alterada pela Lei nº 11.638/07.

PETERS, Marcos. *Comentários à Lei nº 11.638/07*. São Paulo: SaintPaul, 2008.

RIBEIRO, Osni Moura. *Demonstrações financeiras*: Lei nº 11.638/07. São Paulo: Saraiva, 2008.

SILVA, Edson Cordeiro da. *Contabilidade empresarial para gestão de negócios*. São Paulo: Atlas, 2008.

7 Anexos

LEI Nº 11.638, DE 28 DE DEZEMBRO DE 2007

Mensagem de veto	Altera e revoga dispositivos da Lei nº 6.404, de 15 de dezembro de 1976, e da Lei nº 6.385, de 7 de dezembro de 1976, e estende às sociedades de grande porte disposições relativas à elaboração e divulgação de demonstrações financeiras.

O PRESIDENTE DA REPÚBLICA

Faço saber que o Congresso Nacional decreta e eu sanciono a seguinte Lei:

Art. 1º Os arts. 176 a 179, 181 a 184, 187, 188, 197, 199, 226 e 248 da Lei nº 6.404, de 15 de dezembro de 1976, passam a vigorar com a seguinte redação:

"Art. 176 ....

IV – demonstração dos fluxos de caixa; e

V – se companhia aberta, demonstração do valor adicionado.

....

§ 6º A companhia fechada com patrimônio líquido, na data do balanço, inferior a R$ 2.000.000,00 (dois milhões de reais) não será obrigada à elaboração e publicação da demonstração dos fluxos de caixa." (NR)

"Art. 177 ....

§ 2º As disposições da lei tributária ou de legislação especial sobre atividade que constitui o objeto da companhia que conduzam à utilização de métodos ou critérios contábeis diferentes ou à elaboração de outras demonstrações não elidem a obrigação de elaborar, para todos os fins desta Lei, demonstrações financeiras em consonância com o disposto no *caput* deste artigo e deverão ser alternativamente observadas mediante registro:

I – em livros auxiliares, sem modificação da escrituração mercantil; ou

II – no caso da elaboração das demonstrações para fins tributários, na escrituração mercantil, desde que sejam efetuados em seguida lançamentos contábeis adicionais que assegurem a preparação e a divulgação de demonstrações financeiras com observância do disposto no *caput* deste artigo, devendo ser essas demonstrações auditadas por auditor independente registrado na Comissão de Valores Mobiliários.

....

§ 5º As normas expedidas pela Comissão de Valores Mobiliários a que se refere o § 3º deste artigo deverão ser elaboradas em consonância com os padrões internacionais de contabilidade adotados nos principais mercados de valores mobiliários.

§ 6º As companhias fechadas poderão optar por observar as normas sobre demonstrações financeiras expedidas pela Comissão de Valores Mobiliários para as companhias abertas.

§ 7º Os lançamentos de ajuste efetuados exclusivamente para harmonização de normas contábeis, nos termos do § 2º deste artigo, e as demonstrações e apurações com eles elaboradas não poderão ser base de incidência de impostos e contribuições nem ter quaisquer outros efeitos tributários." (NR)

"Art. 178 ....

§ 1º ....

c)   ativo permanente, dividido em investimentos, imobilizado, intangível e diferido.

§ 2º ....

d) patrimônio líquido, dividido em capital social, reservas de capital, ajustes de avaliação patrimonial, reservas de lucros, ações em tesouraria e prejuízos acumulados.

...." (NR)

"Art. 179 ....

IV – no ativo imobilizado: os direitos que tenham por objeto bens corpóreos destinados à manutenção das atividades da companhia ou da empresa ou exercidos com essa finalidade, inclusive os decorrentes de operações que transfiram à companhia os benefícios, riscos e controle desses bens;

V – no diferido: as despesas pré-operacionais e os gastos de reestruturação que contribuirão, efetivamente, para o aumento do resultado de mais de um exercício social e que não configurem tão-somente uma redução de custos ou acréscimo na eficiência operacional;

VI – no intangível: os direitos que tenham por objeto bens incorpóreos destinados à manutenção da companhia ou exercidos com essa finalidade, inclusive o fundo de comércio adquirido.

...." (NR)

"(VETADO)

Art. 181. (VETADO)"

"Patrimônio Líquido

Art. 182 ....

§ 1º ....

....

c) (revogada);

d) (revogada).

....

§ 3º Serão classificadas como ajustes de avaliação patrimonial, enquanto não computadas no resultado do exercício em obediência ao regime de competência, as contrapartidas de aumentos ou diminuições de valor atribuído a elementos do ativo (§ 5º do art. 177, inciso I do *caput* do art. 183 e § 3º do art. 226 desta Lei) e do passivo, em decorrência da sua avaliação a preço de mercado. .

...." (NR)

"Critérios de Avaliação do Ativo

Art. 183 ....

I – as aplicações em instrumentos financeiros, inclusive derivativos, e em direitos e títulos de créditos, classificados no ativo circulante ou no realizável a longo prazo:

a) pelo seu valor de mercado ou valor equivalente, quando se tratar de aplicações destinadas à negociação ou disponíveis para venda; e

b) pelo valor de custo de aquisição ou valor de emissão, atualizado conforme disposições legais ou contratuais, ajustado ao valor provável de realização, quando este for inferior, no caso das demais aplicações e os direitos e títulos de crédito;

....

VII – os direitos classificados no intangível, pelo custo incorrido na aquisição deduzido do saldo da respectiva conta de amortização;

VIII – os elementos do ativo decorrentes de operações de longo prazo serão ajustados a valor presente, sendo os demais ajustados quando houver efeito relevante.

§ 1º ....

....

d) dos instrumentos financeiros, o valor que pode se obter em um mercado ativo, decorrente de transação não compulsória realizada entre partes independentes; e, na ausência de um mercado ativo para um determinado instrumento financeiro:

1) o valor que se pode obter em um mercado ativo com a negociação de outro instrumento financeiro de natureza, prazo e risco similares;

2) o valor presente líquido dos fluxos de caixa futuros para instrumentos financeiros de natureza, prazo e risco similares; ou

3) o valor obtido por meio de modelos matemático-estatísticos de precificação de instrumentos financeiros.

§ 2º A diminuição do valor dos elementos dos ativos imobilizado, intangível e diferido será registrada periodicamente nas contas de:

....

§ 3º A companhia deverá efetuar, periodicamente, análise sobre a recuperação dos valores registrados no imobilizado, no intangível e no diferido, a fim de que sejam:

I – registradas as perdas de valor do capital aplicado quando houver decisão de interromper os empreendimentos ou atividades a que se destinavam ou quando comprovado que não poderão produzir resultados suficientes para recuperação desse valor; ou

II – revisados e ajustados os critérios utilizados para determinação da vida útil econômica estimada e para cálculo da depreciação, exaustão e amortização.

...." (NR)

"Critérios de Avaliação do Passivo

Art. 184 ....

....

III – as obrigações, encargos e riscos classificados no passivo exigível a longo prazo serão ajustados ao seu valor presente, sendo os demais ajustados quando houver efeito relevante." (NR)

"Demonstração do Resultado do Exercício

Art. 187 ....

....

VI – as participações de debêntures, de empregados e administradores, mesmo na forma de instrumentos financeiros, e de instituições ou fundos de assistência ou previdência de empregados, que não se caracterizem como despesa;

....

§ 2º (Revogado)." (NR)

"Demonstrações dos Fluxos de Caixa e do Valor Adicionado

Art. 188. As demonstrações referidas nos incisos IV e V do *caput* do art. 176 desta Lei indicarão, no mínimo:

I – demonstração dos fluxos de caixa – as alterações ocorridas, durante o exercício, no saldo de caixa e equivalentes de caixa, segregando-se essas alterações em, no mínimo, 3 (três) fluxos:

   a) das operações;

   b) dos financiamentos; e

   c) dos investimentos;

II – demonstração do valor adicionado – o valor da riqueza gerada pela companhia, a sua distribuição entre os elementos que contribuíram para a geração dessa riqueza, tais como empregados, financiadores, acionistas, governo e outros, bem como a parcela da riqueza não distribuída.

.... "(NR)

"Reserva de Lucros a Realizar

Art. 197..

§ 1º ....

....

II – o lucro, rendimento ou ganho líquidos em operações ou contabilização de ativo e passivo pelo valor de mercado, cujo prazo de realização financeira ocorra após o término do exercício social seguinte.

.... " (NR)

"Limite do Saldo das Reservas de Lucro

Art. 199. O saldo das reservas de lucros, exceto as para contingências, de incentivos fiscais e de lucros a realizar, não poderá ultrapassar o capital social. Atingindo esse limite, a assembléia deliberará sobre aplicação do excesso na integralização ou no aumento do capital social ou na distribuição de dividendos." (NR)

"Transformação, Incorporação, Fusão e Cisão

Art. 226 ....

....

§ 3º Nas operações referidas no *caput* deste artigo, realizadas entre partes independentes e vinculadas à efetiva transferência de controle, os ativos e passivos da sociedade a ser incorporada ou decorrente de fusão ou cisão serão contabilizados pelo seu valor de mercado." (NR)

"Avaliação do Investimento em Coligadas e Controladas

Art. 248. No balanço patrimonial da companhia, os investimentos em coligadas sobre cuja administração tenha influência significativa, ou de que participe com 20% (vinte por cento) ou mais do capital votante, em controladas e em outras sociedades que façam parte de um mesmo grupo ou estejam sob controle comum serão avaliados pelo método da equivalência patrimonial, de acordo com as seguintes normas:

...." (NR)

Art. 2º A Lei nº 6.404, de 15 de dezembro de 1976, passa a vigorar acrescida do seguinte art. 195-A:

"Reserva de Incentivos Fiscais

Art. 195-A. A assembléia geral poderá, por proposta dos órgãos de administração, destinar para a reserva de incentivos fiscais a parcela do lucro líquido decorrente de doações ou subvenções governamentais para investimentos, que poderá ser excluída da base de cálculo do dividendo obrigatório (inciso I do *caput* do art. 202 desta Lei)."

Demonstrações Financeiras de Sociedades de Grande Porte

Art. 3º Aplicam-se às sociedades de grande porte, ainda que não constituídas sob a forma de sociedades por ações, as disposições da Lei nº 6.404, de 15 de dezembro de 1976, sobre escrituração e elaboração de demonstrações financeiras e a obrigatoriedade de auditoria independente por auditor registrado na Comissão de Valores Mobiliários.

Parágrafo único. Considera-se de grande porte, para os fins exclusivos desta Lei, a sociedade ou conjunto de sociedades sob controle comum que tiver, no exercício social anterior, ativo total superior a R$ 240.000.000,00 (duzentos e quarenta milhões de reais) ou receita bruta anual superior a R$ 300.000.000,00 (trezentos milhões de reais).

Art. 4º As normas de que tratam os incisos I, II e IV do § 1º do art. 22 da Lei nº 6.385, de 7 de dezembro de 1976, poderão ser especificadas por categorias de companhias abertas e demais emissores de valores mobiliários em função do seu porte e das espécies e classes dos valores mobiliários por eles emitidos e negociados no mercado.

Art. 5º A Lei nº 6.385, de 7 de dezembro de 1976, passa a vigorar acrescida do seguinte art. 10-A:

"Art. 10-A. A Comissão de Valores Mobiliários, o Banco Central do Brasil e demais órgãos e agências reguladoras poderão celebrar convênio com entidade que tenha por objeto o estudo e a divulgação de princípios, normas e padrões de contabilidade e de auditoria, podendo, no exercício de suas atribuições regulamentares, adotar, no todo ou em parte, os pronunciamentos e demais orientações técnicas emitidas.

Parágrafo único. A entidade referida no *caput* deste artigo deverá ser majoritariamente composta por contadores, dela fazendo parte, paritariamente, representantes de entidades representativas de sociedades submetidas ao regime de elaboração de demonstrações financeiras previstas nesta Lei, de sociedades que auditam e analisam as demonstrações financeiras, do órgão federal de fiscalização do exercício da profissão contábil e de universidade ou instituto de pesquisa com reconhecida atuação na área contábil e de mercado de capitais."

Art. 6º Os saldos existentes nas reservas de reavaliação deverão ser mantidos até a sua efetiva realização ou estornados até o final do exercício social em que esta Lei entrar em vigor.

Art. 7º As demonstrações referidas nos incisos IV e V do *caput* do art. 176 da Lei nº 6.404, de 15 de dezembro de 1976, poderão ser divulgadas, no primeiro ano de vigência desta Lei, sem a indicação dos valores correspondentes ao exercício anterior.

Art. 8º Os textos consolidados das Leis nos 6.404, de 15 de dezembro de 1976, e 6.385, de 7 de dezembro de 1976, com todas as alterações nelas introduzidas pela legislação posterior, inclusive esta Lei, serão publicados no Diário Oficial da União pelo Poder Executivo.

Art. 9º Esta Lei entra em vigor no primeiro dia do exercício seguinte ao de sua publicação.

Art. 10. Ficam revogadas as alíneas *c* e *d* do § 1º do art. 182 e o § 2º do art. 187 da Lei nº 6.404, de 15 de dezembro de 1976.

Brasília, 28 de dezembro de 2007; 186º da Independência e 119º da República.

LUIZ INÁCIO LULA DA SILVA

Arno Hugo Augustin Filho

Este texto não substitui o publicado no *DOU* de 28/12/2007 – Edição extra.

INSTRUÇÃO CVM Nº 469, DE 2 DE MAIO DE 2008

> Dispõe sobre a aplicação da Lei nº 11.638, de 28 de dezembro de 2007. Altera as Instruções CVM nos 247, de 27 de março de 1996 e 331, de 4 de abril de 2000.

A **PRESIDENTE DA COMISSÃO DE VALORES MOBILIÁRIOS – CVM** torna público que o Colegiado, em reunião realizada em 30 de abril de 2008, com fundamento nos

§§ 3º e 5º do art. 177 da Lei nº 6.404, de 15 de dezembro de 1976, combinados com os incisos II e IV do § 1º do art. 22 da Lei nº 6.385, de 7 de dezembro de 1976, e tendo em vista, ainda, o disposto na Lei nº 11.638, de 28 de dezembro de 2007, **APROVOU** a seguinte Instrução:

Aplicação da Lei nº 11.638, de 2007

Art. 1º O disposto na Lei nº 11.638, de 28 de dezembro de 2007, aplica-se às demonstrações financeiras de encerramento do exercício social iniciado a partir de 1º de janeiro de 2008, e às demonstrações especialmente elaboradas para atendimento do disposto no § 2º do art. 45 e no § 1º do art. 204 da Lei nº 6.404, de 15 de dezembro de 1976.

Parágrafo único. As companhias abertas deverão divulgar, em nota explicativa às Informações Trimestrais – ITR de 2008, uma descrição das alterações que possam ter impacto sobre as suas demonstrações financeiras de encerramento do exercício, bem como uma estimativa dos seus possíveis efeitos no patrimônio líquido e no resultado do período ou os esclarecimentos das razões que impedem a apresentação dessa estimativa.

Art. 2º É facultado às companhias abertas a aplicação imediata, nas ITR de 2008 e nas demonstrações especialmente elaboradas para fins de registro na CVM nos termos do art. 7º, inciso X, da Instrução CVM nº 202, de 6 de dezembro de 1993, de todas as disposições contábeis contidas na Lei nº 11.638, de 2007.

§ 1º As companhias abertas que optarem pela aplicação imediata da Lei nº 11.638, de 2007, deverão fazê-lo:

I – com base nas normas emitidas pela CVM, inclusive as constantes desta Instrução e, na sua ausência, nas normas emitidas pelo *International Accounting Standards Board – IASB* que tratem da matéria; e

II – de forma consistente em todas as informações trimestrais de 2008.

§ 2º As companhias abertas que exercerem a faculdade prevista no *caput* deverão divulgar, em nota explicativa às ITR de 2008, uma descrição dos efeitos no resultado e no patrimônio líquido decorrentes da adoção das disposições da Lei nº 11.638, de 2007.

Saldos das Reservas de Capital Alteradas pela Lei nº 11.638, de 2007

Art. 3º Os prêmios recebidos na emissão de debêntures e as doações e subvenções, decorrentes de operações e eventos ocorridos a partir da vigência da Lei nº 11.638, de 2007, serão transitoriamente registrados em contas específicas de resultado de exercícios futuros, com divulgação do fato e dos valores envolvidos, em nota explicativa, até que a CVM edite norma específica sobre a matéria.

Parágrafo único. Os saldos das reservas de capital referentes a prêmios recebidos na emissão de debêntures e doações e subvenções para investimento, existentes no início do exercício social de 2008, poderão ser mantidos nessas respectivas contas até a sua total utilização, na forma prevista em lei.

Reserva de Reavaliação

Art. 4º Os saldos das reservas de reavaliação constituídas até a vigência da Lei nº 11.638, de 2007, inclusive as reavaliações reflexas decorrentes da aplicação do método da equivalência patrimonial, poderão ser mantidos nessas respectivas contas até a sua efetiva realização ou até serem estornados.

§ 1º As companhias abertas que optarem pelo estorno deverão realizá-lo até o final do primeiro exercício social iniciado a partir de 1º de janeiro de 2008.

§ 2º Sem prejuízo do disposto na Instrução CVM nº 358, de 3 de janeiro de 2002, as companhias abertas deverão divulgar, até a apresentação da 2ª ITR do exercício iniciado em 2008, sua opção quanto às alternativas previstas no *caput* deste artigo.

§ 3º No caso de estorno, os efeitos da reversão da reserva de reavaliação e dos ajustes nas respectivas obrigações fiscais diferidas deverão retroagir ao início do exercício social, devendo esses efeitos ser objeto de divulgação em nota explicativa.

§ 4º No caso de manutenção dos saldos da reserva de reavaliação, deverá ser observado o seguinte:

I – a sua realização para a conta de lucros e prejuízos acumulados deverá ser feita nos termos da Deliberação CVM nº 183, de 19 de junho de 1995 e o valor do ativo imobilizado reavaliado existente no início do exercício social deverá ser considerado como o novo valor de custo para fins de mensuração futura e de determinação do valor recuperável; e

II – a obrigatoriedade de realização de reavaliações periódicas, prevista na Deliberação CVM nº 183, de 1995, deixa de ser aplicável.

§ 5º As companhias abertas deverão utilizar a mesma alternativa para as reavaliações próprias e reflexas e determinar a suas controladas a adoção da mesma alternativa, devendo a investidora, no caso de coligadas e equiparadas, ajustar, se necessário, os balanços daquelas companhias para adequá-los à alternativa utilizada.

Lucros Acumulados

Art. 5º No encerramento do exercício social, a conta de lucros e prejuízos acumulados não deverá apresentar saldo positivo.

Parágrafo único. Eventual saldo positivo remanescente na conta de lucros e prejuízos acumulados deverá ser destinado para reserva de lucros, nos termos dos arts. 194 a 197 da Lei nº 6.404, de 15 de dezembro de 1976, ou distribuído como dividendo.

Demonstração do Valor Adicionado – DVA

Art. 6º A demonstração do valor adicionado poderá ser elaborada e divulgada com base nas orientações contidas no item 1.12 do Ofício Circular CVM/SNC/SEP/nº 01, de 14 de fevereiro de 2007, enquanto a CVM não emitir norma específica regulando essa matéria.

Remuneração baseada em Ações

Art. 7º As companhias abertas deverão divulgar informações sobre remuneração baseada em ações nas ITR e nas demonstrações financeiras de acordo com as orientações contidas no item 25.10 do Ofício Circular CVM/SNC/SEP/nº 01, de 14 de fevereiro de 2007, enquanto a CVM não emitir norma específica regulando essa matéria.

Ajustes a Valor Presente – AVP

Art. 8º Os elementos integrantes do ativo e do passivo decorrentes de operações de longo prazo, ou de curto prazo quando houver efeitos relevantes, deverão ser ajustados a valor presente com base em taxas de desconto que reflitam as melhores avaliações atuais do mercado quanto ao valor do dinheiro no tempo e os riscos específicos do ativo e do passivo.

Parágrafo único. As companhias abertas deverão adotar os seguintes procedimentos, enquanto a CVM não emitir norma específica sobre essa matéria:

I – a quantificação do ajuste a valor presente deverá ser realizada em base exponencial *pro rata die*, a partir da origem de cada transação, sendo os seus efeitos apropriados nas contas a que se vinculam;

II – as reversões dos ajustes a valor presente dos ativos e passivos monetários qualificáveis devem ser apropriadas como receitas ou despesas financeiras;

III – as notas explicativas deverão detalhar as premissas e fundamentos que justificaram as taxas de desconto adotadas pela Administração;

IV – as premissas e fundamentos que justificarem as estimativas contábeis relativas ao cálculo dos ajustes a valor presente, inclusive as taxas de desconto, serão objeto de avaliação quanto à razoabilidade e pertinência pelos auditores independentes; e

V – no cálculo do ajuste a valor presente devem ser também observadas as disposições contidas nas Deliberações CVM nº 527, de 1º de novembro de 2007 e nº 489, de 3 de outubro de 2005, nas operações objeto dessas deliberações.

Operações de Incorporação, Fusão e Cisão

Art. 9º Nas operações de incorporação, fusão ou cisão, realizadas entre partes independentes e vinculadas à efetiva transferência de controle, nos termos do § 3º do art. 226 da Lei nº 6.404, de 1976, devem ser determinados os valores de mercado de todos os ativos e passivos, inclusive contingentes, identificáveis e passíveis de mensuração.

Parágrafo único. As operações referidas no *caput* deste artigo realizadas no decorrer de 2008 poderão ser contabilizadas pelo seu valor contábil, devendo ser ajustadas ao valor de mercado até o encerramento do exercício social em curso, enquanto a CVM não emitir norma específica sobre esta matéria.

Companhias Patrocinadoras de Programa de BDR

Art. 10. Fica dispensada a apresentação da nota explicativa de reconciliação referida no inciso III do § 2º do art. 5º da Instrução CVM nº 331, de 4 de abril de 2000, para as companhias patrocinadoras de programa de certificados de depósito de valores mobiliários – BDR cujas demonstrações financeiras, no país de origem ou divulgadas em mercado externo para fins de registro sejam elaboradas adotando-se as normas contábeis internacionais emitidas pelo *International Accounting Standards Board* – IASB.

Art. 11. O artigo 5º da Instrução 331, de 2000, passa a vigorar com a seguinte redação:

"Art. 5º ....

§ 3º As informações citadas nas alíneas *b* e *c* do inciso IV do *caput*, bem como aquelas previstas no § 2º deste artigo, devem ser apresentadas em moeda de apresentação nacional segundo o Pronunciamento Técnico 2 do Comitê de Pronunciamentos Contábeis aprovado pela Deliberação CVM nº 534, de 29 de janeiro de 2008.

...." (NR)

Avaliação de Investimentos em Coligadas

Art. 12. Os arts. 5º e 16 da Instrução CVM nº 247, de 27 de março de 1996, passam a vigorar com a seguinte redação:

"Art. 5º ....

I – o investimento em cada controlada direta ou indireta;

II – o investimento em cada coligada ou sua equiparada, quando a investidora tenha influência significativa na administração ou quando a porcentagem de participação, direta ou indireta, da investidora representar 20% (vinte por cento) ou mais do capital votante; e

III – o investimento em outras sociedades que façam parte de um mesmo grupo ou estejam sob controle comum.

.... (NR)"

"Art. 16. ....

Parágrafo único. Não obstante o disposto no art. 12, o resultado negativo de equivalência patrimonial terá como limite o valor contábil do investimento, que compreende o custo de aquisição mais a equivalência patrimonial, o ágio e o deságio não amortizados e a provisão para perdas." (NR)

Art. 13. As companhias abertas com investimentos em coligadas e equiparadas que deixarem de ser avaliados pelo método da equivalência patrimonial em função do disposto nesta Instrução deverão observar o seguinte:

I – considerar o valor contábil do investimento no balanço anterior à entrada em vigor da Lei nº 11.638, de 2007, incluindo o ágio ou o deságio não-amortizados, como novo valor de custo para fins de mensuração futura e de determinação do seu valor recuperável, deixando de aplicar imediatamente a equivalência patrimonial;

II – contabilizar, em contrapartida desses investimentos, os dividendos recebidos por conta de lucros que já tiverem sido reconhecidos por equivalência patrimonial; e

III – indicar, em nota explicativa nas ITR e demonstrações financeiras de 2008, o valor contábil daqueles investimentos.

Disposições Gerais

Art. 14. Ficam revogados os arts. 4º e 8º e o inciso IV do art. 16 da Instrução CVM nº 247, de 27 de março de 1996.

Art. 15. Esta Instrução entra em vigor na data de sua publicação no Diário Oficial da União, aplicando-se, inclusive, às ITR relativas ao primeiro trimestre de 2008.

Original assinado por

MARIA HELENA DOS SANTOS FERNANDES DE SANTANA

Presidente

INSTRUÇÃO CVM Nº 457, DE 13 DE JULHO DE 2007

> Dispõe sobre a elaboração e divulgação das demonstrações financeiras consolidadas, com base no padrão contábil internacional emitido pelo International Accounting Standards Board – IASB.

O **PRESIDENTE DA COMISSÃO DE VALORES MOBILIÁRIOS – CVM** torna público que o Colegiado, em reunião realizada em 11 de julho de 2007, com fundamento no disposto no parágrafo único do artigo 249 da Lei nº 6.404, de 15 de dezembro de 1976, e nos incisos I, II e IV do § 1º único do artigo 22 da Lei nº 6.385, de 07 de dezembro de 1976, e

CONSIDERANDO:

a) a importância e a necessidade de que as práticas contábeis brasileiras sejam convergentes com as práticas contábeis internacionais, seja em função do aumento da transparência e da confiabilidade nas nossas informações financeiras, seja por possibilitar, a um custo mais baixo, o acesso das empresas nacionais às fontes de financiamento externas;

b) que a CVM vem, desde a década passada, desenvolvendo esforços para possibilitar essa convergência, seja mediante o aperfeiçoamento de suas normas, seja pela apresentação ao Executivo de anteprojeto de lei, hoje transformado no PL nº 3.741/2000;

c) que os mercados e os reguladores de outros países e blocos internacionais, empenhados nesse processo, estão buscando, cada vez mais, desenvolver mecanismos restringindo o acesso daqueles países que ainda não adotaram ou se comprometeram com a adoção das normas contábeis internacionais; e

d) que é essencial encontrarmos alternativas para acelerar esse processo de convergência, sem impor, no entanto, custos extraordinários sem um retorno adequado, e estabelecendo um prazo razoável para as companhias abertas se prepararem.

RESOLVEU:

Art. 1º As companhias abertas deverão, a partir do exercício findo em 2010, apresentar as suas demonstrações financeiras consolidadas adotando o padrão contábil internacional, de acordo com os pronunciamentos emitidos pelo International Accounting Standards Board – IASB.

Parágrafo único. O disposto no *caput* deste artigo aplica-se, ainda, às demonstrações consolidadas do exercício anterior apresentadas para fins comparativos.

Art. 2º Fica facultada às companhias abertas, até o exercício social de 2009, a apresentação das suas demonstrações financeiras consolidadas com a adoção do padrão contábil internacional, emitido pelo International Accounting Standards Board – IASB, em substituição ao padrão contábil brasileiro.

§ 1º Em nota explicativa às demonstrações financeiras consolidadas, e sem prejuízo do disposto no art. 31 da Instrução CVM nº 247, de 27 de março de 1996, devem ser divulgados, na forma de reconciliação, os efeitos dos eventos que ocasionaram diferença entre os montantes do patrimônio líquido e do lucro líquido ou prejuízo da controladora, em confronto com os correspondentes montantes do patrimônio líquido e do lucro líquido ou prejuízo consolidados, em virtude da adoção do disposto neste artigo.

§ 2º Fica dispensada, no primeiro exercício de adoção antecipada desta Instrução, a apresentação, para fins de comparação, das demonstrações consolidadas do exercício anterior elaboradas no padrão contábil brasileiro.

Art. 3º As companhias abertas e suas controladas incluídas na consolidação deverão utilizar, no balanço de abertura do 1º exercício da adoção desta Instrução, as informações contidas nas suas demonstrações financeiras auditadas, que tenham sido divulgadas para fins de registro no mercado internacional ou para fins de atendimento às regras do Novo Mercado da Bovespa, e que tenham atendido às Normas do IASB desde sua primeira divulgação.

Art. 4º Os auditores independentes deverão emitir opinião sobre a adequação das demonstrações financeiras consolidadas às normas internacionais de contabilidade, bem como sobre a suficiência e adequação da nota explicativa referida no parágrafo único do art. 2º.

Art. 5º Esta Instrução entra em vigor na data da sua publicação no Diário Oficial da União.

Original assinado por

MARCELO FERNANDEZ TRINDADE

Presidente

Edson Cordeiro da Silva

Contabilidade Empresarial para Gestão de Negócios

Guia de Orientação Fácil e Objetivo para Apoio
e Consulta de Executivos

SÃO PAULO
EDITORA ATLAS S.A. – 2008

© 2007 by Editora Atlas S.A.

Capa: Roberto de Castro Polisel
Composição: Priscilla Pereira

Dados Internacionais de Catalogação na Publicação (CIP)
(Câmara Brasileira do Livro, SP, Brasil)

Silva, Edson Cordeiro da
   Contabilidade empresarial para gestão de negócios: guia de orientação fácil e objetivo para apoio e consulta de executivos / Edson Cordeiro da Silva. – São Paulo: Atlas, 2008.

   Bibliografia
   ISBN 978-85-224-4885-2

   1. Balanço financeiro 2. Contabilidade 3. Contabilidade gerencial 4. Empresas – Contabilidade I. Título.

07-6652   CDD-657.3

Índices para catálogo sistemático:

1. Análise de demonstrações financeiras: Contabilidade 657.3
2. Demonstrações contábeis: Análise e interpretação: Contabilidade 657.3

Editora Atlas S.A.
Rua Conselheiro Nébias, 1384 (Campos Elísios)
01203-904 São Paulo (SP)
Tel.: (0 - - 11) 3357-9144 (PABX)
www.EditoraAtlas.com.br

A arte de viver

Faço o melhor que sei, o melhor que posso, e o faço até o fim. Se ao final deu tudo certo, não importa o que dizem contra mim.

Abraham Lincoln – Estadista norte-americano, nascido em Kentucky (1809-1865).

Sumário

Prefácio

O mercado está cada vez mais competitivo, mutável e globalizado; as empresas brasileiras acompanharam as mudanças, ganharam competitividade no mercado internacional e buscam ferramentas apropriadas para rever processos, analisar relatórios, reduzir/otimizar custos, formar preços, projetar e implementar adequadas estratégias; tudo isso visa à sobrevivência da empresa e ao aumento da rentabilidade do acionista e investidores.

Este livro tem o cuidado de expor a teoria e a prática empresarial de modo objetivo e claro para que o leitor possa entender os processos, as técnicas, os elementos e as dificuldades que envolvem uma gestão empresarial, que é uma tarefa complexa e árdua em qualquer país.

Vale ressaltar que a presente obra espelha um trabalho feito com esmero, mostrando conceitos, análises, exemplos práticos dos assuntos relacionados à gestão de negócios. Sabemos que não existem fórmulas instantâneas nem ferramentas mágicas para melhorar o desempenho e os resultados de uma empresa, mas é preciso que os profissionais de gestão estejam preparados para enfrentar os desafios que o dia-a-dia empresarial exige.

A obra está voltada para tirar dúvidas ou rever processos, conceitos e técnicas ligadas à gestão de negócios, e com toda a certeza vai ajudar os gestores e profissionais das áreas de Contabilidade e Finanças mediante sua abordagem prática.

Quaisquer comentários, críticas ou sugestões sobre a obra podem ser direcionados para o autor através do endereço eletrônico: <ecordeirosilva@globo.com.br>.

O Autor

Agradecimentos

Ao meu saudoso pai, Sylvio (*in memoriam*), e à minha querida mãe Neuza, e à prezada tia Wanda, por todo o apoio e amor concedidos no decorrer de toda a minha vida.

À minha querida esposa Elisabeth pelo seu eterno carinho e paciência demonstrados ao longo das inúmeras atividades e compromissos profissionais que me privaram, algumas vezes, de um convívio mais intenso.

Ao meu amado filho Marcelo, engenheiro, que torna minha vida mais rica e completa em minhas atividades.

Parte I
Introdução

1

Fundamentos da Contabilidade

1.1 Conceitos, objetivos e importância da contabilidade

A contabilidade é uma ciência que registra, verifica e analisa os fatos financeiros e econômicos que decorrem da situação patrimonial de uma pessoa física ou jurídica, mostrando ao usuário que tem interesse de avaliar a situação da entidade mediante as demonstrações contábeis e os relatórios gerenciais. A contabilidade é uma ciência social que estuda e pratica as funções de controle e de registro relativos aos atos e fatos de administração e de economia.

A contabilidade norteia, fornece informações, controla e contabiliza os fatos acontecidos de certo patrimônio, seja de empresa, seja de pessoa física.

Quando se administra um negócio, é necessário ter um sistema de informações estruturado que gere informações de ordem tanto quantitativa quanto qualitativa; isso dará condições ao administrador do negócio o devido direcionamento para as suas decisões.

O responsável pelo negócio, que pode ser tanto um empresário quanto um executivo, precisa saber se a empresa está tendo lucro, se tem preços competitivos no mercado, e tantas outras informações necessárias para gerir o negócio, não importa se a empresa é uma indústria, um comércio, uma prestadora de serviço etc.; ela pode pertencer ao setor privado ou ao setor público.

Vejamos outras definições do que vem a ser contabilidade:

Horngren et al.[1] definem contabilidade como:

Sistema de informação que mede as atividades do negócio, processa as informações em relatórios e comunica os resultados para os tomadores de decisão. É freqüentemente chamada de "a linguagem dos negócios". Quanto melhor você entender essa linguagem, melhores serão suas decisões de negócio.

Anthony et al.[1] definem o termo *contabilidade* (Associação Americana de Contabilidade): *"O processo de identificar, medir e comunicar informações econômicas para permitir julgamento e decisões pelos usuários das informações."*

Quanto aos **objetivos**, a contabilidade visa obter todos os fatos que estão acontecendo na companhia, registrar esses fatos num sistema de informação, se possível integrado, trabalhá-los, resumi-los em certo período com o propósito de gerar relatórios ou outro tipo de documento que servirão de suporte para interpretar todo o processo de entradas e saídas de dinheiro e seus respectivos resultados, que é fundamental para a tomada de decisões tanto por usuários internos, quanto por usuários externos da informação contábil.

Na contabilidade, o objeto é sempre o patrimônio da Entidade, definido como um conjunto de bens, direitos e obrigações para com terceiros, pertencente a essa Entidade.

Podem-se também acrescentar aos objetivos da contabilidade a apresentação correta do patrimônio e a averiguação e análise dos motivos das mudanças e/ou modificações.

O campo de estudo da contabilidade são as entidades, sendo o patrimônio o seu objeto de estudo.

As informações fornecidas aos usuários são de aspectos econômicos, financeiros e físicos do patrimônio e suas mutações; por isso se entendem os registros, demonstrações, análises, diagnósticos e prognósticos sob a forma de relatórios, pareceres, tabelas, planilhas etc.

São fins de contabilidade: assegurar o controle do Patrimônio e fornecer as informações sobre a composição e variações patrimoniais, bem como o resultado das atividades econômicas realizadas e as desenvolvidas.

Basicamente, o objetivo principal da contabilidade é prover informação útil e consistente para a tomada de decisões econômicas e financeiras.

A seguir, apresentamos um exemplo de sistema de informações contábil:

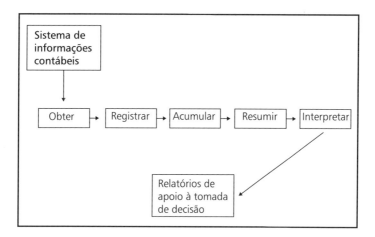

Fonte: ARAÚJO; ASSAF[2] (2004, p. 14) (adaptação).

Figura 1.1 *Sistema de informações contábeis.*

- Contabilidade: capta, registra, acumula, resume e interpreta-os.
- Fatos contábeis: fenômenos que afetam a situação patrimonial, econômica e financeira das pessoas: físicas e jurídicas.

A importância da contabilidade para qualquer empresa independe de seu tamanho; é decorrente da necessidade de ter a escrituração contábil completa, inclusive o livro diário e os balancetes, não apenas para controlar o patrimônio, mas também para administrar as tomadas de decisões nos negócios.

Se uma empresa não tiver a sua contabilidade, ela não tem as mínimas condições de sobreviver, de planejar seu crescimento, de obter linhas de crédito, empréstimos em instituições financeiras, ou mesmo de preencher uma simples informação cadastral.

A escrituração contábil é importante em vários aspectos:

- Quanto ao **aspecto legal** que habilita a companhia a enfrentar diversas situações, tais como: decisões societárias, informações à fiscalização, concordatas, falências, perícias e dissidências societárias.
- Quanto ao **aspecto gerencial**, o empresário ou executivo precisa de informações extraídas dos registros contábeis para tomar decisões de investimento, redução de custos, modificação de linhas de produtos, entre outras, sob a alegação de pôr em risco o patrimônio da empresa.
- Quanto ao **aspecto social**, a falta de escrituração contábil gera dificuldade em analisar a economia informal, o que provoca distorções nas estatísticas brasileiras. Barreto[3] informa que o desconhecimento da realidade da economia nacional provoca decisões errôneas quanto às necessidades das empresas e da sociedade em geral, causando grandes prejuízos para o Brasil, e acrescenta que o registro contábil é relevante

para avaliar as causas do fechamento prematuro de um grande número de empresas.

A contabilidade se baseia em dois pilares da teoria contábil:

- **Entidade Contábil**: Pessoa para quem é mantida a contabilidade, podendo ser pessoa física ou jurídica.
- **Continuidade**: Refere-se à entidade que está funcionando com prazo indeterminado.

A contabilidade é aplicável às pessoas físicas e jurídicas; independe da finalidade ou atividade destas. No entanto, na prática, sua aplicação está mais voltada para as organizações (pessoas jurídicas), inclusive por exigências da legislação comercial e fiscal.

Assim, a contabilidade mede o aumento ou a diminuição de riqueza de cada indivíduo ou organização, é ela que fornece os princípios e as técnicas de mensuração da grandeza do patrimônio das pessoas físicas e jurídicas. O mais importante é que a contabilidade fornece as alternativas de decisão que os profissionais vão tomar no cotidiano.

1.2 Origem e evolução da contabilidade

Alguns pesquisadores dizem que os primeiros sinais da existência das contas e os primeiros exemplos completos de contabilidade rudimentar surgiram há aproximadamente 4000 anos a.C. nas civilizações da Suméria e da Babilônia.[4]

Vamos enfocar e falar um pouco de duas grandes escolas, a **italiana** e a **norte-americana**, apesar de existirem outras escolas, tais como alemã, francesa e inglesa.

Depois do aparecimento do método das partidas dobradas (século XIV) e sua divulgação em 1494, mediante a obra de Luca Pacioli[4] – *Summa de Arithmetica, Geometria, Proportioni et Proportionalitá* –, a escola italiana começa a ser conhecida e se alastrou pela Europa. Então, a escrituração contábil ganhou projeção, fazendo com que tanto os registros patrimoniais quanto os métodos de avaliação se desenvolvessem amplamente.

A Itália esteve sempre à frente no cenário contábil até o início do século XX; depois da Depressão de 1929, os Estados Unidos da América do Norte entraram no cenário econômico e cultural e fizeram com que a escola italiana entrasse em decadência.

Os norte-americanos observaram que a contabilidade podia ter um papel mais importante na gestão das empresas, pois ela concatenava todas as informações econômicas de um determinado período.

Várias organizações norte-americanas voltadas para a pesquisa e o desenvolvimento de normas e procedimentos de contabilidade, como a *American Ac-*

counting Association (AAA), o *American Institute of Certified Public Accountants* (AICPA) e o *Financial Accounting Standards Board* (FASB), contribuíram muito, de modo a estabelecer princípios de contabilidade e seu devido amadurecimento naquele território.

A escola norte-americana teve grande atuação no aperfeiçoamento das técnicas de auditoria desenvolvidas pelos ingleses e melhorou a técnica de registro oriunda da escola italiana. As técnicas desenvolvidas por órgãos do governo, entidades de classe e outros colaboradores não apenas se preocuparam com a visão do papel da contabilidade empresarial, isto é, para tomada de decisões, como também com a formação do profissional contador.

A metodologia de ensino da contabilidade norte-americana parte da ótica geral para chegar ao nível de detalhe, isto é, considera em primeiro lugar o entendimento dos relatórios contábeis e depois avalia o modo como se chegou a eles. É essa a visão que domina o cenário contábil atual.

1.2.1 A contabilidade no Brasil – Escola Brasileira

Têm merecido destaque os eventos apresentados a seguir:

1850	Código Comercial – exigência da escrituração mercantil.
1880	Manual mercantil de Verediano de Carvalho – escrituração contábil.
1890	Contabilidade oferecida como disciplina do direito administrativo na Escola Politécnica do Rio de Janeiro.
1902	Fundação Escola Prática de Comércio – atual Fundação Escola de Comércio Álvares Penteado.
1905	Decreto-lei nº 1.339 – reconheceu os cursos de guarda-livro e perito-contador.
1940	Decreto-lei nº 2.627 – instituiu a primeira Lei das Sociedades por Ações no Brasil.
1945	Criação das Faculdades de Ciências Contábeis, embora já tivesse sido organizada em 1931 pelo Decreto-lei nº 20.158.
1946	Criação da Faculdade de Economia e Administração da Universidade de São Paulo, na qual foi instituído o curso de ciências contábeis e atuariais. Decreto-lei nº 9.295 – criação do Conselho Federal de Contabilidade e dos conselhos regionais.
1964	Introdução do método didático de ensino da contabilidade norte-americana, que substituiu gradativamente os autores italianos pelo Prof. José da Costa Boucinhas.
1965	Lei nº 4.728 – regulamenta o mercado de capitais, estabelece que cabe ao CMN expedir normas quanto às Demonstrações Contábeis, relatórios e pareceres de auditores registrados na BCB relativas às empresas com ações negociadas em bolsas de valores.

1971	Lançamento do livro *Contabilidade introdutória* pelo Departamento de Ciências Contábeis e Atuariais da FEA-USP, com a mesma metodologia didática do livro *Principles of accounting introductory*, de Finney e Miller, que desde 1932 enfatiza a contabilidade como um sistema de informações e a mensuração das transações e dos eventos econômicos.
1972	Resolução CFC nº 321 – estabelece normas e procedimentos de auditoria.
1974	Stephen C. Kanitz (USA) publica na revista *Exame* como prever a falência das empresas.
1976	Lei nº 6.404, que regulamenta as sociedades por ações e a mensuração contábil com destinação entre a manutenção do capital físico e monetário por meio da correção monetária de balanço. Lei nº 6.385 cria CVM com a função de regular os mercados de Bolsa e de Balcão.
1977	Decreto-lei nº 1.598 – adequou o Regulamento do Imposto de Renda à Lei das Sociedades por Ações.
1979	Publicada a 1ª edição do manual de contabilidade das sociedades por ações de Sérgio de Iudícibus, Eliseu Martins e Ernesto Gelbewe.
1981	Resolução do Conselho Federal de Contabilidade nº 530 – disciplinou as Normas Brasileiras de Contabilidade, atualizada pela Resolução CFC nº 750/93.
1990	Resolução CFC nº 686 – trazendo conceito, conteúdo e nomenclatura das Demonstrações Contábeis.
1993	Resolução do Conselho Federal de Contabilidade nº 750, que elege os Princípios Fundamentais de Contabilidade com a introdução do princípio da atualização monetária.
1994	Resolução do Conselho Federal de Contabilidade nº 774.
1995	Lei nº 9.249, arts. 4º e 5º – proíbe a correção monetária do balanço.
1997	Lei nº 9.457 – Comissão de Valores Mobiliários (CVM). Resolução CFC nº 820 – normas de auditoria independente das Demonstrações Contábeis.
1999	Anteprojeto de reformulação da Lei das Sociedades por Ações.
2000	Projeto de Lei nº 3.741 – propõe alterações da Lei nº 6.404/76.
2002	Novo Código Civil, Lei nº 10.406, que passa a exigir a demonstração do resultado econômico e lucros e perdas.
2005	Nova deliberação CVM nº 488/05 – comparativo com as normas internacionais – convergência entre as normas contábeis.

Fonte: Organizador: Elias Pereira, *Fundamentos da contabilidade*. São Paulo: Pearson, 2005. Adaptado.

1.3 Usuários das informações geradas pela contabilidade

Muitos são os usuários das informações contábeis geradas; entre eles:

- *Usuários internos* – acionista/proprietários, diretores, gerentes e funcionários etc.

- *Usuários externos* – investidores (pessoas físicas ou jurídicas que adquirem participações em outras empresas, isso quando se tratar de sociedades anônimas de capital aberto), instituições financeiras, clientes, fornecedores, entidades governamentais (governos Federal, Estadual e Municipal; tanto podem ser fiscais como agências reguladoras), auditores externos, sindicatos, concorrentes e organizações não governamentais.

1.4 Áreas de aplicação da contabilidade

As áreas de aplicação da contabilidade são muitas; podemos citar:

- *Contabilidade financeira* ou *contabilidade societária* – esta área é responsável pela escrituração dos fatos financeiros acontecidos na empresa, isso é básico e obrigatório para qualquer companhia.

  A natureza das informações da contabilidade financeira é objetiva, confiável e exata. O período das informações é referente ao passado e seu escopo é agregado, mostrando a empresa como um todo.

  A contabilidade financeira pode ter inúmeras vertentes: contabilidade comercial, industrial, prestação de serviços, contabilidade hospitalar, contabilidade para empresas de seguros, contabilidade agrícola, construção civil, contabilidade bancária, contabilidade governamental, entre outros segmentos.

- *Contabilidade tributária* ou *contabilidade fiscal* – esta área é responsável pelo planejamento fiscal das companhias, objetivando uma diminuição da carga de tributos de maneira lícita.

  Por causa da forte carga tributária que existe em nosso país, faz-se necessário ter um bom controle e planejamento fiscal, para que a empresa possa se beneficiar de todos os incentivos fiscais autorizados pela legislação.

- *Contabilidade de custos* é a área responsável pelo gerenciamento de todos os custos da empresa. É muito importante um órgão de custos, seja em uma indústria, seja em uma empresa comercial ou prestadora de serviços, para avaliar e escolher o melhor método de custeamento para absorver os custos da produção ou de comercialização, pois a contabilidade de custos estuda, analisa e apropria os custos de produção dos produtos, calcula o custo unitário de cada produto, entre outros cálculos, inclusive ajuda no combate ao desperdício, retrabalho e processos improdutivos, que não agregam valor ao negócio. Ela é muito importante para o empresário na preparação da estrutura e formação do preço de venda.

- *Contabilidade gerencial* – esta contabilidade ajuda o administrador, fornecendo informações para a tomada de decisões. O *controller* ou o contador analisa o comportamento dos custos, investimentos, despesas e receitas em diversos níveis de produção, explica as oscilações dos resultados; dessa forma, auxilia o administrador a entender melhor a rentabilidade de diversos níveis de produção.

    Essa vertente da contabilidade não observa a obrigatoriedade dos princípios contábeis, porque sua finalidade é gerencial. A natureza das informações da contabilidade gerencial é mais subjetiva, interpretativa e importante.

    A contabilidade financeira precede a contabilidade gerencial, pois a sua estrutura provê a base para as duas contabilidades.

- *Auditoria contábil* – esta área se divide em auditoria interna, a qual é responsável pela averiguação da prática dos controles internos e de gestão na empresa. Esses controles internos correspondem às diretrizes e aos procedimentos para serem seguidos pelos funcionários da companhia. Caso não haja observância desses controles, pode causar desorganização, fraudes e perdas para a companhia.

    A *auditoria externa* emite parecer com o propósito de autenticar a precisão e a integridade das demonstrações financeiras da empresa auditada, averiguando se estas demonstrações refletem a real situação econômico-financeira da empresa e se utilizou os princípios contábeis.

    A auditoria externa é obrigatória para empresas de capital aberto, que vendem parte de seu capital social no mercado de capitais/bolsa de valores.

    Ao final de cada trabalho, é emitido um parecer abordando a veracidade das demonstrações financeiras da empresa auditada, além da opinião e recomendação dos auditores para a empresa.

- *Perícia contábil* é uma área que tem como propósito a busca da integridade de fatos passados realizada por um profissional de grande conhecimento da área contábil.

    A função do perito-contábil, de forma resumida, é elucidar os fatos acontecidos no passado, ajudando assim o juiz a tomar decisões.

1.5   Regime de contabilidade (competência e caixa) e exercício social (artigo 177 da Lei nº 6.404/76)

O resultado econômico se traduz como lucro (ou prejuízo) do capital investido que mede a rentabilidade.

A Contabilidade adota o regime de competência para apurar o resultado econômico do exercício e medir a rentabilidade das transações. Esse regime reconhece as receitas no momento da venda, e as despesas no momento em que ocorrem, independentemente de seus recebimentos ou pagamentos.

A liquidez representa a capacidade de pagar os compromissos financeiros a curto prazo.

A administração financeira adota o **regime de caixa** para planejar e controlar as necessidades e sobras de caixa e apurar o resultado financeiro (superávit ou déficit de caixa). No regime de caixa, as receitas são reconhecidas no momento em que são recebidas, e as despesas no momento em que são pagas.

Os dois regimes de competência e de caixa não são conflitantes; eles são interdependentes e se complementam.

Vejamos um exemplo:

A empresa ABC vendeu no mês de dezembro R$ 40.000, sendo que o recebimento foi distribuído da seguinte maneira: R$ 10.000 no próprio mês de dezembro, R$ 10.000 em janeiro, R$ 10.000 em fevereiro e R$ 10.000 em março. E, no tocante às despesas do mês de dezembro, foram de R$ 28.000, mas o pagamento dessas despesas está distribuído da seguinte forma: R$ 10.000 no próprio mês de dezembro, R$ 9.000 em janeiro e R$ 9.000 em fevereiro.

O Quadro 1.1 mostra a distribuição das receitas e despesas da empresa ABC, considerando os regimes de competência e de caixa:

Quadro 1.1 *Regime de competência* versus *regime de caixa*.

Tipo de Conta	Regime de Competência	Regime de Caixa			
	Dezembro	Dezembro	Janeiro	Fevereiro	Março
Receitas	40.000	10.000	10.000	10.000	10.000
Despesas	28.000	10.000	9.000	9.000	–
Lucro	12.000	0	1.000	1.000	10.000

Fonte: SILVA (2005).[7]

Observa-se que, no regime de competência, se consideram os recebimentos e os pagamentos no mês em que acontecem os fatos, enquanto no regime de caixa os recebimentos e os pagamentos são considerados no momento em que são realmente recebidos e pagos.

O espaço de tempo de 12 meses é o exercício social; quando finda esse período de tempo, as pessoas jurídicas apuram os seus resultados. O exercício social pode coincidir ou não com o ano-calendário, em consonância com o que estabelece o estatuto ou o contrato social. Diante da legislação do Imposto de Renda, este é denominado período de apuração da base de cálculo do imposto devido e, nesse caso, pode ser trimestral ou anual.

1.6 Obrigatoriedade das demonstrações contábeis

As demonstrações contábeis constituem documentos que evidenciam os fatos patrimoniais acontecidos em determinada gestão administrativa. Ao final de cada exercício social, a contabilidade elaborará, com base na escrituração da empresa, as **demonstrações contábeis**, que também são conhecidas como **demonstrações financeiras**, as quais devem expressar com clareza a verdadeira situação do patrimônio da companhia e as mudanças acontecidas no exercício.

As demonstrações contábeis são estabelecidas pela Lei das Sociedades por Ações, artigos 178-188, Lei nº 6.404/76, com modificações pela Lei nº 10.303/2001; são as seguintes:

- Balanço Patrimonial (BP).
- Demonstração do Resultado do Exercício (DRE).
- Demonstração das Mutações do Patrimônio Líquido (DMPL) – Instrução CVM 59/86 – ou Demonstração de Lucros ou Prejuízos Acumulados (DLPA) – art. 186.
- Demonstração das Origens e Aplicações de Recursos (DOAR).
- Notas Explicativas às Demonstrações Financeiras – NE (art. 176, §§ 4º e 5º, bem como Instrução CVM nº 207, de 15/12/76).

Nota: As demonstrações financeiras das companhias abertas observarão, ainda, as normas do CVM, e serão obrigatoriamente auditadas por auditores independentes registrados na CVM (art. 177, § 3º).

Estes demonstrativos podem se referir à organização, individualmente, ou ao conjunto composto por ela e suas controladas. No caso de demonstrações consolidadas (arts. 249 e 250) aplicam-se às *holdings* (empresas de participações) ou às fundações que controlam empresas ou entidades subsidiárias.

O Capítulo 3 discutirá mais detalhadamente sobre as demonstrações contábeis, de maneira que o leitor possa ter um melhor entendimento.

1.7 Plano de contas

O plano de contas é um conjunto de contas que são utilizadas pela contabilidade para registrar os fatos relativos à empresa e também para a elaboração das demonstrações contábeis. Especificamente, ele se destina a orientar o registro das operações da empresa e é o principal instrumento de consulta para o trabalho de escrituração contábil.

As Contas Patrimoniais têm relação com o Patrimônio de Entidade; referem-se ao Balanço Patrimonial (bens, direitos e obrigações). As contas de resultado referem-se à Demonstração de Conta Transitória à apuração do resultado.

O plano de contas é importante porque estabelece normas de conduta e controle para registrar as operações da empresa. O profissional responsável pela contabilidade tem o dever de elaborar o plano de contas e deve considerar alguns pontos:

- Deve ser feito um estudo preliminar para levantar as características da atividade desenvolvida pela companhia, considerando as exigências dos agentes externos à empresa, ou seja, fornecedores, bancos, Fisco, auditoria externa, entre outros, e principalmente as normas da legislação do Imposto de Renda, quando aplicável.

- Deve atender às necessidades específicas de informação da administração da companhia.

- Deve observar os princípios de contabilidade, bem como a norma legal que regulamenta a elaboração das demonstrações contábeis, de acordo com a Lei nº 6.404/76, com modificações pela Lei nº 10.303/2001.

- É recomendado que se tenha um manual escrito, completo e detalhado a respeito da finalidade de cada conta do plano de contas.

- Os títulos utilizados em cada conta devem refletir com objetividade e clareza o que elas irão representar.

- A classificação deve sempre partir das contas sintéticas para as contas analíticas.

- O plano deve ser flexível (inclusões e exclusões) para atender a demandas futuras.

A conta é o elemento capaz de fazer variar os componentes do Patrimônio através dos registros contábeis feitos a débitos e créditos, através de seu grau analítico.

Modelo de plano de contas simplificado, a título de ilustração.

1. ATIVO

1.1 Circulante

1.1.1 Disponível

1.1.1.1 Caixa

1.1.1.2 Numerários em trânsito

1.1.1.3 Bancos conta movimento

1.1.1.4 Aplicações de liquidez imediata

1.1.2 Clientes

1.1.2.1 Duplicatas a receber

1.1.2.2 (–) Duplicatas descontadas

1.1.2.3 (–) Créditos vencidos e não liquidados

1.1.3 Outros créditos

1.1.3.1 Títulos a receber

1.1.3.2 Adiantamentos de salários

1.1.3.3 Recuperação de impostos

1.1.4 Investimentos temporários

1.1.4.1 Aplicações financeiras com rendimentos pós-fixados

1.1.4.2 Ações

1.1.4.3 Debêntures

1.1.4.4 Provisões para ajuste ao valor de mercado

1.1.5 Estoques

1.1.5.1 Mercadorias

1.1.5.2 Adiantamento a fornecedores

1.1.5.3 Material de escritório

1.1.5.4 Provisões para ajuste ao valor de mercado

1.2 Realizável a longo prazo

1.2.1 Clientes

1.2.1.1 Duplicatas a receber

1.2.1.2 Provisões para créditos duvidosos

1.2.2 Outros créditos

1.2.2.1 Títulos a receber

1.2.2.2 Empréstimos para controladas e coligadas

1.3 Permanente

1.3.1 Investimentos

1.3.1.1 Participação em empresas controladas e coligadas

1.3.1.2 Imóveis para renda

1.3.1.3 Outros investimentos permanentes

1.3.1.4 Provisões para perdas

1.3.2 Imobilizado

1.3.2.1 Terrenos

1.3.2.2 Edificações

1.3.2.3 Móveis e utensílios

1.3.2.4 Instalações

1.3.2.5 Outras imobilizações (especificar)

1.3.2.6 Depreciações acumuladas

1.3.3 Diferido

1.3.3.1 Gastos pré-operacionais

1.3.3.2 Pesquisas e desenvolvimento

1.3.3.3 Implantação de novos sistemas e métodos

1.3.3.4 Amortizações acumuladas

2. PASSIVO

2.1 Circulante

2.1.1 Empréstimos e Financiamentos

2.1.1.1 Promissórias a pagar

2.1.1.2 Empréstimos e financiamentos bancários

2.1.1.3 Debêntures a pagar

2.1.2 Obrigações trabalhistas e previdenciárias

2.1.2.1 Salários a pagar

2.1.2.2 Previdência social a recolher

2.1.2.3 FGTS a recolher

2.1.3 Obrigações fiscais

2.1.3.1 PIS a recolher

2.1.3.2 COFINS a recolher

2.1.3.3 IRRF a recolher

2.1.4 Fornecedores

2.1.4.1 Duplicatas a pagar

2.1.5 Outras obrigações

2.1.5.1 Aluguéis a pagar

2.1.5.2 Contas a pagar

2.1.5.3 Seguros a pagar

2.2 Exigível a longo prazo

2.2.1 Empréstimos e Financiamentos

2.2.1.1 Promissórias a pagar

2.2.1.2 Empréstimos e financiamentos bancários

2.2.2 Provisões para contingências

2.2.3 Outras obrigações

2.3 Resultados de exercícios futuros

2.3.1 Receitas recebidas antecipadamente

2.3.2 Custos e despesas de exercícios futuros (–)

2.4 Patrimônio líquido

2.4.1 Capital social

2.4.1.1 Capital subscrito

2.4.1.2 Capital a integralizar

2.4.2 Reservas de capital

2.4.2.1 Ágio na emissão de ações

2.4.3 Reservas de reavaliação

2.4.3.1 Reavaliação de ativos próprios

2.4.3.2 Reavaliação de ativos de coligadas

2.4.4 Reservas de lucros

2.4.4.1 Reserva legal

2.4.4.2 Reserva para contingências

2.4.5 Lucros ou prejuízos acumulados

2.4.5.1 Lucros acumulados

2.4.5.2 Prejuízos acumulados

2.4.6 Ações em tesouraria (conta devedora)

3. RESULTADOS – CUSTOS E DESPESAS

3.1 Custos de produção

3.1.1 Custos diretos de produção

3.1.1.1 Mão-de-obra direta

3.1.1.2 Gastos gerais

3.1.2 Custos indiretos de produção

3.1.2.1 Mão-de-obra indireta

3.1.2.2 Materiais de consumo indireto

3.2 Despesas operacionais

3.2.1 Despesas com vendas

3.2.1.1 Salários

3.2.1.2 Pró-labore

3.2.1.3 13º salário

3.2.2 Despesas administrativas

3.2.2.1 Salários

3.2.2.2 Pró-labore

3.2.2.3 13º salário

3.3 Despesas não operacionais

3.3.1 Resultados não operacionais

3.3.1.2 Provisões para perdas permanentes

4. RESULTADOS – RECEITAS

4.1 Receitas operacionais

4.1.1 Receita bruta de vendas e serviços

4.1.1.1 Receita de vendas de mercadorias

4.1.1.2 Receita da prestação de serviços

4.2 Deduções da Receita Bruta

4.3 Receitas financeiras

4.3.1 Juros de aplicações financeiras

4.3.2 Descontos obtidos

4.4 Recuperação de despesas

4.4.1 Reversão de provisões

4.5 Outras receitas operacionais

4.5.1 Aluguéis e arrendamentos

4.5.2 Dividendos e lucros recebidos

4.6 Receitas não operacionais

4.6.1 Resultados não operacionais

5. CONTAS DE APURAÇÃO – TRANSITÓRIA

5.1 Custo dos produtos e dos serviços vendidos – Apuração.

5.2 Apuração do resultado do exercício (Receitas e despesas)

a) O plano de contas também pode ser elaborado de forma mais gerencial (Formato Vertical) para facilidade de consulta e acesso das informações pelo usuário, em função das necessidades, processo decisório e controle das atividades de empresa.

Demonstração do Resultado do Exercício (exemplo de forma resumida):

Vendas

Receita de prestação de serviços

(–) IPI faturado

Receita Bruta Operacional

(–) Devolução de vendas

(–) Abatimentos sobre vendas

(–) Descontos comerciais (incondicionais)

(–) Impostos sobre vendas

Receita Líquida Operacional

(–) Custo das Mercadorias Vendidas – CMV

(–) Custo dos serviços prestados

Lucro Bruto Operacional

(–) Despesas administrativas

(–) Despesas com vendas

(–) Despesas financeiras

(=) Outras despesas/receitas operacionais

(+/–) Equivalência patrimonial – MEP

(+) Receitas financeiras

(–) Despesas financeiras

Lucro (prejuízo) Líquido Operacional

(+/–) Resultados não operacionais

Resultado do exercício antes dos impostos

(–) CSSL e previsão para IR

Resultado do exercício após os tributos

(–) Participações

Lucro (prejuízo) líquido do exercício

b) Vide o livro *Manual de Contabilidade das Sociedades por ações*, 7ª edição, 2007. FIPECAFI, p. 18, publicado pela Editora Atlas, no que se refere à elaboração de plano de contas, quanto à estrutura Patrimonial e de resultado.

1.8   Escrituração contábil

A escrituração contábil de uma companhia é exigida pela legislação comercial. A legislação do Imposto de Renda, artigo 251 do RIR/99[6] e artigo 177, § 2º, Lei nº 6.404/76, estabelece que a pessoa jurídica sujeita à tributação baseada no lucro real deve conservar os registros contábeis, observando as leis comerciais e fiscais, as quais devem constar todas as transações feitas pela empresa, os resultados apurados nas atividades em todo o território nacional, apresentando lucros, rendimentos e ganhos de capital auferidos no exterior.

Vale a pena ressaltar que a legislação do Imposto de Renda estabelece três maneiras de tributação dos rendimentos das pessoas jurídicas e das empresas individuais a elas equiparadas:[8]

• Declaração de rendimentos com base no lucro real (anual ou trimestral).

• Declaração de rendimentos com base no lucro presumido.

• Declaração de rendimentos com base no lucro arbitrado.

As empresas que têm filiais, sucursais ou agências podem ter contabilidade descentralizada, se assim desejar. Se a empresa optar pela descentralização, deverá, ao final de todo mês, incorporar na escrituração da matriz os resultados dos demais estabelecimentos, segundo o artigo 252 do RIR/99.[6]

A escrituração deve ser totalmente preenchida em idioma e moeda corrente nacionais, com individualização e clareza, por ordem cronológica de dia, mês e ano, sem intervalos em branco nem entrelinhas, borraduras, rasuras, emendas e transporte para as margens. Devem ser também observados os métodos e critérios contábeis uniformes no tempo, com obediência às disposições legais e aos princípios fundamentais de Contabilidade.

Os registros contábeis têm que ser consistentes e baseados nos documentos, livros, papéis, geradores dos registros. A empresa deve seguir os princípios e as técnicas estabelecidas pela contabilidade; a fiscalização verificará se a empresa segue as regras e os padrões contábeis. Quanto aos erros cometidos, deverão ser corrigidos mediante lançamento de estorno, transferência ou complementação.

Em relação aos registros contábeis necessários para atender à legislação tributária, referente à determinação do lucro real, quando não devem, por sua natureza completamente fiscal, considerar a escrituração comercial, ou forem diferentes dos lançamentos dessa escrituração, são realizados no Livro de Apuração do Lucro Real (LALUR), ou em livros auxiliares.

1.8.1   Livros societários e fiscais

A escrituração comercial deve ter uma ordem uniforme, usando livros e papéis adequados, cujo número e espécie ficam a critério da pessoa jurídica; ela pode ser mecanizada ou manual, conforme o artigo 257 do RIR/99.[6]

As empresas, de modo geral, são obrigadas a usar e a manter uma série de livros obrigatórios por exigência da legislação mercantil, tributária, trabalhista e Previdenciária.

Os registros contábeis são feitos nos conhecidos livros de escrituração, local em que a empresa lança todos os fatos administrativos. Os principais livros de escrituração usados pela contabilidade são o diário e o razão, porém existem outros livros que são também obrigatórios.

Os livros contábeis obrigatórios são os seguintes:

- Livro diário – legislação comercial.
- Livro razão – legislação fiscal.
- Livros societários exigidos por lei das sociedades por ações (Lei nº 6.404/76, artigo 100) – registro de ações nominativas, livro de transferência de ações nominativas, atas das assembléias gerais, presença dos acionistas, atas das reuniões da diretoria, atas e pareceres do conselho fiscal, registro de partes beneficiárias nominativas, livro de transferência de partes beneficiárias nominativas, atas de reuniões do conselho de administração.
- Livros fiscais (quando aplicável) – registro de inventário, registro de entradas (compras), livro de apuração do lucro real (LALUR), registro permanente de estoque, e razão auxiliar (controle patrimonial), livros de entradas, saídas e de apuração do ICMS, IPI, ISS etc.
- Livros trabalhistas – registro de empregados e ocorrência e inspeção do trabalho, entre outros.
- Livros facultativos e auxiliares – razão auxiliar de clientes e razão auxiliar de fornecedores e registro de duplicatas.

Algumas formalidades legais (quando for o caso) são exigidas para os livros contábeis obrigatórios, tais como: devem ser encadernados, numerados e rubricados em todas as suas folhas e registrados na Junta Comercial quando a sociedade for comercial ou no Cartório de Registros Especiais quando a sociedade for civil. Possuirá termo de abertura e de encerramento, ressalvada a permissão de utilizar fichas, o que revogou implicitamente a obrigação, no caso de encadernação. Isso tudo se refere às formalidades extrínsecas para os livros obrigatórios contábeis.

As formalidades intrínsecas são: individualização e clareza; forma mercantil; ordem cronológica; registros contínuos e correntes.

O emprego do livro diário é obrigatório, conforme já mencionado. Esse livro contém o registro básico de toda a escrituração da contabilidade. Devem ser lançados, dia a dia, todos os atos ou transações da atividade, ou que mudem ou possam vir a mudar a situação patrimonial da empresa; deve também ser registrado na Junta Comercial.

Vejamos o Quadro 1.2, exemplificando o registro das operações no livro diário:

Quadro 1.2 *Livro diário.*

Livro diário nº			Folha nº	
Data	Conta	Histórico	Débito	Crédito
10.10.20XX	Fornecedores	Cheque nº 715, do Banco X, usado para pagamento da duplicata nº 1005, da Indústria BCD Ltda.	1.500	
10.10.20XX	Bancos	Cheque nº 715, do Banco X, usado para pagamento da duplicata nº 1005, da Indústria BCD Ltda.		1.500

O livro razão é obrigatório e é, pela legislação fiscal, destinado ao registro sistemático dos fatos acontecidos nas contas patrimoniais e de resultados da empresa. Sua escrituração é feita pela transcrição conta a conta, em ordem cronológica, para cada conta das operações registradas no livro diário.

O razão contábil ou conta em "T" é uma razão voltada para o registro das contas analíticas, isto é, das contas que registram as transações da companhia.

O Quadro 1.3 mostra exemplo do livro razão:

Quadro 1.3 *Livro razão.*

Ficha Razão				
Conta: xxxxx – Bancos Conta Movimento Subconta: xxxxxxxx – Banco ABC S.A.				
Data	Histórico	Débito	Crédito	Saldo
10.10.20XX	Saldo anterior	–	–	550
11.10.20XX	Cheque nº 00001	–	100	450
13.10.20XX	Aviso de débito	–	10	440
14.10.20XX	Depósito	300	–	740
14.10.20XX	Depósito	200	–	940

No item 1.8.2, falamos mais sobre a **conta em "T"** ou **razonete**.

Por exemplo, o livro caixa (facultativo) é o livro de escrituração contábil que registra a movimentação de dinheiro e todas as variações acontecidas na conta caixa referentes aos recebimentos e pagamentos em dinheiro. No lado de débito deste livro, registram-se as entradas de dinheiro; no lado de crédito, registram-se as saídas de dinheiro, bem como seu saldo.

O balancete de verificação corresponde à relação de contas que apresentam o total de seus débitos, créditos e saldos, devedores e credores; ele é tirado do livro razão, é uma relação que contém cada conta do razão com seu respectivo saldo. Vejamos o Quadro 1.4; ele se refere ao exemplo de balancete de verificação.

Quadro 1.4 *Balancete de verificação.*

BALANCETE DE VERIFICAÇÃO				
Contas	Saldo inicial	Movimentos de débito	Movimentos de crédito	Saldo final
Caixa	0	100	40	60 D
Clientes	0	500	50	450 D
Estoques	0	1.200	550	650 D
Salários a pagar	0	400	800	400 C
Capital subscrito	0	–	760	760 C
		2.200	2.200	

D = devedor.

C = credor.

1.8.2 Mecanismo de contas

O método empregado para registrar os fatos contábeis ocorridos em uma companhia é o método das partidas dobradas, divulgado pelo frade franciscano Luca Pacioli em 1494, conforme já mencionado. O método diz que todo débito é contraposto a um crédito de igual valor e vice-versa.

Inúmeros autores são unânimes em afirmar que o método das partidas dobradas permite a visualização da situação de uma certa entidade no presente mediante o registro dos fatos passados ao longo da vida da empresa. Outras vantagens apontadas são:

- O método fornece mecanismos para evitar erros devido à dualidade necessária.
- É fundamental uma contabilidade sistemática e em ordem de transações para se empregar o método.

Este método diz que todo débito corresponde a um crédito de mesmo valor; isso significa que em todo lançamento contábil são usadas, no mínimo, duas contas, uma de débito e outra de crédito do mesmo valor.

Com a intenção de simplificar o entendimento, apresentamos na Figura 1.2 uma representação gráfica e resumida do livro razão, que se chama conta em T ou razonete em T:

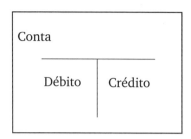

Figura 1.2 *Conta em T ou razonete em T.*

O razonete é empregado principalmente para fins didáticos. Ele mostra todos os valores lançados a débito, lado esquerdo do "T" e/ou a crédito, lado direito, da conta num certo período, além do respectivo saldo, indicado no lado esquerdo, se for devedor, ou no lado direito, se credor. O razonete nada mais é que uma razão simplificada.

Assim sendo, a conta devedora é sempre inscrita em primeiro lugar e ocupa a coluna da esquerda, enquanto a conta credora é sempre inscrita em segundo lugar e ocupa a coluna da direita. A conta credora deve estar antecipada pela partícula "a". A soma dos valores dos débitos deve ser sempre igual à soma dos valores dos créditos.[8]

A conta é uma denominação contábil para um fato acontecido, ele pode ser repetitivo e ter a mesma natureza. Existem contas Patrimoniais (ativo, passivo e patrimônio líquido) e as contas de resultado (receitas, custos, despesas, perdas e ganhos).

Quando se trata de débito e crédito, temos alguns tipos de conta:

- Contas do ativo – o ativo está do lado esquerdo do balanço patrimonial; então, os lançamentos a débito das suas contas aumentarão seus saldos e os lançamentos a crédito os diminuirão.

- Contas do passivo – essas contas possuem natureza credora. O passivo está do lado direito do balanço patrimonial; então, os lançamentos a crédito das suas contas aumentarão seus saldos e os lançamentos a débito os diminuirão.

- Contas de receita – essas contas possuem natureza credora. Se uma empresa tem receitas maiores do que as despesas, representam lucro; isso significa que houve aumento de riqueza líquida, que equivale ao patrimônio líquido positivo.

- Contas de despesa – essas contas possuem natureza devedora. Se uma empresa tem despesas maiores do que as receitas, representarão prejuízo; isso significa que diminuirão a riqueza líquida e que afetarão o patrimônio líquido de forma negativa.

As contas registram as variações patrimoniais, mostram as espécies de fatos contábeis que determinaram as modificações no resultado.

Vejamos as representações gráficas (Quadros 1.5 e 1.6), com base nestas explanações:

Quadro 1.5 *Contas de ativo e passivo.*

Ativo		Passivo	
Débito	**Crédito**	**Débito**	**Crédito**
Aumenta	Diminui	Diminui	Aumenta

Quadro 1.6 *Contas de receita e despesa.*

Despesa		Receita	
Débito	**Crédito**	**Débito**	**Crédito**
Aumenta	Diminui	Diminui	Aumenta

1.8.3 Lançamentos contábeis

O lançamento representa um registro de um fato contábil considerando o "método das partidas dobradas"; é feito em ordem cronológica e seguindo as normas e os princípios contábeis. O lançamento é uma parte da escrituração.

Os principais elementos do lançamento são: data de operação; conta debitada; conta creditada; histórico e valor em moeda nacional.

1.9   Iniciação ao estudo do patrimônio

O patrimônio é um conjunto de bens materiais e imateriais, direitos e obrigações de uma entidade física ou jurídica. Os bens e direitos são estipulados como os ativos da entidade e as obrigações ou dívidas são consideradas o passivo da entidade. A diferença entre ativo e passivo é denominada patrimônio líquido.

Os bens representam tudo o que pode ser avaliado economicamente e que venha a satisfazer as necessidades do ser humano. Os bens podem ser classificados em bens:[3]

- *Tangíveis*, corpóreos, concretos ou materiais – eles existem como coisa ou objeto. Exemplos: dinheiro, estoque, veículos, instalações, equipamentos etc.

- *Intangíveis*, incorpóreos, abstratos ou imateriais – não existem fisicamente, porém significam uma aplicação de capital fundamental aos propósitos da companhia, cujos valores são direitos de propriedade que são legalmente conferidos aos seus detentores. Exemplo: marcas (Coca-Cola, Marlboro, Windows etc.); patentes (invenções de todos os tipos); direitos autorais; ponto comercial; ações ou quotas de capital de outras companhias etc.

Os direitos são todos os valores recebidos de terceiros, que podem ser vendas a prazo ou valores de nossa propriedade que se acham em posse de terceiros, como, por exemplo, duplicatas a receber, aluguéis a receber etc.

As obrigações representam as dívidas ou compromissos de qualquer tipo assumidos diante de terceiros, como duplicatas a pagar, aluguéis a pagar, impostos etc.

Considerando do ponto de vista contábil, o patrimônio tem dois aspectos:

- Aspecto quantitativo – constituído pelas espécies de elementos que formam o patrimônio, que correspondem a diversos tipos de bens econômicos heterogêneos, como máquinas, edificações, dinheiro, valores a pagar e a receber, estoques, entre outros.

- Aspecto qualitativo – é avaliado em moeda e é representado pela diferença aritmética entre os bens e direitos e as obrigações sob o âmbito econômico-financeiro; isso se chama patrimônio líquido.

Exemplo: uma empresa possui R$ 7.000,00 em caixa e uma dívida de R$ 4.000,00 com os seus fornecedores. Qual é o valor do seu patrimônio líquido?

Ativo = Caixa	R$ 7.000,00
Passivo = Fornecedores	R$ 4.000,00
Patrimônio líquido	R$ 3.000,00

1.10   Fatos contábeis

São os eventos que provocam alterações no Patrimônio de Entidade e, portanto, devem ser registrados pela contabilidade.

Existem fatos que modificam determinadas operações; esses fatos são importantes, pois mudam o resultado operacional bruto de período correspondente, tais como as compras e as vendas.

As receitas brutas de vendas e os serviços são compostos pelo produto da venda de bens e o preço dos serviços prestados, enquanto as receitas líquidas de vendas e os serviços equivalem às receitas brutas menos os impostos que incidem sobre as vendas, as vendas canceladas e os abatimentos e/ou descontos concedidos.

Quanto aos fatos que modificam as compras, pode-se dizer que o custo das mercadorias ou matérias-primas adquiridas para revenda ou industrialização envolve:

- O preço da aquisição de determinada compra, incluindo os gastos com serviços aduaneiros.
- O custo do transporte até o estabelecimento do comprador e o respectivo seguro.
- Os impostos devidos na aquisição ou importação com exceção do ICMS e IPI.
- As devoluções de compras, compras anuladas, devolvidas ou canceladas.
- Os descontos obtidos e/ou abatimentos sobre compras.

Todos esses custos descritos modificam os valores efetivos das compras.

Os fatos contábeis são classificados em:

- Fatos permutativos – trocam os elementos patrimoniais (contas) do Ativo e/ou do Passivo, ou somente do Patrimônio Líquido, sem que aconteça aumento ou diminuição do Patrimônio Líquido (sem afetar o resultado);
- Fatos modificativos – modificam o Patrimônio Líquido por utilizar contas de resultado em importância igual à que alterou o Ativo ou o Passivo, e são:
  - aumentativos ou positivos quando ocasionam o aumento do Patrimônio Líquido (+ PL);
  - diminutivos ou negativos quando trazem diminuição ao Patrimônio Líquido (– PL).
- Fatos mistos (mistura dos fatos permutativos e modificativos – trocam os elementos patrimoniais e, ao mesmo tempo, alteram o Patrimônio Líquido (afetando o resultado) para mais ou para menos, e são:
  - aumentativos ou positivos quando ocasionam o aumento do Patrimônio Líquido (+ PL);
  - diminutivos ou negativos quando trazem diminuição ao Patrimônio Líquido (– PL).

1.11 A contabilidade como profissão

O mercado de trabalho para o contador é vasto e promissor. O profissional pode atuar de várias formas:

- Contador autônomo – presta serviços a diversas empresas e pessoas; para isso, constitui um escritório de contabilidade; pode também fornecer assessoria contábil para verificação de controles internos da empresa.

- Contador – o profissional contábil pode assumir vários cargos de destaque na empresa. Ele pode ser o contador, propriamente dito; pode ocupar posições na área financeira, como gerente financeiro, analista financeiro; trabalhar na área de gestão e controle (controladoria); o profissional tem maiores chances de melhores salários; nesse caso, é chamado de *controller*.

- Contador público, auditor fiscal e outros cargos – referem-se ao setor público; em geral, atuam nos cargos de fiscalizações e auditorias municipais, estaduais e federais, são muito procurados em concursos públicos.

- Auditor – o profissional atua como certificador da informação contábil divulgada pela empresa. Pode ser auditor externo ou auditor interno.

  O auditor externo – trata-se do profissional que é contratado pela empresa, via conselho de administração, para validar as demonstrações contábeis elaboradas e divulgadas pela contabilidade.

  O auditor interno – essa figura é freqüente em empresas de grande porte; nesse caso, o profissional atua internamente na companhia, fornecendo assessoria à alta administração de modo a ratificar ou não informações, procedimentos e controles internos no âmbito da empresa.

- Consultor empresarial contábil – atua nas organizações como assessor nas decisões, implantando sistemas contábeis e de custos, analisando as melhores alternativas de investimentos que uma empresa deve seguir referente a determinada política e gestão de negócios.

- Perito-contábil – o profissional deve conhecer profundamente a área para poder atuar como perito ou perito-assistente (assistente técnico). Existe uma diferença entre ambos, sendo que o primeiro é indicado pelo juiz togado ou arbitral, e o perito-assistente é contratado por uma das partes, que pode ser o réu ou o autor. O perito emite um laudo pericial, e o perito-assistente emite o parecer.

- Ensino – a carreira também é muito promissora, porque a contabilidade é uma área que tem poucos mestres e doutores se comparada com outras áreas do conhecimento; são poucos os programas de pós-graduação na área contábil reconhecidos pelo Ministério da Educação.

  Nessa área, o profissional, além de atuar como professor universitário, pode também trabalhar como consultor de ensino, pesquisador e escritor.

Nota: O novo Código Civil usa a expressão *Contabilista* em substituição a *Contador* e *técnico em contabilidade*, que são duas categorias previstas em lei.

1.12   Ética profissional

A escrituração da contabilidade de pessoas jurídicas fica sob a responsabilidade do profissional contador legalmente habilitado, de acordo com a legislação específica, devendo as demonstrações contábeis obrigatórias ser assinadas pelos sócios ou administradores e pelo contador responsável pela escrituração, segundo os artigos 268 do RIR/99 e 177, § 4º, da Lei nº 6.404/76.

O responsável pela empresa (sócio, acionista ou diretor da sociedade) pode assinar as demonstrações contábeis da companhia na qualidade de contador e assumir a responsabilidade pela escrituração (§ 2º do artigo 268 do RIR/99), desde que devidamente habilitado conforme mencionado no parágrafo anterior.

A referida habilitação profissional se refere à formação escolar e ao devido registro no CRC. O código de Ética profissional do contabilista foi instituído pelo CFC, através da Resolução nº 803/96.

Nos locais em que não há profissional habilitado, não se eximirá de responsabilidade o contribuinte pela escrituração, de acordo com o artigo 268, § 1º, do RIR/99.

Segundo o Código Civil, artigo 1.177, parágrafo único, o contador, no exercício de suas funções, é responsável, diante do empresário, pelos atos culposos, e perante terceiros, solidariamente com o empresário, pelos atos dolosos.

1.13 Novas regras societárias incluídas no Código Civil brasileiro (Lei nº 10.406 de 10/1/2002) que afetam os contabilistas

De acordo com o Código Civil, os artigos 1.179 a 1.195 trazem inúmeras normas referentes à escrituração do empresário (antiga firma individual) e da sociedade empresarial. A seguir, são apresentados os aspectos mais importantes:[6]

Segundo o Código Civil:

a) O empresário e a sociedade empresária são obrigados a:

a.1) seguir um sistema de contabilidade, mecanizado ou não, com base na escrituração uniforme de seus livros, em correspondência com a documentação respectiva;

a.2) levantar anualmente o balanço patrimonial e o de resultado econômico.

b) É dispensado da exigência de escrituração o pequeno empresário, ao qual, segundo o artigo 970 do atual Código Civil, a lei assegura tratamento favorecido, diferenciado e simplificado quanto à inscrição e aos efeitos daí decorrentes.

c) Além dos demais livros exigidos por lei, é indispensável o Diário, que pode ser substituído por fichas no caso de escrituração mecanizada ou eletrônica, observando-se que a adoção de fichas não dispensa o uso de livro apropriado para o lançamento do balanço patrimonial e do de resultado econômico.

d) Na coleta dos elementos para o inventário, serão observados os critérios de avaliação a seguir determinados:

d.1) os bens destinados à exploração da atividade serão avaliados pelo custo de aquisição, devendo, na avaliação dos que se desgastam ou se depreciam com o uso, pela ação do tempo ou outros fatores, atender-se à desvalorização respectiva, criando-se fundos de amortização para assegurar-lhes a substituição ou a conservação do valor;

d.2) os valores mobiliários, matéria-prima, bens destinados à alienação ou que constituem produtos ou artigos da indústria ou comércio da empresa podem ser estimados pelo custo de aquisição ou de fabricação ou pelo preço corrente, sempre que este for inferior ao preço de custo, e quando o preço corrente ou venal estiver acima do valor do custo de aquisição ou fabricação, e os bens forem avaliados pelo preço corrente, a diferença entre este e o preço de custo não será levada em conta para a distribuição de lucros nem para as percentagens referentes a fundos de reserva;

d.3) o valor das ações e dos títulos de renda fixa pode ser determinado com base na respectiva cotação da Bolsa de Valores; os não cotados e as participações não acionárias serão considerados pelo seu valor de aquisição;

d.4) os créditos serão considerados de conformidade com o presumível valor de realização, não se levando em conta os prescritos ou de difícil liquidação, salvo se houver, quanto aos últimos, previsão equivalente;

d.5) entre os valores do ativo podem figurar, desde que se preceda, anualmente, à sua amortização:

d.5.1) as despesas de instalação da sociedade, até o limite correspondente a 10% do capital social;

d.5.2) os juros pagos aos acionistas da sociedade anônima, no período antecedente ao início das operações sociais, à taxa não superior a 12% ao ano, fixada no estatuto;

d.5.3) a quantia efetivamente paga a título de aviamento de estabelecimento adquirido pelo empresário ou sociedade.

e) Ressalvados os casos previstos em lei, nenhuma autoridade, juiz ou tribunal, sob qualquer pretexto, poderá fazer ou ordenar diligência para verificar se o empresário ou a sociedade empresária observam, ou não, em seus livros e fichas as formalidades prescritas em lei.

f) O juiz só poderá autorizar a exibição integral dos livros e papéis de escrituração quando necessária para resolver questões relativas à sucessão, comunhão ou sociedade, administração ou gestão à conta de outrem ou em caso de falência, observando-se que:

f.1) o juiz ou tribunal que conhecer de medida cautelar ou de ação pode, a requerimento ou de ofício, ordenar que os livros de qualquer das partes, ou de ambas, sejam examinados na presença do empresário ou da sociedade empresária a que pertencerem, ou de pessoas por estes nomeadas, para deles se extrair o que interessar à questão;

f.2) achando-se os livros em outra jurisdição, nela se fará o exame, perante o respectivo juiz.

g) Recusada a apresentação dos livros, nos casos da letra "f", serão apreendidos judicialmente e, no caso da letra "f.1", ter-se-á como verdadeiro o alegado pela parte contrária para se provar pelos livros, observando-se que a confissão resultante da recusa pode ser elidida por prova documental em contrário.

h) As restrições antes mencionadas ao exame da escrituração, em parte ou por inteiro, não se aplicam às autoridades fazendárias, no exercício da fiscalização do pagamento de impostos, nos termos estritos das respectivas leis especiais.

i) O empresário e a sociedade empresária são obrigados a conservar em boa guarda toda a escrituração, correspondência e mais papéis concernentes à sua atividade, enquanto não ocorrer prescrição ou decadência no tocante aos atos neles consignados.

2

Postulados, Princípios
e Convenções Contábeis

2.1 Estrutura contábil – postulados, princípios e convenções contábeis

Em decorrência da necessidade de estabelecer os princípios de contabilidade em vigor no Brasil, foi expedida em 1981, pelo Conselho Federal de Contabilidade (CFC), a Resolução nº 530/81, cuja NBC-T-1 constituiu os princípios fundamentais de contabilidade.

A origem do termo *fundamental* foi devida à escolha por motivo semântico[8] e por ter tido boa aceitação em vários países e entidades de expressão. Por causa dessa resolução, os princípios passaram a ser chamados de "Princípios Fundamentais de Contabilidade" (PFC). Em 1993, o CFC expediu a Resolução nº 750.

Os princípios fundamentais de contabilidade estão inseridos no ordenamento jurídico brasileiro pela Resolução CFC nº 750, de 29 de dezembro de 1993, que aborda no seu artigo 1º o emprego obrigatório dos princípios fundamentais de contabilidade; no caso concreto de registro das operações, deve-se conservar a essência sobre a forma, isto é, se houver diferenças significativas entre a forma jurídica de uma operação a ser contabilizada e sua essência econômica deve-se considerar a essência sobre a forma.

2.1.1 Postulados contábeis

Os postulados contábeis são premissas que não precisam ser comprovadas, porque ocorre uma aceitação geral por parte das pessoas; eles são compostos de:

- Entidade contábil – é a pessoa (física ou jurídica) para quem é mantida a contabilidade. O Patrimônio da entidade não se confunde com o dos seus sócios.

- Continuidade – o trabalho contábil é contínuo. Refere-se à entidade que está funcionando com prazo indeterminado.

2.1.2 Princípios contábeis

Inicialmente, vamos abordar a estrutura conceitual básica da contabilidade escolhida para ilustrar os princípios da contabilidade de maneira objetiva. Ela é oriunda do documento emitido pela Comissão de Valores Mobiliários (CVM), Deliberação nº 29/86, com base em inúmeros estudos realizados por órgãos de classe e estudiosos na área contábil. Esse documento mostra os objetivos da contabilidade, define o usuário da informação contábil, identifica os cenários contábeis, define postulados (abordados no item 2.1.1, são os mesmos definidos tanto pela Resolução CFC nº 750/93 quanto pela Deliberação CVM nº 29/86), princípios e convenções contábeis.

É importante ressaltar que os princípios enumerados pela estrutura conceitual básica da contabilidade, quanto à classificação emitida pela CVM, *"são diferentes"* (quanto à classificação) do Conselho Federal de Contabilidade (CFC). Vejamos, em primeiro lugar, os princípios, segundo a estrutura conceitual básica de contabilidade; em seguida, veremos os princípios, segundo as Resoluções CFC nº 750/93 e nº 774/94.[9]

2.1.2.1 Classificação dos princípios fundamentais de contabilidade, segundo a "Deliberação nº 29/86 emitida pela CVM", quanto à estrutura conceitual básica da contabilidade

Os princípios contábeis são normas que orientam os registros contábeis para executar o sistema de contabilidade; são compostos de:

- Custo histórico como base de valor – são considerados registros contábeis pelo custo de aquisição ou de fabricação para colocá-lo em condições de gerar benefícios para a Entidade, expresso em termos de moeda de poder aquisitivo constante.

- Denominador comum monetário – representa um único padrão de referência monetária, de modo a uniformizar e agregar diferentes itens num único relatório, e serão expressos em termos de moeda nacional de poder aquisitivo da data do último balanço.

- Realização da receita – equivale à correta identificação da receita, quando produtos ou serviços produzidos ou prestados pela Entidade são transmitidos para outra entidade com anuência desta e mediante pagamento ou compromisso de pagamento especificado perante a Entidade Produtora.

- Confrontação da despesa com as receitas e com os Períodos Contábeis – é a confrontação de toda despesa para a obtenção da receita. O fruto da comparação de receitas e despesas gera o resultado de um determinado período na empresa.

2.1.2.2 Classificação dos princípios fundamentais de contabilidade, segundo as Resoluções CFC nᵒˢ 750/93 e 774/94

Conforme já mencionado, os princípios de contabilidade equivalem a uma série de normas necessárias para a elaboração do sistema de informação contábil.

Segundo o artigo 3º da Resolução nº 750/93, os princípios fundamentais de contabilidade são: entidade, continuidade, oportunidade, registro pelo valor original, atualização monetária, competência e prudência.

2.1.2.2.1 Princípio da entidade

O princípio da entidade está ligado à autonomia do patrimônio a ela pertencente, segundo a definição da Resolução nº 750/93. Ela define que o patrimônio deve revestir-se do atributo de autonomia em relação a todos os outros patrimônios existentes. Em decorrência disso, o patrimônio dos sócios que formaram a entidade não se mistura com o daquele que o criou.

A entidade pode ser uma ou mais pessoas físicas, ou qualquer tipo de pessoa jurídica, tais como: pessoa física; famílias; empresas; governos; sociedades beneficentes, culturais, esportivas, religiosas, de lazer, técnicas; fundos de investimento; sociedades cooperativas; entre outras.

2.1.2.2.2 Princípio da continuidade

Este princípio considera que o patrimônio da entidade, em sua formação qualitativa e quantitativa, depende das condições em que possivelmente se desenvolverão as transações da entidade. A suspensão de suas atividades pode ocasionar efeitos na utilidade de certos ativos, com a perda, até mesmo integral, de seu valor.

A situação limite no emprego do princípio da continuidade ocorre quando existe a total cessação das atividades da entidade. Nesse caso, certos ativos, a exemplo das despesas diferidas, deixarão de ostentar a condição de ativo, passando à condição de despesas, devida à impossibilidade de recuperar por meio de geração de receitas, pois fazem parte do objeto social da entidade.

Quando acontece o encerramento de vida da entidade, o passivo é também afetado, pois, além do registro das exigibilidades, com fundamentação jurídica, devem ocorrer os prováveis desembolsos futuros; assim, devem considerar provisões para perdas.

Devem ser ressaltados os princípios da entidade e da continuidade, que são também definidos, teoricamente, como *postulados da contabilidade,* porque representam *precondições* imperativas que condicionam os outros princípios, que são delimitados pelas diretrizes; no entanto, na prática, é difícil identificar tais categorias.

2.1.2.2.3 Princípio da oportunidade

Este princípio requer a apreensão, o registro e o relato de todas as variações que o patrimônio de uma entidade sofre quando elas ocorrem. Assim sendo, o princípio da oportunidade é a base indispensável à precisão das informações a respeito do patrimônio da entidade, referente a certo período de tempo.

Segundo a Resolução nº 750/93, toda vez que acontecer variação patrimonial o princípio da oportunidade deve ser levantado; suas origens principais são, de modo geral, as seguintes:

- Operações feitas com outras entidades, formalizadas por meio de acordos de vontades, isto é, realizadas mediante um contrato tácito.

- Eventos de origem externa, de ocorrência alheia à vontade da administração, porém com efeitos sobre o patrimônio, como casos de força maior: concordata, falência de clientes, entre outros.

- Movimentos internos que mudam muito a estrutura qualitativa do patrimônio, como a transformação de matérias em produtos semifabricados ou desses em produtos prontos, mas também a estrutura quantitativo-qualitativa, como é o caso de sucateamento de bens inservíveis.

Este princípio possui dois elementos diferentes que, no entanto, se completam: a *integridade* e a *tempestividade* (no tempo certo e com a extensão correta); isso ocasiona a denominação de princípio da universalidade, segundo alguns autores.

2.1.2.2.4 Princípio do registro pelo valor original

Segundo este princípio, os elementos do patrimônio devem ser registrados pelos valores acontecidos na data das operações feitas com o mundo externo à entidade, considerando a base da avaliação patrimonial, não importa o estabelecimento do valor monetário de um elemento do patrimônio.

Quaisquer operações em moeda estrangeira devem ser transformadas em moeda nacional por ocasião do seu registro. E os valores originais devem ser ajustados, de acordo com a perda de seu valor econômico; contudo, esse ajuste não modifica o valor original, apenas a sua atualização monetária.

2.1.2.2.5 Princípio de atualização monetária

Este princípio existe por causa da moeda, muito embora aceita como medida de valor universalmente, mas não representa unidade constante de poder aquisitivo. O princípio de atualização monetária considera o ajuste formal dos valores originais registrados, de maneira que não precise fazer nenhuma reavaliação.

É importante ressaltar que o emprego de um índice único, embora fundamental, não resolve completamente o problema da atualização monetária, porque não alcança o problema da fidedignidade que tem o índice, quanto ao poder aquisitivo da moeda. No entanto, isso não se refere aos princípios contábeis, mas é uma questão relativa à Ciência Econômica e à Política.

A legislação societária e fiscal acabou com a correção monetária das demonstrações contábeis do ordenamento jurídico brasileiro, com a instituição da Lei nº 9.249/95,[10] artigo 4º, desde 1º de janeiro de 1996. Esse sistema era utilizado por reconhecer os efeitos da inflação na contabilidade. A referida Lei proibiu o emprego de qualquer sistema de correção de balanço.

Muito tem se comentado a respeito dessa proibição legal sobre as distorções nos balanços ocasionadas pelo fato de estar perante a lei proibido o reconhecimento da inflação que ainda subsiste, apesar de os índices serem baixos se comparados com os do passado.

A Resolução nº 900/2001 do CFC determina que a utilização do princípio da atualização monetária passa a ser compulsória quando a inflação acumulada no triênio for de 100% ou mais.

2.1.2.2.6 Princípio da competência

Este princípio está ligado às variações de patrimônio e à sua natureza; aí se acham duas grandes classes: qualitativa, que muda a qualidade ou a natureza dos elementos patrimoniais, sem afetar o montante do patrimônio líquido; e a quantitativa, que modifica o patrimônio.

O princípio da competência considera quando certo elemento deixa de integrar o patrimônio, para transformar-se em componente modificador do patrimônio líquido. Da confrontação entre o valor final dos aumentos de receitas e de suas diminuições de despesas origina o conceito de "resultado do período", se positivo, isto é, se as receitas são maiores que as despesas; ou negativo, se as receitas são menores que as despesas.

Destaca-se que o princípio da competência não está relacionado com recebimentos ou pagamentos, mas com o reconhecimento das receitas geradas e das despesas acontecidas e/ou incorridas no período.

2.1.2.2.7 Princípio da prudência

A Resolução nº 750/93 institui o emprego do princípio da prudência, e restringe as variações de patrimônio posteriores às operações originais com o mundo externo, já que estas deverão ser decorrentes de consenso com os agentes econômicos externos ou da imposição destes. Por isso, o princípio da prudência acontecerá concomitantemente com o princípio da competência, conforme estabelecido no § 2º da mencionada Resolução, quando resultará, sempre, variação patrimonial quantitativa negativa, ou seja, reduzirá o patrimônio líquido.

O emprego deste princípio não deve levar em conta situações como: manipulação de resultados, com criação de despesas, receitas e provisões indevidas; pelo contrário, deve assegurar a inexistência de valores artificiais, de interesse de certas pessoas, principalmente os administradores e controladores, aspecto muito relevante nas entidades integrantes do mercado de capitais.

Em resumo, determina a adoção do *menor* valor para os componentes do Ativo e do *maior* valor para os do Passivo.

2.1.3 Convenções contábeis

As *convenções contábeis* determinam limites no procedimento de atuação do contador; definem e até alteram parcialmente o conteúdo dos princípios, melhorando mais seu significado:

- Objetividade – os registros contábeis têm que estar suportados por documentos que geram transações ou evidências que ajudam na avaliação.
- Materialidade – toda informação contábil origina um custo e só tem sentido executar a informação se o benefício (o usuário ou sistema) representar um valor maior que o custo da informação (papel, equipamento, salários, encargos etc.) registrado pela contabilidade, por exemplo: pequenos valores gastos com passagens de ônibus, metrô, postagens de correspondências, entre outros, podem acarretar vários lançamentos contábeis; então, para evitar um grande número de registros, faz-se periódica, semanal, quinzenal ou mensalmente, um único lançamento desses lançamentos, sempre considerando a documentação que suporta tais gastos.
- Consistência – significa que, uma vez adotado determinado critério contábil, não deverá ser mudado sem um motivo sério e em períodos apropriados para tal modificação; por exemplo, se a empresa escolhe

um tipo de controle de estoque com base no critério de apuração do custo, como, por exemplo, custo médio, PEPs etc., consistentemente, deverá utilizar esse tipo de controle pelo menos até terminar o período (exercício social) de maneira que não comprometa a qualidade das informações contábeis já apuradas.

• Conservadorismo – manter a coerência na comunicação das informações; uma boa conduta do contador é a de se resguardar para não gerar expectativas futuras que possam não se cumprir. Segundo os Princípios Fundamentais da Contabilidade (PFC), a contabilidade escolherá o que apresentar o menor valor atual para o ativo e o maior para as obrigações representadas no passivo.

2.2 Características da informação contábil

As principais características da informação contábil estão relacionadas a conceitos e conteúdos, usuários e atributos da informação contábil.

2.2.1 Conceitos e conteúdos

A diretriz do Conselho Federal de Contabilidade institui:

A contabilidade, na sua condição de ciência social, cujo objeto é o patrimônio, busca, por meio da apreensão, da quantificação, da classificação, do registro, da eventual sumarização, da demonstração, da análise e do relato das mutações sofridas pelo patrimônio da Entidade particularizada a geração de informações quantitativas e qualitativas sobre ela, expressas tanto em termos físicos quanto monetários.

As informações geradas pela contabilidade devem propiciar aos seus usuários base segura às suas decisões, pela compreensão do estado em que se encontra a Entidade, seu desempenho, sua evolução, riscos e oportunidades que oferece.

A informação contábil se expressa por diferentes meios, como demonstrações contábeis, escrituração ou registros permanentes e sistemáticos, documentos, livros, planilhas, listagens, notas explicativas, mapas, pareceres, laudos, diagnósticos, descrições críticas ou quaisquer outros utilizados no exercício profissional ou previstos em legislação.[9]

O patrimônio de uma entidade é representado por bens e direitos (ativos) menos as dívidas (passivos) que resultam no patrimônio, que pode ser positivo ou negativo.

2.2.2 Usuários

A norma do CFC estipula alguns pontos que já foram mencionados anteriormente. Vejamos o que ela diz:

> Os usuários são pessoas físicas ou jurídicas com interesse na Entidade, que utilizam as informações contábeis desta para seus próprios fins, de forma permanente ou transitória.
>
> Os usuários incluem, entre outros, os integrantes do mercado de capitais, investidores, presentes ou potenciais, fornecedores e demais credores, clientes, financiadores de qualquer natureza, autoridades governamentais de diversos níveis, meios de comunicação, Entidades que agem em nome de outros, como associações e sindicatos, empregados, controladores, acionistas ou sócios, administradores da própria Entidade, além do público em geral.[9]

O sistema de contabilidade deve estar voltado para atender:

* À Lei das Sociedades por Ações (Lei nº 6.404/76) modificada pela Lei nº 10.303/01.
* À legislação do Imposto de Renda (declaração de Rendimentos).
* Aos órgãos do governo, como: CVM, SRF, SUSEP, Agências reguladoras etc.; e setores privados, como Bolsa de Valores, Bancos, credores, acionistas etc.
* Aos relatórios gerenciais.
* Ao acompanhamento do orçamento e de custos.
* Ao Balanço Social e Ambiental, se for o caso.

2.2.3 Atributos da informação contábil

A diretriz do CFC estabelece:

A informação contábil deve ser, em geral e antes de tudo, veraz e eqüitativa, de forma a satisfazer às necessidades comuns a um grande número de diferentes usuários, não podendo privilegiar deliberadamente nenhum deles, considerando o fato de que os interesses nem sempre são coincidentes.

A informação contábil, em especial aquela contida nas demonstrações contábeis, notadamente as previstas em legislação, deve propiciar revelação suficiente sobre a Entidade, de modo a facilitar a concretização dos propósitos do usuário, revestindo-se de atributos entre os quais são indispensáveis os seguintes:[9]

- **Confiabilidade:**[9] é o atributo que faz com que o usuário aceite informação contábil e a utilize como base decisões e fundamenta-se na veracidade do seu conteúdo.

- **Tempestidade:** refere-se ao fato de a informação contábil dever chegar ao conhecimento do usuário em tempo hábil, a fim de que este possa utilizá-la para seus fins.

- **Compreensibilidade:** a informação contábil deve ser exposta na forma compreensível ao usuário a que se destine.

- **Comparabilidade:** deve possibilitar ao usuário o conhecimento da evolução entre determinada informação ao longo do tempo numa entidade.

As principais informações de contabilidade constam nos demonstrativos contábeis, que são mensais, utilizadas pelos administradores, trimestrais e anuais, que são divulgadas ao público em geral; e relatórios gerenciais internos.

Quadro resumo – *Comparativo entre postulados, princípios
e convenções contábeis emanados da CVM e CFC.*

Deliberação CVM nº 29/86	Resolução CFC nº 750/93
Postulados contábeis	
Entidade contábil	Entidade
Continuidade das Entidades	Continuidade
Princípios Contábeis	
Custo com base de valor	Valor nominal + atualização monetária
Realização da receita	Oportunidade
Confronto das despesas com as receitas no período contábil	Competência de exercícios e oportunidade
Denominador comum monetário	Atualização monetária
Convenções contábeis	
Objetividade	Não enunciado
Conservadorismo	Prudência
Materialidade	Não enunciado
Consistência	Não enunciado

Fonte: Alcântara (2007).

3

Demonstrações Contábeis – Formato Societário

Em consonância com o artigo 176 da Lei das Sociedades por Ações, Lei nº 6.404/76, as demonstrações contábeis ou financeiras são divididas em:

- Balanço Patrimonial (BP).
- Demonstração do Resultado do Exercício (DRE).
- Demonstração das Mutações do Patrimônio Líquido (DMPL).
- Demonstração das Origens e Aplicações de Recursos (DOAR).

Os contadores preferem a terminologia *demonstrações contábeis*; a terminologia *demonstrações financeiras* é empregada pela Lei das Sociedades por Ações.

As demonstrações contábeis ou financeiras devem ser acompanhadas com as notas explicativas. As demonstrações contábeis devem ser publicadas de maneira comparativa, mostrando os valores relativos às demonstrações contábeis do ano anterior. O exercício social terá a duração de um ano; não existe a necessidade de coincidir com o ano civil, ou seja, de 1º/1 a 31/12, muito embora, na maioria das vezes, isso aconteça.

Tais demonstrações são para as empresas de sociedades por ações, sejam elas de capital aberto (negociam suas ações em Bolsa de Valores), sejam de capital fechado; quando se tratar de sociedade limitada, não há necessidade de as demonstrações contábeis serem acompanhadas de notas explicativas. As sociedades anônimas de capital aberto devem apresentar as demonstrações financeiras intermediárias, na metade do exercício social, principalmente instituições financeiras.

O relatório contábil corresponde à informação apurada pela contabilidade de forma ordenada e resumida, objetivando informar os usuários internos e externos à empresa fatos acontecidos em certo período de tempo. Existem os relatórios obrigatórios e os não obrigatórios.

A contabilidade é reconhecida pelas legislações comercial e fiscal; portanto, existem relatórios confeccionados pelas empresas que são obrigatórios à sua divulgação, seja para o público externo, seja para os órgãos de fiscalização. Esses relatórios contêm informações de caráter econômico-financeiro.

Figura 3.1 *Modelo da disposição de publicação dos resultados da sociedade anônima.*

RELATÓRIO DA ADMINISTRAÇÃO

Balanço Patrimonial	Demonstração do Resultado do Exercício
Demonstração das Mutações do Patrimônio Líquido	Demonstração de Origens e Aplicações de Recursos

Notas Explicativas: (complemento às Demonstrações Financeiras)
Parecer dos Auditores Independentes
Parecer do Conselho Fiscal (opcional)
Informações complementares (facultativas) • Demonstrativo de fluxo de caixa. • Demonstrativo de Valor Adicionado.
• Balanço Social. • Balanço Ambiental (se aplicável).

3.1   Relatório de Administração (artigo 133, item I, da Lei nº 6.404/76 e Parecer de Orientação CVM nº 15/87 e Deliberação nº 488/05)

Não faz parte das demonstrações contábeis propriamente ditas, mas a lei exige a apresentação desse relatório. Por essa razão, a empresa deve fazer e divulgar nas suas demonstrações contábeis o relatório da administração.

Este relatório é utilizado pela alta administração para divulgar ao mercado a sua impressão a respeito dos resultados alcançados pela empresa no período, além de informar sobre a estratégia para o futuro, sua posição em relação à concorrência, suas perspectivas de resultados, sua posição perante os atuais e futuros clientes, seus investimentos realizados e a realizar, iniciativas sociais e ambientais e outros importantes tópicos administrativos do último exercício. Devem também ser observados os artigos 117 e 158 da Lei nº 6.404/76, quanto à responsabilidade dos administradores.

3.2 Balanço Patrimonial (artigo 178 da Lei nº 6.404/76)

O balanço tem por finalidade apresentar a posição financeira e patrimonial da empresa em determinada data, representando, portanto, uma posição estática.

O balanço patrimonial tem informações sobre elementos fundamentais da atividade da organização, como: recursos disponíveis, de que maneira eles estão aplicados, grau de liquidez (capacidade de pagamento), nível de endividamento (proporção entre capital próprio e dívidas), perfil da dívida (distribuição entre curto e longo prazo) etc. O balanço é elemento fundamental para a análise econômico-financeira, para avaliação de risco de crédito ou de investimento.

O Quadro 3.1 apresenta um modelo de balanço patrimonial, no formato societário ou oficial:

Quadro 3.1 *Modelo de balanço patrimonial – formato societário.*

	31/12/20XX	31/12/20X1
Ativo circulante	5.527.500	6.911.945
Caixa/bancos	1.000	1.000
Aplicações financeiras	777.160	1.596.167
Contas a receber de clientes	1.650.000	2.048.604
(–) Títulos descontados	(30.000)	(43.899)
Contas a receber líquido	1.620.000	2.004.705
Estoques	3.124.340	3.302.972
Impostos a recuperar	4.500	5.800
Despesas do exercício seguinte	500	1.300
Realizável a longo prazo	6.000	8.000
Empréstimos a controladas	5.000	7.000
Depósitos judiciais e incentivos fiscais	1.000	1.000
Permanente	5.990.000	5.634.775
Investimentos em controladas	200.000	230.000
Imobilizado líquido	5.790.000	5.404.775
Diferido	0	0
Ativo total	11.523.500	12.554.719
Passivo circulante	2.723.500	3.446.209
Fornecedores	460.000	679.377
Salários e encargos a pagar	200.000	264.981
Contas a pagar	100.000	120.446
Impostos a recolher – sobre mercadorias	460.000	475.203
Impostos a recolher – sobre lucros	100.000	72.028
Adiantamento de clientes	3.500	5.000
Empréstimos	1.200.000	1.649.124
Dividendos a pagar	200.000	180.050
Exigível a longo prazo	4.800.000	4.836.435
Financiamentos	4.798.000	4.836.435
Outras obrigações	2.000	2.000
Resultados de exercícios futuros	0	0
(–) Custos e despesas	0	0
Patrimônio líquido	4.000.000	4.270.075
Capital social	4.000.000	4.000.000
Reservas de capital	0	0
Reservas de reavaliação	0	0
Reservas de lucros/lucros acumulados	0	0
Lucro do período	0	270.075
(–) Ações em tesouraria	0	0
Passivo total	11.523.500	12.554.719

Fonte: PADOVEZE e BENEDICTO (2004).[11]

3.3   Demonstração do Resultado do Exercício (artigo 187)

Este demonstrativo, diferente do balanço, relata a história da atividade durante um exercício social ou durante períodos mais curtos que podem ser um mês, um trimestre, um semestre.

- Forma de apresentação – a Lei nº 6.404/76, artigo 187, define o conteúdo da DRE, que deve ser apresentado na forma dedutiva, com os detalhes necessários de receitas, despesas, ganhos e perdas e o lucro ou prejuízo líquido do exercício, e por ação.

- Clareza de definição – a lei define com clareza o conceito de lucro líquido, estabelecendo critérios de classificação.

- Regime de competência (artigo 177, Lei nº 6.404/76) – as receitas e as despesas são apropriadas ao período em função de competência, independentemente de seus reflexos no caixa.

- Classificação – o resultado é subdividido em alguns tópicos, como lucro bruto, operacional, líquido etc.

A lei atual difere do Projeto de Reforma nº 3.741, de 2000, que tramita no Congresso Nacional e que não impõe um modelo de demonstração do resultado do exercício, deixa a critério dos órgãos reguladores e das próprias empresas fixar o modelo que seja adequado à apresentação do resultado de suas atividades econômicas.

O Quadro 3.2 mostra um exemplo de DRE:

Quadro 3.2 *Modelo de demonstração do resultado do exercício – formato societário.*

	31/12/20XX	**31/12/20X1**
Receita operacional bruta	23.787.210	23.883.989
(–) Imposto nas vendas	(5.149.931)	(5.170.884)
Receita Operacional líquida	18.637.279	18.713.105
(–) Custo dos produtos vendidos	(14.707.102)	(15.122.900)
Lucro Bruto	3.930.177	3.590.206
(–) Despesas operacionais	(2.260.678)	(2.444.596)
Comerciais	1.358.678	1.442.731
Administrativas	902.000	1.001.865
Outras despesas operacionais	0	0
Lucro operacional antes das despesas e receitas financeiras		
Receitas financeiras	1.669.499	1.145.610
Despesas financeiras com financiamentos	46.800	166.657
Outras despesas financeiras	(552.999)	(590.230)
Equivalência patrimonial	(90.000)	(106.800)
	200	30.000
Lucro operacional		
Resultados não operacionais	1.075.300	645.237
	(19.000)	(2.200)
Lucro antes dos impostos		
Impostos (CSSL/IR) sobre o lucro	1.056.300	643.037
	(316.890)	(192.911)
Lucro líquido do exercício depois dos impostos		
	739.410	450.126

Fonte: PADOVEZE e BENEDICTO (2004).[11]

3.4 Demonstração das Mutações do Patrimônio Líquido (artigo 186 da Lei nº 6.404/76)

Patrimônio líquido é a origem de recursos que advêm dos sócios ou acionistas, somados aos lucros retidos que a companhia apresenta até determinada data. A *Instrução CVM nº 059/86* tornou obrigatória a publicação da DMPL para as companhias abertas em substituição à demonstração dos lucros ou prejuízos acumulados (DLPA).

A DLPA tem como finalidade apresentar a movimentação da conta lucros e prejuízos acumulados, destacando eventos que influenciaram a modificação do seu saldo. Essa demonstração deve também mostrar o dividendo por ação do capital realizado.

Pode-se dizer que a DMPL equivale à DLPA; no entanto, a DMPL, além de apresentar as variações nas contas de reservas e capital social, também mostra as variações nos lucros ou prejuízos acumulados.

Os Quadros 3.3 e 3.4 apresentam exemplos de DLPA e DMPL:

Quadro 3.3 *Modelo de DLPA.*

Lucros ou prejuízos acumulados em 31/12/20XX
(+/–) Lucro ou prejuízo do período
(+) Reversão de reservas de lucros
Reserva de lucros a realizar
Reserva para contingências
Outras reservas de lucros
(–) Destino dos lucros
Aumento de capital
Reserva de lucros
Dividendos
(=) Lucros ou prejuízos acumulados em 31/12/20X1

Quadro 3.4 *Modelo de DMPL.*

	Capital social	Reservas de reavaliação	Reservas de capital	Reservas de lucro	Lucro ou prejuízo	Total
Patrimônio líquido em 31/12/20XX	350	40	20	10	30	450
Aumento de capital	100	–	–	–	–	100
Realização da reserva de reavaliação	–	(10)	–	–	10	–
Lucro ou prejuízo do exercício	–	–	–	–	50	50
Constituição de reserva legal	–	–	–	8	(8)	–
Distribuição de dividendos	–	–	–	–	(12)	(12)
Total PL em 31/12/20X1	450	30	20	18	70	588

3.5   Demonstração de Origens e Aplicações de Recursos (artigo 188 da Lei nº 6.404/76)

É conhecida também como **fluxo de recursos;** essa é uma demonstração fundamental para o estudo de qualquer empresa em operação. Este demonstrativo tem um aspecto dinâmico e condensa, a rigor, todo o processo decisório praticado durante o exercício: quantos e quais recursos foram produzidos ou captados e qual o destino que a gerência lhes deu (lucros distribuídos, investimentos, pagamento de dívidas etc.).

A seguir, o Quadro 3.5 apresenta um exemplo de DOAR:

Quadro 3.5 *Modelo de DOAR.*

1. Origem de Recursos	31/12/20XX	31/12/20X1
Das operações		
Lucro líquido do exercício	102.200	98.700
(+) Depreciação, amortização e exaustão	135.000	111.000
(+/–) Variação cambial	36.400	25.400
(+/–) Perda por equivalência patrimonial	11.100	1.600
(+/–) Outras despesas e receitas	2.300	0
Dos acionistas		
Integralização do capital em dinheiro	37.900	0
De terceiros		
Novos empréstimos	79.540	106.000
Alienação de itens do imobilizado	10.650	0
Venda de itens de investimentos	44.580	0
Total das origens de recursos	432.870	339.500
2. Aplicações de Recursos		
Aquisição de novos itens do imobilizado	171.100	165.200
Aquisição de novos investimentos	51.300	49.600
Pagamentos de financiamentos	89.900	106.800
Distribuição de dividendos	36.600	0
Total das aplicações	348.900	321.600
3. Aumento/diminuição do CCL (origens e aplicações)	83.970	17.900
4. Mutação no capital circulante líquido	83.970	17.900

3.6   Notas explicativas às demonstrações contábeis (artigo 176, § 5º)

No caso de sociedades por ações, por imposição da Lei nº 6.404/76, artigo 176, § 5º, e Instrução da Comissão de Valores Mobiliários – CVM nº 207/94 –, ou da auditoria independente, as notas explicativas das demonstrações contábeis têm a finalidade de apresentar uma correta abertura das contas. Mudanças de práticas contábeis, natureza e montante dos ganhos e perdas extraordinários, investimentos em outras empresas, custo e prazo dos passivos exigíveis, ações judiciais em curso, capital social, estoques, fluxo de caixa são algumas das informações contidas nas notas explicativas.

3.7   Parecer dos auditores independentes (artigo 177, § 3º, Lei nº 6.404/76)

Os pareceres dos auditores independentes são obrigatórios para todas as companhias de capital aberto.

Após terminar a revisão dos procedimentos e o exame dos registros contábeis referentes a determinado exercício, os auditores têm que emitir uma opinião sobre as demonstrações financeiras a serem apresentadas aos sócios ou acionistas. Quando a empresa é fechada, é opcional a publicação do parecer dos auditores.

O objetivo é ter um sistema de informação confiável para a devida divulgação, prática essa que deve tornar-se a política de boa governança, ao demonstrar os resultados da companhia com transparência.

O parecer dos auditores independentes é apresentado de maneira transparente e objetiva, expressando sua opinião a respeito das demonstrações contábeis da companhia, com base na legislação e nos Princípios Fundamentais de Contabilidade. O auditor é responsável pela explicação emitida em seu parecer; entretanto, é de responsabilidade do administrador a elaboração dos demonstrativos contábeis.

É importante ressaltar que os auditores têm outras atribuições, principalmente nas empresas abertas, além das revisões das demonstrações contábeis. Suas responsabilidades abrangem: a verificação das informação e das análises apresentadas no relatório da administração se estão em consonância com as demonstrações financeiras auditadas; e a informação à Comissão de Valores Mobiliários, em se tratando de empresas abertas (Instrução nº 216 da CVM).

Há outras atribuições, quando o relatório mostra informações gerenciais ou extracontábeis, como, por exemplo: orçamento, projeções, informações segmentadas, investimentos realizados, programas de redução de custos, índices de análise financeira etc. Procede, também, que os auditores revejam os valores e os números do balanço social e do balanço ambiental, quando a empresa decide por sua divulgação.

Parecer do Conselho Fiscal (artigos 163-164, Lei nº 6.404/76).

O parecer do conselho fiscal, atualmente, é facultativo, no entanto, no passado era obrigatório durante a vigência do Decreto-lei nº 2.627, de 26/9/1940, antiga Lei das Sociedades por Ações; atualmente, trata-se de órgão estatutário de funcionamento não permanente.

Foi a partir da Lei das Sociedades por Ações, Lei nº 6.404/76, alterada pela Lei nº 10.303/2001, que o conselho fiscal deixou de ser permanente, funcionando apenas nos exercícios em que o acionista represente 10% das ações com direito a voto ou 5% das ações sem voto; sua instalação pode ser solicitada em qualquer assembléia geral, ordinária ou extraordinária. Quando houver o parecer do Conselho Fiscal, pode constar na publicação das demonstrações financeiras.

3.8 Novos relatórios (não obrigatórios)

Os relatórios cuja divulgação é considerada não obrigatória compreendem os relatórios gerenciais que têm por objetivo atender às necessidades do corpo gerencial. As elaborações desses relatórios não estão atreladas à legislação fiscal, societária, ou de órgãos que regulam atividades-fins das empresas.

3.8.1 *Fluxo de caixa*

A demonstração dos fluxos de caixa (DFC) não é legalmente exigida, porém a empresa sociedade anônima de capital aberto pode publicá-la, já que é facultativa. Muitas das empresas já divulgam esta demonstração dentro das notas explicativas.

A DFC usa o regime de caixa, ou seja, tudo o que foi recebido e pago num determinado período aparecerá no demonstrativo. Dessa forma, são apresentadas as disponibilidades de uma companhia durante um certo período, mediante os fluxos de recebimentos e pagamentos efetivamente realizados.

Nos EUA, o *Financial Accounting Standards Board* (FASB) emitiu em 1987 uma diretriz (FASB – 95) em que estabelece a obrigatoriedade da DFC ou *cashflow statement* para todas as companhias com fins lucrativos nesse país, inclusive as instituições financeiras.

Esta demonstração é de grande relevância para a análise de administrador, analistas de mercado, investidores, acionistas, entre outros. Uma companhia pode até sobreviver com prejuízo contábil, porém será muito difícil sobreviver se não tiver dinheiro em caixa para pagar suas dívidas; a empresa tem que gerar caixa para ter liquidez. Esse poderia ser um relatório complementar à Demonstração de Origens e Aplicações de Recursos.

Os Quadros 3.6 e 3.7 apresentam exemplos de modelos de DFC – método direto:

Quadro 3.6 *Modelo de DFC – método direto – em R$.*

I – Saldo inicial de caixa	200
II – (+/–) Fluxo de caixa de operações	
(+) Venda de mercadorias e serviços	780
(–) Pagamento de fornecedores	(340)
(–) Pagamento de salários e encargos sociais	(260)
(+) Recebimento de seguros	170
....	
Subtotal	350
III – (+/–) Fluxo de caixa de investimento	
(+) Venda de imobilizado	0
(–) Aquisição de imobilizado	620
....	
Subtotal	620
IV – (+/–) Fluxo de caixa de financiamento	
(+) Empréstimos líquidos tomados	1.000
(–) Pagamentos de *leasing*	(500)
....	
Subtotal	500
Saldo final de caixa (I + II + III + IV)	1.670

Quadro 3.7 *Modelo de DFD – método direto.*

ATIVIDADES	MESES/20X1 – Em R$		
	JAN.	...	DEZ.
1. RECEBIMENTOS			
Vendas à vista	50.060	...	65.000
Cobranças em carteira	30.100	...	41.500
Cobranças em bancos	10.250	...	15.600
Descontos de duplicatas	5.670	...	3.000
Aluguéis	7.000	...	7.500
Aumento de capital social	0	...	0
Vendas de ativo permanente	0	...	0
Receitas financeiras	1.500	...	2.100
Dividendos de coligadas e controladas	0	...	0
Outros tipos de receitas	0	...	100
Total de recebimentos	104.580	...	134.800
2. PAGAMENTOS		...	
Fornecedores	19.900	...	23.500
Salários	18.500	...	20.000
Luz	7.060	...	6.800
Telefone	6.700	...	7.200
Compras à vista	2.200	...	10.500
Manutenção	6.700	...	5.500
Despesas administrativas	10.800	...	8.600
Despesas com vendas	20.000		22.000
Despesas financeiras	11.000	...	30.500
Impostos	15.000	...	18.000
Compras de ativo permanente	0	...	0
Outros tipos de despesas	10.000	...	3.000
Total de pagamentos	127.860	...	155.600
3. ENTRADAS – SAÍDAS (1 – 2)	(23.280)	...	(20.800)
4. SALDO INICIAL DE CAIXA	1.600	...	4.560
5. DISPONIBILIDADE (3 + 4)	(21.680)	...	(16.240)
6. FINANCIAMENTOS	25.000	...	18.000
7. INVESTIMENTOS	0	...	0
8. SALDO FINAL	3.320	...	1.760

Nota: O DFC também pode ser elaborado pelo método indireto, inclusive é mais analítico nas atividades operacionais.

3.8.2   Demonstração do Valor Adicionado

A Demonstração do Valor Adicionado (DVA) tem como finalidade informar o valor da riqueza gerada pela empresa e a maneira de distribuí-la. A DVA mostra, além do lucro dos investidores, também a quem pertence o restante da riqueza gerada pela empresa.

A DVA está sendo contemplada no anteprojeto de reforma da Lei das Sociedades por Ações que tramita pelo Congresso, inclusive é a grande novidade. Ela ressalta os elementos que geram o valor adicionado e sua distribuição entre funcionários, acionistas, financiadores, governo, entre outros, e também a parcela retida para investimento.

O cálculo para a DVA é o seguinte:

Do valor da receita operacional diminuem os custos dos recursos adquiridos de terceiros (como compra de matéria-prima, mercadorias, embalagens, terceirização da produção e energia elétrica); o resultado dessa subtração é o Valor Adicionado Bruto.

Outros itens relevantes são: depreciação e amortização, que representam a diminuição do imobilizado e do intangível operacional (máquinas, instalações, veículos, marcas e patentes etc.).

Muito embora a depreciação e a amortização não se desembolsem, no futuro elas o serão, na reposição dos bens ativos, diminuindo a riqueza produzida pela empresa. Portanto, deverão ser subtraídas do Valor Adicionado Bruto, e aí se tem o Valor Adicionado Líquido.

No Valor Adicionado Líquido, podem também ser somados ou diminuídos outros elementos, como receitas financeiras, receita de equivalência patrimonial, despesas não operacionais, gerando assim o Valor Adicionado.

Dessa forma, é apurado o Valor Adicionado que apresenta a contribuição da empresa para os vários segmentos da sociedade. São demonstrados quanto ganham os funcionários, os acionistas e proprietários da empresa, os financiadores de recursos, o governo (arrecadação de impostos), outros, e também para reinvestimento.

A seguir, um exemplo de DVA:

Quadro 3.8 *Modelo de DVA.*

DEMONSTRAÇÃO DO VALOR ADICIONADO	20XX R$	%	20X1 R$	%
Receita operacional	600.000		750.000	
(–) Custo da mercadoria vendida	(450.000)		(540.000)	
Valor adicionado bruto gerado nas operações	150.000		210.000	
(–) Depreciação	(20.000)		(35.000)	
Valor adicionado líquido	130.000		175.000	
(+) Receita financeira	15.000		18.000	
Valor adicionado	145.000	100	193.000	100
Distribuição do valor adicionado:				
Empregados	70.000	48	82.000	42
Dividendos	20.000	14	30.000	16
Impostos	5.000	3	8.8000	5
Outros	10.000	7	11.000	7
Reinvestimento	40.000	28	61.200	30

3.8.3   Balanço social

Um dos principais instrumentos de prestação de contas, de diálogo e de transparência das empresas é o **balanço social,** o qual representa a prestação de contas da interação e integração da empresa com a sociedade em que convive; mesmo não sendo obrigatório pela legislação, as empresas deveriam publicá-lo. As informações podem ser demonstradas da seguinte forma: informações sobre recursos humanos; informações sobre benefícios sociais à comunidade; informações de cunho ecológico, entre outras.

Este documento é responsável pela construção de uma ponte entre a empresa e os diversos públicos com os quais ela se relaciona: funcionários, fornecedores, clientes, comunidade, concorrentes, acionistas, agentes financeiros, organizações setoriais etc.

Por suas características, o balanço social tem-se mostrado capaz de agregar credibilidade e proporcionar ganhos de imagem para a empresa, mas não pode ser confundido com uma peça de marketing, já que não deve restringir-se às experiências de sucesso. Seu papel deve ser bem mais amplo, fazer parte de um processo contínuo de aprendizado, aprimoramento e permear todas as áreas e atividades da organização. Como avaliação e diagnóstico anual, deve expor as metas que haviam sido planejadas para o período e as dificuldades encontradas para sua realização, discriminando aquelas que foram superadas e as que se mantêm.

O Quadro 3.9 apresenta um modelo de balanço social recomendado pelo Instituto Brasileiro de Análises Sociais e Econômicas (IBASE):

Quadro 3.9 *Modelo de balanço social recomendado pelo IBASE.*

BALANÇO SOCIAL			
1. Base de Cálculo			
1.1 Faturamento bruto			
1.2 Lucro operacional			
1.3 Folha de pagamento			
2. Indicadores laborais	Valor R$	% s/ folha de pagamento bruta	% s/ lucro operacional
2.1 Alimentação			
2.2 Encargos sociais compulsórios			
2.3 Previdência privada			
2.4 Saúde			
2.5 Educação			
2.6 Participação dos trabalhadores nos lucros ou resultados			
2.7 Outros benefícios			
TOTAL – Indicadores laborais (2.1 a 2.7)			
3. Indicadores sociais	Valor R$	% s/ lucro operacional	% s/ faturamento bruto
3.1 Impostos (excluídos encargos sociais)			
3.2 Contribuições para a sociedade/ investimentos na cidadania			
3.3 Investimentos em meio ambiente			
TOTAL – Indicadores sociais (3.1 a 3.3)			
4. Indicadores do Corpo Funcional		Nº de empregados	
4.1 Nº de empregados ao final do período			
4.2 Nº de admissões durante o período			

Fonte: KROETZ (2000).[12]

Kroetz[12] destaca como objetivos do balanço social:

- Divulgar, juntamente com as outras demonstrações contábeis ou financeiras, a solidez da estratégia de sobrevivência e crescimento da organização.

- Apresentar com indicadores as contribuições à qualidade de vida da sociedade.

- Inserir, no universo das interações sociais entre os clientes, fornecedores, funcionários, governo, acionistas, investidores, universidades, associações etc.

- Mostrar os investimentos no desenvolvimento de pesquisas e tecnologias.

- Criar um banco de dados confiável para análise e tomada de decisões dos mais variados usuários.

- Gerar o nível de confiança da sociedade na organização.

- Auxiliar na implementação e manutenção de processos de qualidade, sendo a divulgação do balanço social um parâmetro para isso.

- Verificar os impactos das informações divulgadas no balanço social diante da comunidade dos negócios.

- Averiguar a participação dos funcionários no processo de gestão participativa.

- Servir de mecanismo para negociação laboral entre a gerência da entidade e sindicatos ou representantes dos funcionários.

- Melhorar o sistema de controle interno, permitindo qualificar o ambiente da entidade, numa perspectiva de confirmar a regularidade da gestão identificada com o gerenciamento social e ecologicamente correto.

- Confirmar os objetivos e as políticas, avaliando a administração não apenas sob o âmbito dos resultados econômico-financeiros, mas também sob o âmbito dos resultados sociais.

É necessário que apresente um posicionamento da empresa com relação ao futuro, explicitando compromissos, objetivos e mecanismos para atingi-los. Os problemas que espera encontrar também devem ser registrados, assim como as medidas que pretende adotar para enfrentá-los. Desta forma, a organização se posiciona como um agente que, além de reconhecer os desafios, está buscando soluções.

Para as empresas interessadas, o Instituto *Ethos* desenvolveu o **Guia de Balanço Social**, uma publicação pedagógica que mostra, passo a passo, como estruturar um balanço social que incorpore os critérios de responsabilidade social. Ao mesmo tempo se reconhece a necessidade de prestigiar as organizações, proporcionar a troca de experiência e aprendizado entre as empresas que estão elaborando e publicando os seus balanços sociais. Para isso, foi desenvolvido em parceria com a Associação Brasileira de Analistas do Mercado de Capitais (ABAMEC), Associação Brasileira de Comunicação Empresarial (ABERJE), Fundação Instituto de Desenvolvimento Empresarial e Social (FIDES) e Instituto Brasileiro de Análises Sociais e Econômicas (IBASE) o Prêmio Balanço Social, que tem como objetivo, entre outros, difundir a importância deste balanço social como instrumento de transparência das ações das empresas de diálogo com a sociedade e uma ferramenta de gestão corporativa.

No quesito relação com o público interno, merecem destaque as políticas de benefícios e de desenvolvimento pessoal e profissional. No entanto, os **investimentos na diversidade** da força de trabalho *ainda são pouco mencionados* pelas empresas: apenas algumas revelam, por exemplo, a proporção de mulheres, deficientes físicos, negros nos cargos de chefia e direção.

Por outro lado, as *relações com os fornecedores são quase invisíveis* nesses relatórios. O mesmo se observa nas condições estabelecidas pelas empresas com os seus concorrentes. De todo modo, há experiências positivas nesse sentido, como a de bancos que articularam procedimentos comuns contra a lavagem de dinheiro. Já as relações com clientes e consumidores são mostradas nos balanços do ponto de vista da qualidade de atendimento e da obtenção de certificações como as ISO, mas, quando se considera a evolução ocorrida nos direitos dos consumidores, é possível dizer que eles *estão bem menos presentes* do que seria de se esperar.

No que se refere aos aspectos de valores e transparência, algumas empresas relatam o processo de construção e divulgação de seu **Código de Ética** para as diversas partes interessadas; é uma iniciativa importante por aumentar o compromisso dessas organizações com a efetiva implementação desses processos.

O relato sobre os resultados que os seus investimentos proporcionam nos públicos-alvo das ações também é um aspecto considerado novo pela instituição "Dom Cabral" nos balanços sociais analisados. Em passado recente, era mais comum que as empresas descrevessem em seus balanços sociais somente os valores investidos, sem qualquer preocupação de mostrar os desdobramentos e os impactos das iniciativas.

No estudo *Trust Us*, realizado pela organização inglesa *Sustain Ability* e comentado por Mein[13] sobre o desenvolvimento dos balanços sociais na última década, está escrito: "Se a década de 1992-2002 foi a década da *transparência*, a próxima será a da *confiança*." E nada melhor do que essa interlocução para gerar de fato confiança, valor que se tornou primordial diante das expectativas e incertezas do mundo em que se vive.

3.8.4 Balanço ambiental

O **balanço ambiental** é outro instrumento de prestação de contas, em que aparece a descrição e o objetivo dos investimentos efetuados e montantes aplicados na proteção ao meio ambiente.

A partir dos anos 1960, os prognósticos científicos vêm se tornando cada vez mais sombrios em relação ao esgotamento dos recursos naturais do planeta Terra, ocasionado pelo capitalismo, em que muitos se preocupam com o patrimônio natural da humanidade. A inserção do tema ambiental na esfera econômica representa um amplo debate em torno da possibilidade de quantificar monetariamente os danos ambientais, cujo balanço menciona as barreiras intransponíveis quanto à racionalidade dos agentes econômicos na previsão e na mensuração da degradação da **biodiversidade.**

Até o momento, não foram identificados instrumentos apropriados, para estipular valores dos recursos naturais disponíveis em toda a dimensão do planeta.

Do ponto de vista da contabilidade, o que se pode mensurar e constar nas demonstrações contábeis são os eventos e transações econômico-financeiros, que mostram a interação da companhia com o meio ambiente.

A contabilidade tem quatro dimensões:[35]

- **Jurídica** – trata da distinção entre os interesses dos proprietários e da empresa em si.
- **Econômica** – analisa a parte patrimonial da instituição.
- **Organizacional** – verifica a atuação dos administradores responsáveis pelo controle dos recursos possuídos pela entidade (conjunto de pessoas, recursos e organizações que exercem atividade econômica, como meio ou como fim).
- **Social** – avalia os benefícios sociais da entidade.

Considerando essas dimensões, a contabilidade objetiva avaliar não apenas a evolução econômica da empresa, como também as suas contribuições e responsabilidades sociais. É importante entender o ambiente em que as instituições atuam, pois alguns elementos externos podem ser mais relevantes do que elementos internos para o sucesso e insucesso.

A questão ambiental não é apenas uma teoria econômica; ela abrange outras áreas de conhecimento, como Ciências Sociais, Administração, Política, Sociologia e Direito. O debate aponta para a necessidade de modernizar continuamente os processos produtivos, que passam a se equilibrar não mais pela lógica da recomposição das áreas ambientais atingidas, mas pela sua preservação. Essa mudança de comportamento se dá dentro da dinâmica de confronto entre grupos de interesses divergentes na sociedade e, principalmente, dentro das empresas.

A gestão empresarial passa por transformações no sentido de construir bases para a relação da empresa com o meio ambiente, a força de trabalho e a cultura da organização; entretanto, a gestão ambiental nas companhias parece ser impedida com maior intensidade por questões externas do que questões internas.

Um modelo eficiente de gestão ambiental não é linear, mas podem-se construir estágios básicos de ação da empresa, conforme é mostrado no Quadro 3.10.

Quadro 3.10 *Estágios de ação da organização.*

Estágio	Comportamento	Princípio
1	Adaptação à regulamentação ou exigência do mercado, incorporando controle de poluição às saídas.	Não modificar a estrutura produtiva e o produto.
2	Adaptação à regulamentação ou exigência do mercado, modificando os processos e/ou produtos (inclusive embalagem).	Prevenir a poluição, selecionando matérias-primas, desenvolvendo novos processos e/ou produtos.
3	Antecipação aos problemas ambientais futuros, ou seja, adoção de um comportamento proativo e de excelência ambiental.	Integrar a função ambiental ao planejamento estratégico da empresa.

Fonte: ASHLEY et al. (2003).[14]

As estratégias ambientais postas em prática pelas organizações devem considerar a complexa ação da organização no que diz respeito a:[13]

- Necessidade e possibilidade de expansão horizontal das atividades produtivas.
- Instrumentos de capacitação, aprendizado e seleção tecnológica desenvolvidos pela empresa e seu setor de produção.
- Impacto operacional das atividades, diferenciado por linhas de produto e inserção em setores competitivos.
- Realidade dos mercados destinatários da produção.
- Política de gestão da produção e qualificação dos recursos humanos na organização e em seu setor de operação.
- Sensibilidade ambiental dos canais de financiamento de investimentos.

Existem aspectos que podem estimular a adoção de políticas de gestão ambiental pelas empresas, classificados em externos e internos.

Os aspectos externos são legislação ambiental, governo, consumidor, acionistas, instituições financeiras, instituições e movimentos ambientalistas. São considerados como aspectos internos as economias de custo através de redução de desperdício ou reciclagem, menor consumo de energia e substituição de insumos.

Há sérias discussões sobre a implantação da certificação ambiental (ISO 14000) entre as organizações no Brasil. Empresas interessadas no mercado externo pensam em alternativas para sua adequação ao "selo verde". Há uma questão que vem sendo levantada pelas empresas sobre o processo de certificação sobre se representa de fato uma mudança das políticas da organização para a preservação do meio ambiente ou *se seria mais um processo burocrático a ser seguido*, como ocorre com a implantação da certificação ISO 9000 de Qualidade Total.

3.8.4.1 Demonstrações contábeis com informações ambientais

Uma forma de evidenciar as informações pertinentes à área ambiental é o padrão de relatórios contábeis já usados pelas companhias, como mostra o Quadro 3.11.

Quadro 3.11 *Balanço patrimonial.*

Ativo	Passivo
Circulante	Circulante
Itens comuns	Itens comuns
Bens ou direitos de natureza ambiental	Passivo ambiental
Realizável a longo prazo	Exigível a longo prazo
Itens comuns	Itens comuns
Bens ou direitos de natureza ambiental	Passivo ambiental
Permanente	Patrimônio líquido
Itens comuns	Itens comuns
Bens ou direitos voltados à preservação, proteção e recuperação ambiental, ou perda de potencial de uso ou serviços	Lucros ou prejuízos acumulados (inclusive os efeitos do reconhecimento de ativos e passivos ambientais)
Total do ativo	Total do passivo + PL

Fonte: RIBEIRO (2005)[35] (adaptação).

Assim sendo, as ações da empresa com o meio ambiente podem ser analisadas em relação a todo o processo patrimonial.

O Quadro 3.12 apresenta o resultado do exercício em seu formato tradicional, informando a atuação da companhia em termos ambientais:

Quadro 3.12 *Demonstração do resultado.*

Receita bruta	R$
(–) Custos de produção)	
Itens comuns	
Custos:	
Depreciação de equipamentos antipoluentes	
Insumos antipoluentes	
Mão-de-obra usada no controle do ambiente	
(=) Lucro bruto	
(–) Despesas operacionais	
Itens comuns	
Despesas	
Gastos com a área administrativa	
Taxas ou despesas com regulamentação do ambiente	
(=) Resultado operacional	
(+/–) Resultado não operacional	
Itens comuns	
Gastos não operacionais	
Multas por infração à legislação ambiental	
Penalidades por agressões ao meio ecológico	
(=) Resultado líquido antes dos impostos	

Fonte: RIBEIRO (2005)[35] (adaptação).

Dessa forma, evidencia os impactos ambientais no desempenho da companhia por período, sua relação com o resultado líquido, com o volume de vendas, com os ativos e os passivos, entre outras relações.

Relatórios contábeis obrigatórios e não obrigatórios

O Quadro 3.13 mostra um resumo dos relatórios contábeis obrigatórios e dos não obrigatórios das sociedades anônimas e limitadas.

Quadro 3.13 *Resumo dos relatórios contábeis.*

Obrigatórios – são exigidos pela Lei das Sociedades por Ações	Sociedade Anônima – exige-se publicação	BP – Balanço Patrimonial DRE – Demonstrativo do Resultado do Exercício DMPL – Demonstrativo das Mutações do Patrimônio Líquido DOAR – Demonstrativo de Origem e Aplicações de Recursos NE – Notas Explicativas
	Limitada – não é exigida publicação	BP – Balanço Patrimonial DRE – Demonstrativo do Resultado do Exercício DLPAc – Demonstrativo de Lucros ou Prejuízos Acumulados
Não obrigatórios – não são exigidos por lei	– DFC – Demonstrativo de Fluxo de Caixa – DVA – Demonstrativo do Valor Adicionado – Balanço Social e Ambiental (se aplicável)	
	– Orçamentos e Projeções Financeiras*	

Fonte: SILVA (2005).[7]

* Vide item 3.10.

3.9 Orçamento e projeção dos demonstrativos contábil-financeiros

3.9.1 Orçamento

O orçamento é uma ferramenta poderosa de controle de todo processo operacional da companhia, porque envolve todos os setores da empresa. O orçamento está inserido na área de planejamento e controle financeiro.

O sistema de orçamentos é constituído do conjunto de pessoas, tecnologia, sistemas de informação, recursos materiais disponibilizados e gerenciamento do sistema para executar os planos de orçamento.

Para elaborar o orçamento, é necessário antes de tudo adotar medidas e estruturas de modo a criar uma organização do orçamento que facilitará na coletagem de dados e na sua avaliação antes de imputá-los no plano orçamentário. Devem ser considerados os seguintes fatores:

- É aconselhável criar uma equipe orçamentária que tenha uma visão global da empresa; em geral, é formada por diretorias, *controller* e gerente financeiro (depende da estrutura organizacional de cada empresa), e pelo responsável pelo processo orçamentário (pode ser um gerente, supervisor, coordenador, analista financeiro/contábil ou analista de orçamento).

- A equipe orçamentária deve definir as premissas orçamentárias; a condução do processo orçamentário, que deve estar em linha com as metas e os valores da companhia.

- É de responsabilidade do *controller*, gerente financeiro ou gerente de orçamento e/ou Planejamento estruturar e monitorar o sistema de informação contábil de modo a atender às necessidades e os princípios da empresa, tais como: definição de critérios de contabilização das receitas e despesas, distribuição de gastos, estruturação da conta e plano contábil, definição e criação das tabelas de unidades de negócios, centros de lucros e centros de custos e suas respectivas ligações hierárquicas, entre outros.

- Definição das tecnologias e sistemas de apoio a serem empregados para a confecção de cálculos e lançamentos orçamentários no sistema de informação contábil.

- Definição dos relatórios orçamentários para elaboração do Plano Anual e, da mesma forma, definição dos relatórios de acompanhamento e controle.

- O *controller*, gerente financeiro ou gerente de orçamento e/ou planejamento (depende da estrutura organizacional da empresa), deve liderar os trabalhos da execução do cronograma do plano orçamentário, em todas as suas fases: projeção, re-projeção e controle.

As premissas orçamentárias devem ser compostas por volume de vendas, produção, compras, estoques, novos negócios e oportunidades, necessidades de investimento e financiamentos, logística, mão-de-obra etc.

As premissas orçamentárias correspondem a todos os dados que afetam de maneira direta ou indireta toda a companhia, que, depois de discutidas e aceitas, devem ser respeitadas para efeito de implementação.

O Quadro 3.14 exemplifica algumas das muitas premissas orçamentárias.

Quadro 3.14 *Premissas orçamentárias.**

Produção – unidade/ano	100.000
Número de funcionários	500
Aumentos salariais – data-base	5%
Aumentos de mérito – % mensal	0,3%
Horas extras	5%
Encargos – média	90%
Política de estoque	100 dias
Política de fornecedores	40 dias
Investimentos necessários	R$ 10.000.000
Empréstimos	Verificar condições das contratações
Aplicações financeiras	Taxa de juros (média)
Vendas	R$ 25.000.000
Política Contas a receber	60 dias

* Hipotéticos.

Pode-se definir o orçamento como o procedimento de processar todas as informações inseridas no sistema de informação da contabilidade de hoje, considerando-o como base para a previsão de dados para o próximo período, levando em conta a melhor visão que a empresa tem no instante da sua elaboração.

O Prof. Padoveze[15] destaca alguns objetivos que devem estar inseridos no orçamento, como:

- Orçamento como sistema de autorização – o orçamento aprovado é um meio de liberação de recursos para todas as áreas da companhia, minimizando o processo de controle.

- Um mecanismo para projeções e planejamento – o conjunto de peças orçamentárias será empregado no processo de projeções e planejamento, permitindo estudos para períodos posteriores.

- Um canal de comunicação e coordenação – incorporando os dados do cenário aprovado e das premissas orçamentárias, é um meio para comunicar e coordenar os propósitos corporativos e setoriais.

- Um instrumento de motivação – considerando que o orçamento é um sistema de autorização, ele permite um nível de liberdade de atuação dentro das linhas aprovadas, sendo mecanismo relevante para o processo motivacional dos administradores.

- Um mecanismo de avaliação e controle – o emprego do orçamento é considerado como instrumento de avaliação de desempenho dos administradores e controle dos propósitos das áreas e corporativos.

- Um instrumento de informação para a tomada de decisão – contendo os dados previstos, bem como os objetivos das áreas e corporativos, é uma ferramenta primordial para as decisões diárias sobre as situações econômicas de responsabilidade dos administradores.

As pessoas envolvidas no processo de orçamento devem ser ouvidas; dessa forma, é possível uma gestão participativa, em consonância com a estrutura de delegação de responsabilidade, que permitirá o comprometimento de todos os administradores envolvidos. Assim, é possível a gestão adequada da fase final do orçamento, que é o controle orçamentário, com a análise do desempenho individual dos administradores. É importante ressaltar alguns princípios para a estruturação do processo orçamentário:

- Voltado para objetivos da empresa e das áreas específicas, de modo a serem alcançados de modo eficaz e eficiente.
- Total envolvimento dos administradores não apenas na elaboração, mas também no controle, para que se tenha o total comprometimento.
- Comunicação integrada entre o sistema de informações, o processo de tomada de decisões e a estrutura da organização.
- Objetivos desafiadores, mas realísticos, passíveis de ser alcançados.
- O sistema de orçamento é flexível, o qual permite correções, ajustes, revisões de valores e planos.
- O sistema de orçamento é um dos principais instrumentos de avaliação de desempenho, entre outros.

Existem basicamente dois tipos de orçamento:

- Orçamento estático – é o mais comum; não permite nenhuma alteração referente ao período orçado. Ele é elaborado a partir do estabelecimento de certo volume de produção ou vendas; esse volume também fixará o volume das outras atividades e áreas da companhia.

  Caso a companhia identifique que não alcançará as projeções que constam no orçamento, esse tipo de orçamento perderá o valor de acompanhamento, em termos de controle e análise das variações, da mesma forma, para projeções e simulações com os dados orçamentários. Se os impactos de alterações de volumes em todas ou quase todas as unidades da organização forem significativos, o orçamento terá que ser revisto, pois não justifica manter um orçamento estático, já que não tem nenhuma validade para o processo de tomada de decisão.

  Esse tipo de orçamento é muito utilizado por grandes organizações, que têm a necessidade de consolidar os orçamentos de todas as unidades, muitas vezes espalhadas por vários países.

A consolidação do orçamento é fundamental para que a organização tenha uma visão geral de seus negócios e dos resultados econômicos esperados para o próximo período.

- Orçamento flexível – para resolver o problema do orçamento estático, surgiu o orçamento flexível; basicamente, o orçamento flexível é uma série de orçamentos que podem ser ajustados a qualquer nível de atividade.

  A base para a elaboração deste orçamento é a diferença entre custos fixos e variáveis, os quais seguirão o volume de atividade, visto que podem ser mensurados por unidade, enquanto os custos fixos serão tratados tradicionalmente.

O orçamento segue a hierarquia da companhia, que pode ser vista dentro de um organograma. A estrutura dentro de um organograma facilita o processo de verificação dos gastos, identificação dos departamentos, bem como o processo de sintetização dos orçamentos analíticos para os orçamentos departamentais ou divisionais, até o orçamento geral da empresa.

O critério mais empregado para estruturar o sistema de informação contábil de orçamento no sentido de incorporar informações, de acordo com o organograma da empresa, é a departamentalização. Esse critério consiste em levantar as pequenas áreas de responsabilidade, que contêm o menor nível de decisão e, então, o grau de responsabilidade sobre controle, dentro do conceito de centro de custo, centro de despesa ou unidade de negócios.

Existem três modelos de estruturas orçamentárias:

- **Orçamento operacional** – é composto pelo maior número de contas, pois inclui todos os orçamentos específicos das áreas administrativa, comercial e de produção. Esse orçamento evidencia o lucro operacional; ele equivale às demonstrações de resultados da companhia.

  O orçamento operacional considera os orçamentos de vendas, produção, compras de materiais e estoques e despesas departamentais.

  As despesas departamentais ou por centro de custos ou unidades de negócios incluem as despesas/receitas de cada departamento com um responsável por elas. Envolvem despesas com mão-de-obra direta e indireta, despesas gerais, depreciações etc.

- **Orçamento de investimentos e/ou capital** – correspondem aos investimentos, como aquisição de investimentos, imobilizados e diferidos; financiamentos e amortizações; e orçamentos de despesas financeiras.

  Em geral, este tipo de orçamento fica restrito a poucas pessoas, normalmente a diretoria, o tesoureiro, o *controller* e o gerente financeiro.

Nota: O artigo 196 da Lei nº 6.404/76 institui que a Assembléia Geral pode, por proposta dos órgãos de administração, deliberar reter parcela do lucro líquido do exercício prevista em um orçamento de capital por ela previamente aprovado.

- **Orçamento de caixa** – é também conhecido como projeção do fluxo financeiro de caixa; consolida todos os orçamentos. É a partir do Balanço Patrimonial inicial, engloba o orçamento operacional e o orçamento de investimentos e financiamentos, faz projeções das demais contas e conclui com um Balanço Patrimonial final.

Esse tipo de orçamento, da mesma forma que o orçamento de investimentos e financiamentos, fica restrito à diretoria, *controller*, gerente financeiro ou tesoureiro.

A seguir, um exemplo de orçamento flexível a nível operacional, considerando diversas atividades de produção ou vendas:

Quadro 3.15 *Orçamento flexível operacional.*

Orçamento por unidade	Dados unitários	20XX	20X1
Níveis de atividades – em unidades		5.000	6.000
Vendas – R$	41,00	205.000	246.000
Materiais e componentes	19,50	97.500	117.000
Outros custos e despesas variáveis	2,00	10.000	12.000
Soma – custos e despesas variáveis	21,50	107.500	129.000
Margem de contribuição	19,50	97.500	117.000
Orçamento – gastos mensais Custos fixos de fabricação Despesas comerciais e administrativas Total de custos e despesas fixas		21.000 18.000 39.000	21.000 18.000 39.000
Resultado operacional		58.500	78.000

3.9.2   *Projeções dos demonstrativos contábil-financeiros*

Refere-se à conclusão do processo orçamentário, em que todas as peças orçamentárias são reunidas dentro do formato dos demonstrativos contábeis básicos, ou seja, Demonstração de Resultados e Balanço Patrimonial.

A projeção dos demonstrativos contábeis encerra o processo de orçamento anual, fornece o adequado suporte à alta administração da companhia para fazer análises financeiras e de retorno de investimento, que justificam ou não todo o plano de orçamento. Além disso, são fundamentais tais projeções, tendo em vista que tanto o balanço patrimonial como as demonstrações de resultados são os pontos-chave para o encerramento fiscal e societário da empresa, em que se apurarão os impostos sobre o lucro, bem como as perspectivas de distribuição de resultados.

Os demonstrativos contábeis a serem projetados são os seguintes:

- Demonstração de Resultados.
- Balanço Patrimonial.
- Fluxo de Caixa.
- Demonstração das Origens e Aplicações de Recursos (quando aplicável).

4

Contabilidade de Custos – Algumas Considerações

4.1 Conceitos básicos

A contabilidade de custos é a área da contabilidade especializada na gestão econômica do custo e dos preços de venda dos produtos e serviços ofertados pelas companhias. Para administrar a área de custos, é necessário entender alguns conceitos corretamente. Vejamos:

Os **desembolsos** são saídas de dinheiro do caixa ou do banco. Os desembolsos acontecem em decorrência de pagamento de uma compra feita à vista ou de uma obrigação assumida anteriormente, como, por exemplo: pagamento de salários e comissões de vendas; pagamento de empréstimos bancários; compra de matéria-prima à vista, entre outros.

Os **gastos** correspondem aos recursos que uma empresa despende ou a uma dívida contraída perante terceiros (fornecedores, bancos etc.) para se conseguir algum bem ou serviço necessário nas operações diárias; os gastos ocorrem a todo instante e em qualquer área da empresa.

O gasto pode estar relacionado a algum tipo de investimento, como: compra de máquinas e equipamentos, ou alguma forma de consumo de recursos, como custos fabris, despesas administrativas, serviços de frete consumidos no processo de vendas, energia elétrica consumida na área industrial, entre outros.

Bornia[17] define bem a diferença entre gasto e desembolso: "*Gasto* é o valor dos insumos adquiridos pela empresa, independentemente de terem sido utilizados ou não. Não é sinônimo de *desembolso*, que é o ato do pagamento e que pode ocorrer em momento diferente do gasto. Por exemplo, se for efetuada uma compra de material com 60 dias de prazo para o pagamento, o gasto ocorre imediatamente, mas o _desembolso_ só ocorrerá dois meses depois".

Os _custos_ são gastos referentes aos bens e serviços (recursos) consumidos na produção de outros bens e serviços. Pode-se também dizer que os custos são gastos voltados para a produção de bens relativos às atividades de produção, envolvendo o próprio setor de produção e a administração da produção.

Custo é definido genericamente por Padoveze[16] como sendo "a mensuração econômica dos recursos (produtos, serviços e direitos) adquiridos para a obtenção e a venda dos produtos e serviços da empresa. Em palavras mais simples, custo é o valor pago por alguma coisa".

As despesas correspondem aos valores dos insumos consumidos com o funcionamento da companhia e não identificados com a produção do produto; são as atividades à parte da área de produção; em geral, as despesas se dividem em: administrativa, comercial e financeira. _As despesas_ se referem aos gastos pertinentes à obtenção de receitas e administração da empresa.

Wernke[18] simplifica a diferença entes **custos** e **despesas** em uma indústria: "_Despesas_ – gastos voluntários ocorridos no ambiente administrativo; _custos_ – gastos voluntários efetuados no ambiente fabril (industrial)."

Quadro 4.1 _Receitas realizadas_ versus _despesas incorridas._

Receitas realizadas	Despesas incorridas	
	Diretas	Indiretas
Receitas de vendas	Impostos s/vendas Custos das vendas Fretes e comissões	Propaganda e publicidade Faturamento e cobrança Aluguéis e depreciação de imóveis, móveis e utensílios Despesas gerais de vendas
Receitas de serviços	Impostos s/serviços Custos serviços prestados Comissões	Idem acima
		Despesas realizadas para administrar o processo gerador de receitas
Receitas financeiras		Despesas realizadas para financiar o processo gerador de receitas
		Despesas de impostos sobre lucros gerados das receitas realizadas

Fonte: PEREZ JÚNIOR (2001).[19]

Observa-se que os custos das vendas e dos serviços prestados equivalem aos montantes dos gastos realizados no processo de aquisição ou produção de bens ou no processo de prestação de serviços.

Entre as várias classificações de custos existentes em obras publicadas, as mais empregadas em termos gerenciais são as relativas à facilidade de identificação do produto, que estão dentro das categorias de custos diretos e indiretos; e quanto ao volume fabricado no período, que podem ser de categorias variáveis e invariáveis.

Os *pagamentos* representam os atos financeiros de pagar uma dívida, um serviço ou um bem ou direito adquirido. É a execução, propriamente dita, financeira dos gastos e investimentos da companhia.

As *perdas* equivalem aos gastos anormais ou involuntários. Elas são separadas dos custos, não são incorporadas nos estoques. A perda significa aumentar os gastos e não agrega valor ao produto, tanto para o empresário quanto para o consumidor. Elas são apropriadas diretamente no resultado do período, no momento em que acontecem.

Podemos citar como exemplos: existência de um consumo anormal de matéria-prima, o que representa perda; vazamento de materiais líquidos ou gasosos; problemas decorrentes de greves, sinistros, enchentes, inundações; e outros.

Os *desperdícios* são gastos provenientes de processos produtivos ineficientes ou de perdas de receitas. Esse conceito é mais amplo do que as perdas, porque, além das perdas anormais, abrange as ineficiências normais do processo. O desperdício está sendo classificado como custo ou despesa e sua identificação e sua eliminação são fatores preponderantes de sucesso ou de fracasso de um negócio.

Vejamos alguns exemplos: estocagem e movimentação desnecessária de materiais e produtos; impressão de relatórios sem necessidade; retrabalho proveniente de defeitos de fabricação; recursos humanos alocados erroneamente.

Os *investimentos* são gastos necessários às atividades de produção, de administração e de vendas, que vão contribuir de forma positiva para os resultados futuros. Exemplificando, podemos dizer que são os ativos de caráter permanente e de longo prazo, que, mediante a depreciação ou amortização, irão tornar-se custos ou despesas, dependendo de sua origem e natureza.

4.2 Importância e aplicação

A necessidade de uma *área específica* da contabilidade para dedicar-se aos custos e preços surgiu com a Revolução Industrial, no século XVIII, quando o setor industrial começou a se desenvolver; a dificuldade que se tinha na época de determinar custos era muito grande. Com o crescimento das empresas e o aumento da complexidade do sistema de produção, verificou-se que as informações fornecidas pela contabilidade de custos eram potencialmente úteis como ajuda gerencial.

Os *sistemas de custos* podem auxiliar a gerência da empresa praticamente de dois modos: ajudando o controle e as tomadas de decisões. Em relação ao controle, os custos podem apontar onde estão acontecendo problemas mediante comparações com padrões e orçamentos. As informações de custos são também muito úteis para dar subsídios a inúmeros processos decisórios relevantes à administração.

Assim sendo, a *contabilidade de custos* passou a ter um importante papel como sistema de informações gerenciais conseguindo um lugar de destaque dentro das empresas. Vale a pena ressaltar que a concorrência é cada vez mais acirrada, acontecem mudanças constantes, alteram-se com freqüência a quantidade e a qualidade das informações demandadas pelas companhias; isto, aliado a sua função um tanto quanto recente de auxílio gerencial, faz com que haja um contínuo e rápido aperfeiçoamento nos procedimentos da contabilidade de custos.

A contabilidade de custos vem apresentando evoluções teóricas ao longo desses últimos anos. É um instrumento eficaz e muito utilizado para a gestão empresarial. A contabilidade de custos possui duas áreas de atuação:

- **Custo contábil** – conceitos e técnicas que têm como objetivo apurar o custo dos produtos e serviço com o intuito de contabilizar e atender às exigências legais e fiscais.
- **Custo gerencial** – conceitos e técnicas que atendem à gestão econômica dos produtos e serviços da companhia, suas atividades, unidades de negócio e seus administradores responsáveis, incluindo as necessidades de controle, avaliação de desempenho e tomada de decisão.

As duas áreas de atuação mencionadas são inter-relacionadas, e grande parte dos conceitos empregados é a mesma. No entanto, as necessidades da contabilidade financeira, isto é, a contabilidade tradicional que tem como propósito a publicação de balanços, atendimento às diretrizes comerciais e fiscais, restringem-se à apuração do custo unitário dos produtos e serviços para o estabelecimento do valor dos estoques industriais e do custo dos produtos e serviços vendidos.

Quanto às necessidades gerenciais, elas são as mais variadas. A ferramenta de custos é empregada para controlar os custos baseados em padrões, objetivos ou orçamentos; avaliar o desempenho dos administradores responsáveis pelos custos de suas atividades; auxiliar no processo de tomada de decisão que envolve rentabilidade dos produtos e serviços; ajudar na manutenção de processos internos, e outros.

4.3 Métodos de custeio

Existem inúmeras metodologias de custeio, mas as metodologias básicas são o custeio por absorção e o custeio direto/variável, e as mais modernas são o custeio baseado em atividades – ABC – e o método da unidade de esforço de produção (UEP).

- **Custeio por absorção** – conhecido também como custeio por absorção integral ou total. São alocados aos produtos todos os custos fixos e variáveis, ou seja, é considerado o custo de produção do período e, então, fica no ativo, na conta estoques de produtos acabados, até a venda final do produto a terceiros, só assim sai do estoque e vai para a conta de resultado do período.

Esse tipo de custeio atende aos requisitos legais e aos requisitos estabelecidos pelos princípios fundamentais de contabilidade, já que permite melhor evidenciação do resultado por confrontação da receita gerada com o custo total do produto.

Exemplo:

Quadro 4.2 *Premissas para custeio por absorção.*

Descrição	Mês X
Estoque inicial de unidades acabadas	0
Unidades produzidas	30.000
Unidades vendidas	30.000
Estoque final de unidades acabadas*	15.000

* Ainda não entregue ao cliente.

Custos e despesas variáveis (R$ 10):
Matéria-prima – R$ 6 por unidade
Mão-de-obra direta – R$ 2 por unidade
Outros custos variáveis – R$ 2 por unidade
Despesas de vendas – R$ 1 por unidade

Custos fixos: R$ 80.000

Preço de venda: R$ 25 por unidade

Cálculo do custo do produto vendido do mês X

Custos variáveis – R$ 10 x 30.000	=	R$ 300.000
Custos fixos	=	R$ 80.000
Custo de produção do período	=	R$ 380.000
(+) Estoque inicial em processo	=	0
(–) Estoque final em processo	=	0

(=) Custo de produção acabada = R$ 380.000

(+) Estoque inicial acabado = 0

(–) Estoque final acabado* = R$ 190.050

*(R$ 380.000/30.000 = R$ 12,67 p/unidade x 15.000)

(=) Custo do produto vendido = R$ 189.950

DRE do mês X

Receita de vendas (R$ 25 x 30.000) = 750.000

Custo do produto vendido = 189.950

Lucro bruto = 560.050

Despesas de vendas (R$ 1 x 30.000) = 30.000

Lucro antes dos impostos = 530.050

Quadro 4.3 *Vantagens do custeio por absorção.*

a) No decorrer do tempo, a companhia tem a necessidade de renovar e modernizar a sua capacidade instalada; em termos de resultados, tem de considerar todos custos do produto, sejam fixos, sejam variáveis.
b) Possibilita uma adequada distribuição dos custos dentro do período analisado, em geral, um ano, de maneira a diminuir a influência da sazonalidade das vendas.
c) A não-inclusão dos custos fixos dos estoques ocasionaria a possibilidade de distorções nas análises econômico-financeiras, principalmente daqueles que envolvem capital de giro líquido, dada a inclusão dos estoques no ativo circulante.
d) O resultado atende à legislação fiscal e contábil.

Nota: Desvantagens: vide Quadro 4.7 para efeito de correlação.
Fonte: LINS e SILVA (2005).[45]

- **Custeio direto ou variável** – apenas os custos variáveis são atrelados aos produtos. Os custos fixos são considerados gastos necessários à manutenção da capacidade de produção e, portanto, são custos do período.

Dessa forma, os custos fixos não são contabilizados como custos de produção e rateados aos produtos, porém lançados em sua totalidade diretamente no resultado do exercício. Esse aspecto faz com que esse método não seja aceito pela legislação do Imposto de Renda, já que o seu emprego proporcionaria a postergação do imposto a pagar.

Vamos considerar os mesmos dados do exemplo anterior e traçar um comparativo entre o custeio por absorção e o variável:

Exemplo:

Quadro 4.4 *Premissas para custeio variável.*

Descrição	Mês X
Estoque inicial de unidades acabadas	0
Unidades produzidas	30.000
Unidades vendidas	30.000
Estoque final de unidades acabadas*	15.000

* Ainda não entregue ao cliente.

Custos e despesas variáveis (R$ 10):

Matéria-prima – R$ 6 por unidade

Mão-de-obra direta – R$ 2 por unidade

Outros custos variáveis – R$ 2 por unidade

Despesas de vendas – R$ 1 por unidade

Custos fixos: R$ 80.000

Preço de venda: R$ 25 por unidade

Quadro 4.5 *Cálculo do custo do produto vendido do mês X (custeio por absorção e custeio variável).*

Absorção	Variável
Custos variáveis – R$ 10 x 30.000 = R$ 300.000	Custos variáveis – R$ 10 x 30.000 = R$ 300.000
Custos fixos = R$ 80.000	Custos fixos = 0
Custo de produção do período = R$ 380.000	Custo de produção do período = R$ 300.000
(+) Estoque inicial em processo = 0	(+) Estoque inicial em processo = 0
(–) Estoque final em processo = 0	(–) Estoque final em processo = 0
(=) Custo de produção acabada = R$ 380.000	(=) Custo de produção acabada = R$ 300.000
(+) Estoque inicial acabado = 0	(+) Estoque inicial acabado = 0
(–) Estoque final acabado* =R$ 190.050	(–) Estoque final acabado* = R$ 150.000
*(R$ 380.000/30.000 = R$ 12,67 p/ unidade x 15.000)	*(R$ 300.000/30.000 = R$ 10,00 p/ unidade x 15.000)
(=) Custo do produto vendido = R$ 189.950	(=) Custo do produto vendido = R$ 150.000

Quadro 4.6 *Cálculo do resultado do mês X (custeio por absorção e custeio variável).*

Absorção		Variável	
Receita de vendas (R$ 25 x 30.000)	=750.000	Receita de vendas (R$ 25 x 30.000)	= 750.000
Custo do produto vendido	=189.950	Custo do produto vendido	= 150.000
Lucro bruto	=560.050	Lucro bruto	= 600.000
Despesas de vendas (R$1 x 30.000)	= 30.000	Despesas de vendas	= 30.000
		Custos fixos	= 80.000
Lucro antes dos impostos	=530.050	Lucro antes dos impostos	=490.000

Observa-se que no custeio variável os custos fixos são lançados diretamente no resultado, não compõem o custo dos produtos acabados que ficaram no estoque. Dessa forma, a companhia consegue postergar a tributação, já que o custo fixo, que, pelo custeio por absorção, deveria ter parte contida no estoque final foi diretamente para o resultado.

A diferença nos resultados: R$ 530.050 – R$ 490.000 = R$ 40.050 é proveniente do custo fixo no estoque pelo custeio por absorção, e não pelo custeio variável:

(Custo fixo total/quantidade produzida) x quantidade em estoque

Então:

(R$ 80.000/30.000) = 2,67 x 15.000 = R$ 40.050.

A seguir, são apresentadas resumidamente vantagens e desvantagens do custeio variável.

Quadro 4.7 *Vantagens e desvantagens do custeio variável.*

Vantagens do custeio variável
a) Os custos fixos representam custos de longo prazo e acontecem independentemente da existência ou não de produção; são custos do período e não da produção.
b) O rateio dos custos fixos aos produtos, em geral, distorce muito o resultado alcançado por produto.
c) O uso do custeio variável facilita uma relação objetiva entre o custo do produto e o volume de produção.
d) Fornece uma melhor maneira de projetar o lucro, já que o resultado alcançado da comparação entre a receita de venda e os custos variáveis apresenta uma melhor visão da contribuição que cada produto ou divisão proporcionou à companhia.

Desvantagens do custeio variável
a) A melhor aplicabilidade do custeio variável acontece apenas a curto prazo; não é possível o seu uso de modo adequado a longo prazo, já que o emprego desse tipo de custeio na formação do preço pode representar a desconsideração dos custos para a renovação do parque industrial, de maneira a assegurar a sobrevivência da companhia.
b) No caso de companhias com sazonalidade das vendas, existe a possibilidade de prejuízo em períodos de estocagem e altos lucros por ocasião das vendas.
c) Alguns custos variáveis oscilam de modo irregular, isto é, não diretamente com o volume de vendas. Tal fato faz com que mesmo o conceito de margem de contribuição não apresente um nível de precisão, se se considerarem diferentes volumes de produção.

Fonte: LINS e SILVA (2005).[45]

Visão da Atribuição de Custos – ABC

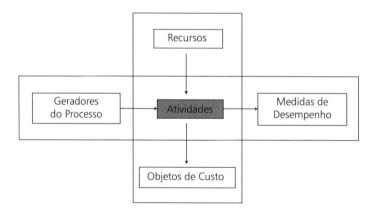

- **Custeio baseado em atividades – ABC** – este tipo de custeio pressupõe que as atividades de uma empresa consomem recursos gerando custos, e que os produtos empregam tais atividades, absorvendo seus custos.

  Dessa forma, as normas do ABC dividem a empresa em atividades, partindo do princípio de que elas geram custos; são calculados os custos de cada atividade; a partir daí, entende-se o comportamento dessas atividades; apontam-se as causas dos custos relacionados com elas e alocam-se os custos aos produtos segundo as intensidades de uso.

  O custeio por atividades é uma atividade gerencial; assim, não substitui o modo tradicional de apropriação de custos; por exemplo, no caso de serviços, é a ordem de serviço. É um excelente instrumento de gerenciamento e acompanhamento, *principalmente quanto à alocação dos custos indiretos.*

Os especialistas em custos afirmam que a gestão de atividades e de custos é a chave para um controle bem-sucedido no ambiente de manufatura moderna.

É possível que este método de custos seja atualmente o mais utilizado no mundo, mas o seu uso não é tão simples.

Exemplo:

É utilizado um departamento produtivo da empresa ACQ S.A., onde são usados dois tipos de matérias-primas (MP1 e MP2) e são fabricados dois produtos (P1 e P2), conforme mostrado no Quadro 4.8.

Quadro 4.8 *Produção e custos da empresa ACQ S.A.*

Atividades	P1	P2	Total
Produção e vendas (unidades)	1.000	200	1.200
Custo de matéria-prima ($/unidade) (1.200 x 10 = 12.000)	10,00	10,00	12.000
Horas de mão-de-obra direta (h/unidade) (0,5 + 0,5 = 1,00 x 1.200 = 1.200 / 2 = 600)	0,5	0,5	600
Custo de mão-de-obra direta ($/unidade) (600 x 10 = 6.000)	5,00	5,00	6.000
Horas-máquina (h/unidade) (0,4 + 0,4 = 0,8 x 1.200 = 960 / 2 = 480)	0,4	0,4	480
Custos indiretos de fabricação ($)			22.000

O custeio baseado em atividades exige um detalhamento dos custos indiretos de fabricação (CIF) e outras informações, como são vistos a seguir no Quadro 4.9.

Quadro 4.9 *Detalhamento do CIF e outras informações.*

Descrição	P1	P2	Total
Nº de lotes produzidos	50	10	60
Nº de ordens de produção	5	2	7
Lotes de MP 1 recebidos	50	5	55
Custos indiretos de fabricação (CIF):			22.000
– Recebimento de materiais			5.000
– Movimentação de materiais			1.500
– Preparação de máquinas			800
– PCP			2.700
– Operação de equipamento			12.000

O custo por transação de cada uma das atividades é:

– Recebimento de materiais (5.000/55) = 90,91 por lote recebido.
– Movimentação de materiais (1.500/60) = 25,00 por lote processado.
– Preparação de máquinas (800/70) = 11,43 por lote processado.
– PCP (2.700/7) = 385,71 por ordem de produção.
– Operação de equipamento (12.000/480) = 25,00 por hora-máquina.

Os CIFs alocados aos produtos são:

CIF_{P1} = (50 x 90,91 + 50 x 25,00 + 50 x 11,43 + 5 x 385,71)/1.000 + 0,4 x 7 = 11,10

CIF_{P2} = (10 x 90,91 + 10 x 25,00 + 10 x 11,43 + 2 x 385,71)/200 + 0,4 x 7 = 13,02

Portanto, os custos dos produtos ficam em:

P1 → 11,10 + 10,00 (custo da matéria-prima) + 5,00 (custo da mão-de-obra) = R$ 26,10.

P2 → 13,02 + 10,00 (custo da matéria-prima) + 5,00 (custo da mão-de-obra) = R$ 28,02.

Os custos são diferentes significativamente, pois os produtos usam as atividades indiretas de modo diferenciado.

Quadro 4.10 *Vantagens para implementação do custeio baseado em atividades.*

Vantagens do custeio baseado em atividades – ABC
1. Maior controle dos custos, tendo uma correta adequação o processo de custeamento do objeto.
2. Sistema complexo e caro, mas justifica-se quando a empresa opera em segmentos completamente competitivos, em que a gestão de custos é fundamental.
3. Para o custeio ABC, a análise de custos passa pela identificação e pelo rastreamento dos vários processos e atividades que os formam. Em todos as entidades, são encontrados os processos: gerencial, operacional, comercial e outros.
4. A condução de um processo envolve atividades exercidas por vários departamentos. A análise de custos por processo permite melhor identificação e visualização dos fatores falhos e deficientes em uma cadeia de atividades, facilitando a localização de custos que não agregam valor.
5. No custeio baseado em atividades, a atividade torna-se o centro do processo de custo. As atividades devem estar sob séria observação e análise. Entre as atividades podem ser consideradas: o tempo de preparação das máquinas para o começo de cada produção; a quantidade de peças; o tempo de processo etc.

Nota: Desvantagens: vide Quadros 4.3 e 4.7 para efeito de correlação.

- **Método da unidade de esforço de produção – UEP** – este método trabalha apenas com os *"custos de transformação"*. Os custos de matéria-prima não são avaliados pelo método; devem ser trabalhados separadamente.

O método está baseado na unificação da produção para simplificar o processo de controle de gestão. O desempenho da empresa é mensurado através de custos e medidas físicas de eficiência, eficácia e produtividade.

Em uma companhia que fabrica apenas um produto, o cálculo de custos e o controle de desempenho são muito simples, pois o processo produtivo é fácil; entretanto, em empresas que fabricam vários produtos, a situação já muda, ou seja, não é tão simples, pois a produção do período não pode ser somada; o que existe é um composto de produtos – *product mix* – que não pode ser comparado com a combinação alcançada de outros períodos.

Exemplo:

Considerando que os custos totais de transformação da empresa ACQ S.A. foram de R$ 5.000.000 nos dois períodos e mais as informações inseridas no Quadro 4.11, calcular os custos unitários dos produtos P1 e P2.

Quadro 4.11 *Números de produtos fabricados nos meses de outubro e novembro pela empresa ACQ S.A.*

Produto	Outubro	Novembro
P1	1.000	2.000
P2	2.000	1.500
Total	3.000	3.500

No método da unidade de esforço de produção – UEP – é obtido por intermédio de uma unidade de medida comum a todos os produtos da empresa. Dessa forma, se for conhecido que o produto P1 corresponde a 1 UEP, o produto P2 a 1,2 UEPs, a produção pode ser calculada em unidades de esforço de produção, como mostrada a seguir:

Produção de outubro: 1 x 1.000 (P1) + 1,2 x 2.000 (P2) = 3.400 UEPs

Produção de novembro: 1 x 2.000 (P1) + 1,2 x 1.500 (P2) = 3.800 UEPs

Portanto, os custos de transformação unitários do mês de outubro são os seguinte:

Custo de 1 UEP = 5.000.000/3.400 = R$ 1.470,59

Custo de P1 = 1 x 1.470,59 = R$ 1.470,59

Custo de P2 = 1,2 x 1.470,59 = R$ 1.764,71

Os custos de transformação unitários do mês de novembro são os seguintes:

Custo de 1 UEP = 5.000.000 / 3.800 = R$ 1.315,79

Custo de P1 = 1 x 1.315,79 = R$ 1.315,79

Custo de P2 = 1,2 x 1.315,79 = R$ 1.578,95

O Quadro 4.12 apresenta os custos unitários dos produtos P1 e P2 da empresa ACQ S.A. referentes aos meses de outubro e novembro.

Quadro 4.12 *Custos unitários dos produtos da empresa ACQ S.A.*

Produto	Outubro	Novembro
P1	1.470,59	1.315,79
P2	1.764,71	1.578,95

Foi apresentada a idéia básica do método, e a maior dificuldade é achar as relações entres os trabalhos exigidos pelos diversos produtos da companhia.

5

Consolidação de Balanços
– Noções Gerais

5.1 Conceitos

Consolidação de balanços é a técnica contábil de unir o patrimônio e os resultados de um conglomerado de empresas que detém o mesmo controle societário e administrativo (artigos 249 e 250, Lei nº 6.404/76).

5.2 Objetivos

A consolidação de balanços tem como objetivo básico apresentar para acionistas, credores, entre outros, de maneira clara a situação patrimonial e financeira e as mutações acontecidas no exercício da empresa e os resultados do grupo de companhias distintas juridicamente, como se fossem uma só empresa, isto é, uma única entidade econômica.

5.3 Importância e aplicação

Todas as empresas do conglomerado e suas atividades devem passar pelo processo de consolidação.

A Lei nº 6.404/76, Lei das Sociedades por Ações, determina que apenas as seguintes empresas podem gerar demonstrações financeiras consolidadas, com o propósito de publicação:

- As companhias abertas que tiverem mais de 30% do seu patrimônio líquido constituído de investimentos em controladas, segundo o artigo 249 da Lei em referência.

- Grupos de empresas que se formarem legalmente em grupos de sociedades, de acordo com o Capítulo XXI da referida lei.

A partir de 1º de dezembro de 1996, todas as empresas de capital aberto passaram a ser obrigadas a realizar a consolidação, não importando a relevância dos investimentos, segundo Instrução CVM nº 249/96.

Convém ressaltar que existem técnicas de consolidação, porém não vamos estender sobre o assunto. A técnica de consolidação das demonstrações contábeis constitui praticamente o somatório dos saldos das contas, além da eliminação dos saldos existentes ou das transações feitas entre as empresas de um mesmo grupo econômico, com o objetivo de gerar demonstrações financeiras, como se as sociedades fossem uma só empresa, conforme estabelecido no artigo 250 que detalha quais operações serão excluídas das consolidações.

A necessidade de consolidação das demonstrações contábeis é importante, porque os acionistas, os administradores e os conhecidos *stakeholders* (investidores, fornecedores, clientes, funcionários etc.) precisam:[22]

- Ter uma visão econômica e financeira das empresas que formam o grupo, em substituição à ótica da posição isolada de uma só entidade.

- Avaliar a *performance* efetiva do grupo de empresas, eliminando todos os resultados que não foram alcançados com terceiros, não componentes do grupo que formam o bloco econômico consolidado.

- Tomar decisões, no tocante à realocação de recursos, processos de fusão e aquisição, desativação, entre outros.

É oportuno destacar que as normas internacionais emitidas pelo *International Accounting Standards Board* (IASB) e as norte-americanas, emitidas pelo *Financial Accounting Standards Board* (FASB), entendem que as demonstrações financeiras consolidadas são mais fundamentais para os usuários externos do que as demonstrações financeiras individuais das empresas.

5.3.1   Algumas considerações sobre consolidação segundo o Projeto de Lei nº 3.741/2000

Segundo o Projeto de Lei nº 3.741/2000 que tramita no Congresso Nacional, no Capítulo 7, estão obrigadas a publicar demonstrações contábeis consolidadas todas as empresas de capital aberto que tenham investimentos em controladas. A nova redação dada por este projeto de reforma é a seguinte: "A companhia aberta que tiver investimentos em sociedade controlada, mesmo que esse controle seja exercido em conjunto, deverá elaborar e divulgar, juntamente com as suas demonstrações contábeis, demonstrações consolidadas, nos termos da regulamentação expedida pela Comissão de Valores Mobiliários".[20]

O artigo 2º do projeto de reforma, que cuida das sociedades de grande porte, estabelece que estas deverão publicar demonstrações consolidadas: "As disposições relativas a elaboração e publicação de demonstrações contábeis, inclusive demonstrações consolidadas, e a obrigatoriedade de auditoria independente, prevista na Lei das Sociedades por Ações relativamente às companhias abertas, aplicam-se também às sociedades de grande porte, mesmo quando não constituídas sob a forma de sociedade por ações."[20]

Com a aprovação da reforma da Lei nº 6.404/76, não apenas as sociedades por ações, como também as limitadas, estarão obrigadas a elaborar demonstrações consolidadas.

Podem acontecer situações em que a data de encerramento das demonstrações contábeis da controladora não coincida com a data de encerramento de uma de suas controladas. Quando isso acontece, a controladora que fechou em 31 de dezembro, por exemplo, pode exigir que suas controladas elaborem demonstrações contábeis especiais para consolidação em períodos iguais ao seu. Entretanto, a atual legislação aceita o uso das demonstrações contábeis das controladas com até 60 dias antes da data do fechamento da controladora. O projeto de reforma, artigo 250, § 4º, afirma que as disposições, constantes no Capítulo XV da Lei, aplicam-se no que couber às demonstrações contábeis consolidadas.

O artigo 183, que está inserido no Capítulo XV, aponta os critérios para avaliação dos ativos, com a seguinte redação: "IV – os investimentos em participação no Capital Social de controladas e coligadas, pelos critérios previstos no artigo 248".[20]

O artigo 248, I, destaca o seguinte: "o valor do Patrimônio Líquido das sociedades referidas no *caput* deste artigo será determinado com base em Balanço Patrimonial levantado com observância das normas desta lei, na mesma data, ou até 60 dias, no máximo, antes da data do Balanço da companhia; no valor de Patrimônio Líquido não serão computados os lucros não realizados decorrentes de negócio entre essas sociedades".[20]

A interpretação dada é de que tanto para cálculo de equivalência, quanto para a consolidação é aceita a defasagem de até 60 dias.

5.3.2 Consolidação de balanços com propósitos gerenciais

Além de atender à legislação, entende-se que é muito importante a consolidação de balanços para fins gerenciais. A consolidação de balanços é uma ferramenta da contabilidade gerencial quando o grupo de empresas é formado de empresas distintas em termos jurídicos.

É importante a consolidação gerencial por alguns motivos que são expostos, a seguir:[21]

- Apuração da receita operacional do grupo de empresas.
- Apuração do patrimônio do grupo empresarial.
- Apuração do lucro líquido e rentabilidade efetiva do grupo de empresas.
- Eliminação de receitas e custos, e análise dos preços de vendas praticados intercompanhias, objetivando a correta avaliação do desempenho dos gerentes das empresas individuais.
- Eliminação de saldos intercompanhias, para avaliar corretamente o endividamento e a liquidez do grupo de empresas.
- Eliminação das vendas intercompanhias, para medir os efeitos tributários provenientes de operações intercompanhias.
- Eliminação de vendas intercompanhias, objetivando medir corretamente o volume da receita operacional da empresa exclusivamente para terceiros.

5.3.3 Consolidação de balanço com propósitos "societários" – eliminações

Principais normas sobre consolidação com base no artigo da Lei nº 6.404/76:

a) As participações de uma sociedade em outra;

b) Os saldos de quaisquer contas entre as sociedades;

c) As parcelas dos resultados do exercício, dos lucros ou prejuízos acumulados e do custo dos estoques ou do ativo permanente que corresponderem a resultados, ainda não realizados, de negócios entre as sociedades.

Notas:

1. A participação dos acionistas não controladores no patrimônio líquido e no lucro do exercício será destacada, respectivamente, no balanço patrimonial e na demonstração de resultado do exercício.

2. A parcela do custo de aquisição do investimento em controlada, que não for absorvida na consolidação, deverá ser mantida no ativo permanente, com dedução da provisão adequada para perdas já comprovadas, e será objeto de nota explicativa.

3. O valor da participação que exceder o custo de aquisição constituirá parcela destacada dos resultados de exercícios futuros até que fique comprovada a existência de ganho efetivo.

O Quadro 5.1 apresenta um modelo de consolidação de balanços da empresa Controladora X e sua participação na Controlada Y, em 31 de dezembro de X1; e o Quadro 5.2 apresenta o demonstrativo das eliminações.

Quadro 5.1 *Controladora A e sua Participação na Controlada B.*

Consolidação de Balanços
em 31 de dezembro de x1

Balanço Patrimonial	Controladora A	Controlada B	Soma	Eliminações		Saldos
	a	Proporcional b	c(a+b)			Consolidados
				Débito	Crédito	
Ativo						
Disponível	75.000	41.663	116.663			116.663
Contas a Receber de Terceiros	80.000	–	80.000	–	–	80.000
Contas a Receber de Controladora	–	46.662	46.662	–	(1) 46.662	
Estoques	70.000	–	70.000		(3) 6.666	63.334
Investimentos na Controladora B	48.329	–	48.329	–	(2) 48.329	–
Ativo Imobilizado	350.000	–	350.000	–	–	350.000
Total do Ativo	623.329	88.325	711.654	–	101.657	609.997
Passivo						
Contas a Pagar a Terceiros	50.000	33.330	83.330			83.330
Contas a Pagar Controlada B	140.000	–	140.000	(1) 46.662		93.338
Capital	403.329	41.663	444.992	(2) 41.663		403.329
				(2) 6.666		
Lucros Acumulados	30.000	13.332	43.332	(3) 6.666	–	30.000
Total do Passivo	623.329	88.325	711.654	101.657	–	609.997

Demonstração do Resultado	Controladora A	Controlada B	Soma	Eliminações		Total
			Ajustada			
	a	b	c (a + b)			
				Débito	Crédito	
Vendas	80.000	46.662	126.662	(4) 46.662	–	80.000
Custo das Vendas	–70.000	–33.330	–103.330		(4) 39.996	–63.334
Lucro Bruto	10.000	13.332	23.332	–	–	16.666
Part. No Lucro da controladora conjunta	6.666	–	6.666	(5) 6.666		
Lucro Líquido	16.666	13.332	29.998	53.328	39.996	10.000

VR. Investimento na Controladoria	Controlada B	Participação de A em B
	b	c = (b x 33,3%)
PL da Controlada B		
Capital	125.000	41.663
Lucros Acumulados	40.000	13.332
Total	165.000	54.995
Menos: Lucros não realizados de operações intercompanhias		
(Lucros nos Estoques)	–20.000	–6.666
Valor Ajustado	145.000	48.329

Quadro 5.2 *Demonstrativo das eliminações.*

Descrição	Débito	Crédito
1. Eliminação dos saldos a receber e a pagar intercompanhias Contas a Pagar A Contas a Receber	46.662	46.662

2. Eliminação do Investimento (100%) Capital		
Lucros Acumulados	41.663	
A Investimentos	6.666	
		48.329
3. Eliminação dos lucros nos estoques		
Lucros Acumulados		
A Estoques	6.666	
		6.666
4. Eliminação das vendas internas		
Vendas		
A Custo das Mercadorias Vendidas	46.662	
A Estoques		39.996
		6.666
5. Eliminação da Receita de Equivalência Patrimonial		
Participação no Lucro da controlada B	6.666	
A Investimentos		6.666

Fonte: FIPECAFI. *Manual de contabilidade das sociedades por ações*. 6. ed. São Paulo: Atlas, 2003. p. 497-498.

6

Tradução das Demonstrações Contábeis para Moeda Estrangeira – Uma Abordagem Introdutória

6.1 Conceito

A tradução das demonstrações contábeis para moeda estrangeira é a elaboração das demonstrações contábeis em outras moedas; para isso, usa-se a taxa de câmbio do país de origem da matriz ou filial estrangeira, ou então a taxa de conversão de uma moeda considerada forte.

Os mesmos conceitos usados para a elaboração dos demonstrativos contábeis com correção monetária integral são empregados para a elaboração das demonstrações contábeis em outra moeda ou em valores constantes.

O que diferencia, basicamente, é a transformação dos valores em moeda corrente para outra moeda, que se manterá constante, seja qual for a moeda escolhida. No tocante, ao sistema de correção monetária integral, os valores estarão sendo atualizados para moeda de poder aquisitivo de *uma data a ser estipulada*, enquanto na outra sistemática as demonstrações contábeis estarão sempre na *moeda escolhida*, e ficarão constantes nessa moeda, por exemplo, se se considerar a moeda de conversão das demonstrações contábeis o dólar americano, então todos os demonstrativos serão transformados em dólar e assim permanecerão, e a sua comparação será feita em dólar.

Vale a pena destacar que, em qualquer caso, a conversão dos demonstrativos contábeis em outras moedas não acaba com as deficiências dos problemas causados pela inflação em nosso país; não é porque se traduzem estes demonstrativos contábeis em uma moeda mais forte que os problemas de avaliação em moeda corrente do país estão superados.

Para uma análise econômica de uma companhia no Brasil, o que de fato se vai ressaltar são os dados em moeda corrente do país, com as suas deficiências ou não. Quando se transformam os demonstrativos contábeis em outra moeda, isto tem grande relevância na análise gerencial ao comparar com moedas de outras economias, mas tem que se ter o cuidado contínuo de monitorar as taxas de câmbio futuras, que, com toda a certeza, trarão modificações na análise econômica dos dados já convertidos, para comparações futuras.

6.2 Objetivos

O objetivo central quando se adota a conversão dos demonstrativos contábeis em outra moeda é que essa moeda escolhida tenha um *nível de estabilidade* monetária muito forte, que possibilita o seu emprego durante um longo período, no sentido de comparação. Verifica-se que, no Brasil, o fato de nossa economia ainda apresentar inflação contínua e em níveis considerados razoáveis torna a moeda nacional em desvalorização também contínua, em relação aos padrões monetários de outros países. Em outras palavras, podemos dizer que o objetivo é gerar demonstrações contábeis em moeda forte, não sujeitas à inflação.

Outros objetivos são os seguintes:[23]

- Possibilitar a aplicação do método da equivalência patrimonial sobre os investimentos realizados em vários países.
- Possibilitar a consolidação e a combinação de demonstrações contábeis de empresas localizadas em inúmeros países.
- Possibilitar melhor acompanhamento pelo investidor estrangeiro de seu investimento, já que os demonstrativos contábeis estão convertidos na moeda de seu próprio país.

Basicamente, a contabilidade em moeda forte representa externar os valores dos demonstrativos contábeis numa moeda aparentemente mais forte.

6.3 Importância e aplicação

A elaboração das demonstrações contábeis em outras moedas é necessária como um instrumento gerencial; seu emprego regular também atende a bancos internacionais, cliente e fornecedores estrangeiros; fornece, ainda, informações para revistas e instituições de marketing internacional, institutos de pesquisa etc.

Essa necessidade de traduzir as demonstrações contábeis em outras moedas provém não apenas de empresas que fazem parte de grupos transnacionais, mas também do processo de globalização da economia e da competitividade das empresas aferida por parâmetros internacionais; quando apresentam demonstrações contábeis em outras moedas, as empresas geram referenciais econômicos reconhecidos mundialmente.

6.3.1   A escolha da moeda a ser utilizada na conversão dos demonstrativos contábeis

Alguns tipos de moedas são apontados:[15]

- Converter os demonstrativos contábeis em dólar norte-americano, por ser a moeda mais utilizada no mundo.
- Converter os demonstrativos contábeis na moeda do país em que se acha a outra empresa coligada, seja matriz ou filial.
- Converter os demonstrativos contábeis numa moeda forte interna.
- Converter os demonstrativos contábeis numa moeda forte governamental.

Quando nos referimos à moeda forte do governo, isso quer dizer que essa moeda pode ser construída em cima de algum título do governo brasileiro que represente a inflação no país, como, por exemplo, foi o caso do indexador inflacionário OTN ou BTN ou outro indexador existente na época, como foi a UFIR. O uso do conceito de UMC – Unidade Monetária Contábil – está inserido neste contexto. A alternativa de uma moeda forte interna da companhia seria a de gerar essa moeda forte com base nos indicadores de inflação.[15]

Transformar os demonstrativos contábeis em moeda forte equivale apenas a um critério para tentar pôr os valores da contabilidade em outra moeda, para efeito de comparação, pois é praticamente impossível manter os valores correntes do nosso país, por causa da inflação.

Quando existe a conversão dos valores em reais em dólar americano, encontra-se uma quantidade de dólares equivalentes ao valores efetivos, mas, quando queremos voltar aos valores anteriores, é só converter esses valores efetivos em reais novamente.

6.3.2   Critérios de conversão

Na esfera dos chamados *United States Generally Accepted Accounting Principles* (US GAAP), que são os Princípios Contábeis Geralmente Aceitos nos Estados Unidos da América, encontram-se os procedimentos inseridos no SFAS 52, publicados pelo Conselho de Padrões de Contabilidade Financeira – FASB (*Financial Accounting Standards Board*) dos EUA; eles são os critérios mais usados mundialmente para converter balanços em moeda estrangeira. O FASB é um órgão independente, reconhecido pelo principal órgão que regulamenta o mercado americano de capitais – *Securities and Exchange Commotion* (SEC).

Os critérios ou métodos podem ser divididos em três:

- Monetário e não monetário, também conhecido como histórico.
- Temporal.
- Câmbio de fechamento, também conhecido como corrente.

O emprego dos critérios ou métodos depende do nível de inflação de cada país. Para países com inflação acumulada em três anos superior a 100%, o FASB aconselha o uso dos critérios monetário e não monetário e temporal, enquanto para os países que possuem inflação acumulada inferior a 100% o modelo que deve ser adotado é o do câmbio de fechamento.

6.3.2.1 Critério monetário e não monetário ou histórico

Os procedimentos são muitos, mas relacionamos apenas os principais a serem adotados no método monetário e não monetário ou histórico, que são os seguintes:[36]

- Separação dos componentes do balanço patrimonial em dois grupos: itens monetários e não monetários.
- Itens monetários são convertidos em dólar conforme a paridade cambial na data do balanço, isto é, emprega-se a taxa corrente (taxa de câmbio vigente no dia em que certa operação está sendo feita ou em que o exercício social está sendo fechado; é também conhecida como taxa de fechamento).
- Itens não monetários são convertidos com base na taxa do dólar na data da transação; então, emprega-se a taxa histórica.
- São deixados de lado todos os efeitos da correção monetária (lei já revogada).
- Devem ser calculados os ganhos e as perdas na conversão.
- Não é preciso fazer cálculos de ajuste a valor presente.
- Os estoques devem ser controlados com dólar histórico, da mesma forma os demais itens não monetários.
- As receitas e as despesas monetárias são convertidas, em geral, pela taxa medida do dólar do mês em que ocorreram essas receitas e despesas (não tendo grandes concentrações em certos meses, pode-se usar a taxa média anual); como, por exemplo, vendas, despesas com vendas, administrativas, financeiras nominais, juros de empréstimos em dólar, entre outras. A taxa média equivale à média aritmética das taxas de câmbio em vigor no decorrer de certo período.
- As receitas e as despesas não monetárias devem ser convertidas pelo dólar da data de sua origem, isto é, taxa histórica.

- O custo da mercadoria vendida do produto vendido ou do serviço prestado deve ser convertido pela taxa do dólar do dia em que os estoques foram comprados (se a companhia não tem controle de estoque em dólar, deve calcular o valor em moeda nacional).

No caso de custo do produto, o acompanhamento de todos os aspectos do custo deve ser conservado em dólares históricos.

No caso de serviços prestados, os itens formadores do custo devem ser conservados pelo dólar da data em que os elementos do custo foram consumidos na prestação de serviço;

- O cálculo dos ganhos e das perdas na conversão para dólar (*translation*) deve ser realizado da seguinte maneira:
  - somar todos os itens do balanço inicial, sujeitos a ganhos e perdas em dólar, e convertê-los em quantidades de dólares;
  - calcular os aumentos e as diminuições desse saldo, no decorrer do período em análise, também em dólar;
  - comparar o saldo final para levantar se aconteceram ganhos ou perdas com a conversão.

A seguir, vejamos um exemplo prático utilizando este método.

Quadro 6.1 *Balanço Patrimonial inicial.*

Balanço Patrimonial em 31/12/20X3		
	Moeda corrente – R$	Data da formação
ATIVO		
Circulante		
Caixa/Bancos	6.000	
Duplicatas a Receber		
Cliente 1	11.000	15/12/20X3
Cliente 2	12.000	30/11/20X3
Estoques		
Mercadoria 1	10.000	30/11/20X3
Mercadoria 2	9.000	20/12/20X3
Permanente		
Equipamentos	40.000	31/12/20X1
(–) Depreciação Acumulada	(8.000)	31/12/20X2
		31/12/20X3
TOTAL ATIVO	80.000	

PASSIVO		
Circulante		
Duplicatas a Pagar	12.000	20/12/20X3
Patrimônio Líquido		
Capital Social	50.000	31/12/20X1
Lucros Acumulados	18.000	
TOTAL PASSIVO	80.000	

Quadro 6.2 *Resultados do mês de janeiro de 20X4.*

Resultados do mês de janeiro de 20X4		
Descrição	**Moeda corrente – R$**	**Data da formação**
Vendas	25.000	15/01/20X1
(–) Custo das vendas	(14.000)	
Lucro Bruto	11.000	
(–) Despesas Gerais	(3.000)	15/01/20X4
(–) Desp. de Salários e Encargos	(6.500)	31/01/20X4
(–) Depreciação	(1.100)	
Lucro Líquido	400	

Quadro 6.3 *Taxas de dólar.*

Data	Valor	Data	Valor
31/12/20X1	1,00	31/12/20X3	1,22
31/12/20X2	1,11	15/01/20X4	1,23
30/11/20X3	1,17	20/01/20X4	1,24
15/12/20X3	1,18	31/01/20X4	1,25
20/12/20X3	1,21	–	–

Quadro 6.4 *Balanço Patrimonial final.*

Balanço Patrimonial em 31/01/20X4		
	Moeda corrente – R$	**Data da formação**
ATIVO		
Circulante		
Caixa/Bancos	7.500	
Duplicatas a Receber		
Cliente 1	12.000	15/01/20X4
Cliente 2	11.000	15/12/20X3

Estoques	9.000	20/12/20X3
Mercadoria 1	11.000	20/01/20X4
Mercadoria 2		
Permanente	40.000	31/12/20X1
Equipamentos	(9.100)	31/12/20X2
(−) Depreciação Acumulada		31/12/20X3
		31/01/20X4
	81.400	
TOTAL ATIVO		
PASSIVO		
Circulante		
Duplicatas a Pagar	13.000	20/01/20X4
Patrimônio Líquido		
Capital Social	50.000	31/12/20X1
Lucros Acumulados	18.400	
TOTAL PASSIVO	81.400	

No Quadro 6.5 apresentamos a dolarização do Balanço Patrimonial inicial pelas taxas de dólar das datas de formação dos elementos patrimoniais.

Quadro 6.5 *Dolarização do Balanço Patrimonial inicial.*

Balanço Patrimonial em 31/12/20X3		
	Em R$	Em US$
ATIVO		
Circulante		
Caixa/Bancos	6.000/1,22	4.918,03
Duplicatas a Receber		
Cliente 1	11.000/1,18	9.322,03
Cliente 2	12.000/1,17	10.256,41
Estoques		
Mercadoria 1	10.000/1,17	8.547,01
Mercadoria 2	9.000/1,21	7.438,02
Permanente		
Equipamentos	40.000/1,00	40.000
(−) Depreciação Acumulada	(8.000)[1]	(8.000)
TOTAL ATIVO	80.000	72.481,50

PASSIVO		
Circulante		
Duplicatas a Pagar	12.000/1,21	9.917,36
Patrimônio Líquido		
Capital Social	50.000/1,00	50.000,00
Lucros Acumulados	18.000/1,22	14.754,10
Ajustes de Conversão Acumulado	–	(2.189,96)
Soma de Lucros Acumulados	–	12.564,14
TOTAL PASSIVO	80.000	72.481,50
Ativo Total		72.481,50
(–) Duplicatas a Pagar		(9.917,36)
(–) Capital Social		(50.000,00)
(–) Lucros Acumulados		(14.754,10)
(=) Ajuste Conversão Acumulado		(2.189,96)

(1) US$ 40.000 x 20% (taxa de depreciação) = US$ 8.000.

Quadro 6.6 *Dolarização do balanço patrimonial final.*

Balanço Patrimonial em 31/12/20X4		
	Em R$	**Em US$**
ATIVO		
Circulante		
Caixa/Bancos	7.500/1,25	6.000,00
Duplicatas a Receber		
Cliente 1	12.000/1,23	9.756,10
Cliente 2	11.000/1,18	9.322,03
Estoques		
Mercadoria 1	9.000/1,21	7.438,02
Mercadoria 2	11.000/1,24	8.870,97
Permanente		
Equipamentos	40.000/1,00	40.000
(–) Depreciação Acumulada	(9.100)	(9.100)
TOTAL ATIVO	81.400	72.287

PASSIVO		
Circulante		
Duplicatas a Pagar	13.000/1,24	10.483
Patrimônio Líquido		
Capital Social	50.000/1,00	50.000
Lucros Acumulados Anteriores	18.000	12.564
Lucro do mês	400	(760)
TOTAL PASSIVO	81.400	72.287
		72.287
Ativo Total		(10.483)
(–) Duplicatas a Pagar		(50.000)
(–) Capital Social		(12.564)
(–) Lucros Acumulados Anteriores		(760)
(=) Lucro Líquido do mês em US$		

(2) US$ 40.000 x 22,75% = US$ 9.100/8.000 = 1,1375 x 20% = 22,75%
Nota: (2.1) 9.100 – 8.000 = 1.100/40.000 = 2,75 + 20,00 = 22,75%
(2.2) 9.100/40.000 x 100 = 22,75%

Quadro 6.7 *Dolarização da Demonstração de Resultados.*

Resultados do mês de janeiro de 20X4		
	Em R$	**Em US$**
Vendas	25.000/1,23	20.325,20
(–) Custo das vendas	(14.000)/1,17	(11.965,81)
Lucro Bruto	11.000	8.359,39
(–) Despesas Gerais	(3.000)/1,23	(2.439,02)
(–) Despesas de Salários e Encargos		
(–) Depreciação	(6.500)/1,25	(5.200)
(–) Perdas/Ganhos na Conversão	(1.100)(3)	(1.100)
Lucro Líquido	–	(381,26)
	400	(760,89)

(3) US$ 40.000 x 2,75% = US$ 1.100.

Quadro 6.8 *Demonstrativo das perdas na conversão.*

Demonstrativo das Perdas na Conversão	
	Em US$
Lucro Bruto	8.359,39
(–) Despesas Gerais	(2.439,02)
(–) Despesas de Salários e Encargos	(5.200)
(–) Depreciação	(1.100)
(=) Lucro Antes do Ajuste	(379,63)
(–) Lucro por Diferença Patrimonial	760,89
(=) Perdas/Ganhos na Conversão do mês de janeiro de 20X4	(381,26)

6.3.2.2 Critério temporal

O critério temporal emprega praticamente todos os conceitos do critério monetário e não monetário. A principal modificação acontece no tratamento relacionado aos itens monetários prefixados que podem ser convertidos por uma taxa de dólar estimada.

O Quadro 6.17 mostra as especificações das taxas de conversão quando se utiliza o critério temporal.

Quadro 6.9 *Taxas de conversão conforme o critério temporal.*

Itens	Base de valor	Taxa
Monetários prefixados (ex.: títulos a receber)	Futuro	Corrente ou prevista
Monetários pós-fixados (ex.: aplicações financeiras)	Presente	Corrente
Não monetários realizáveis (ex.: estoques)	Passado	Histórica
Não monetários permanentes ou patrimônio líquido	Passado	Histórica

Fonte: SCHMIDT (2005).[36]

Os títulos a receber podem usar a taxa de dólar projetado para a data do vencimento desses títulos a receber; por exemplo, se o vencimento das duplicatas a receber de 10/11/20X4 for para 10/12/20X4 e o dólar estimado for de R$ 19,00, a duplicata em R$ deverá ser convertida ao dólar estimado. Assim sendo, haverá alterações no lucro acumulado, no cálculo dos ganhos e perdas com a conversão, no saldo final e no lucro do período.

Em países que possuem alta inflação, como já foi o caso do Brasil, os itens monetários prefixados devem ser convertidos pela taxa prevista, isto é, uma taxa estimada para a data de realização do ativo ou do passivo.

6.3.2.3 Critério de câmbio de fechamento

Esse critério é muito utilizado em países com moeda não altamente inflacionária, isto é, a inflação acumulada em três anos consecutivos menor que 100%.

Os principais procedimentos utilizados por esse critério são:

- Os cálculos de ganhos e perdas não devem considerar itens monetários.
- O efeito da oscilação cambial deve ser considerado no patrimônio líquido, porque apenas os ganhos e as perdas definitivas devem fazer parte do resultado.

- As receitas e as despesas devem ser convertidas com base na paridade média do exercício.
- Deve ser calculado o ganho ou a perda sobre o capital inicial.
- As contas de ativo e passivo devem ser convertidas pela paridade na data do balanço final.
- Outro cálculo de ganho e perda será feito sobre o resultado do exercício.

A seguir, é apresentado um exemplo utilizando o critério de câmbio de fechamento. Nesse critério, não se pode considerar a inflação do período, pois não é aceito pelos princípios de contabilidade geralmente aceitos norte-americanos – US-GAAP. O Quadro 6.18 apresenta o balanço patrimonial sem correção monetária.

Quadro 6.10 *Balanço Patrimonial sem efeito inflacionário em R$.*

Balanço Patrimonial	31/12/20XX	31/12/20X1
Disponíveis	16.000	160.060
Clientes	6.000	12.000
Estoques	120.000	186.000
Imobilizado	173.333	173.333
Depreciação acumulada	(48.000)	(59.200)
Total do ativo	267.333	472.193
Financiamentos (US$)	138.000	165.131
Capital social	108.889	108.889
Lucro acumulado	20.444	198.173
Total do passivo	267.333	472.193

Quadro 6.11 *Demonstração do resultado do exercício sem correção monetária em R$*

Atividades	31/12/20X1
Vendas	410.000
Custo das mercadorias vendidas	(198.000)
Lucro bruto	212.000
Despesa financeira	(15.600)
Despesa de depreciação	(18.700)
Saldo de correção monetária	–
Lucro líquido do exercício	177.700

Vide Quadro 6.14.

A conversão do balanço patrimonial utilizando o critério de **câmbio de fechamento** faz-se da seguinte forma (vide Quadros 6.12 e 6.13):

- Disponível (31/12/20XX   e   31/12/20X1)

(a) R$ 16.000/19,50 = US$ 821   R$ 160.060/22,10 = US$ 7.243

- Clientes

(b) R$ 6.000/19,50 = US$ 308   R$ 12.000/22,10 = US$ 543

- Estoques

(c) R$ 120.000/19,50 = US$ 6.154   R$ 186.000/22,10 = US$ 8.416

- Imobilizado

(d) R$ 173.333/19,50 = US$ 8.889   R$ 173.333/22,10 = US$ 7.843

- Depreciação acumulada

(e) R$ 48.000/19,50 = US$ 2.462   R$ 59.200/22,10 = US$ 2.679

- Financiamentos

(f) R$ 138.000/19,50 = US$ 7.077   R$ 165.131/22,10 = US$ 7.473

- Capital social inicial

(g) R$ 108.889/10,50 = US$ 10.371

(h) Cálculo do ajuste especial:

- capital inicial – R$ 108.889/10,50 =   US$ 10.371
- capital em 31/12/2004 = R$ 108.889/19,50 = US$ (5.584)
- perda   US$ 4.787

(h1) Cálculo nos Quadros 6.15, 6.16 e 6.17

- Lucro acumulado

(i) R$ 20.444/19,50 = US$ 1.049

(i1) US$ 1.049 + US$ 8.462 (ver Quadro 6.14, lucro líquido do exercício) = US$ 9.511

Quadro 6.12 *Balanço Patrimonial utilizando o critério câmbio de fechamento em US$.*

Balanço Patrimonial	31/12/20XX	31/12/20X1
Disponível	821 (a)	7.243 (a)
Clientes	308 (b)	543 (b)
Estoques	6.154 (c)	8.416 (c)
Imobilizado	8.889 (d)	7.843 (d)
Depreciação acumulada	(2.462) (e)	(2.679) (e)
Total do Ativo	13.710	21.366
Financiamentos (US$)	7.077 (f)	7.473 (f)
Capital social	10.371 (g)	10.370 (g)
Ajuste especial	(4.787) (h)	(5.988) (h1)
Lucros acumulados	1.049 (i)	9.511 (i1)
Total do Passivo	13.710	21.366

Vide p. 101.

O Quadro 6.13 mostra as mutações do patrimônio líquido em US$.

Quadro 6.13 *Mutações do patrimônio líquido em US$.*

Patrimônio líquido em 31/12/20XX (quadro 6.15)	6.633
Ajuste 20X1 (quadro 6.17)	(1.201)
Lucro líquido do exercício (quadro 6.14)	8.462
Patrimônio líquido em 31/12/20X1 (quadro 6.12)	13.894

Observações:

a) O cálculo do efeito do patrimônio líquido consta no Quadro 6.13.

b) O cálculo do ajuste do exercício de 2005 consta no Quadro 6.17.

c) O cálculo do lucro líquido consta no Quadro 6.14.

Quadro 6.14 *Demonstração do resultado do exercício utilizando o critério câmbio de fechamento em US$.*

Atividades	31/12/20X1
Vendas	19.524 (a)
Custo das mercadorias vendidas	(9.429) (b)

Lucro bruto	10.095
Despesa financeira	(743) (c)
Despesa de depreciação	(890) (d)
Saldo de correção monetária	–
Ganhos e perdas na conversão	–
Lucro líquido do exercício	8.462

Vide Quadro 6.11.

   a) R$ 410.000/21,00 = 19.524
   b) R$ 198.000/21,00 = US$ 9.429
   c) Juros = R$ 15.600/21,00 = 743
   d) US$ 18.700/21,00 = US$ 890

O Quadro 6.15 mostra o efeito no patrimônio líquido do cálculo do ajuste especial de 20X1, considerando que todas as contas do patrimônio líquido inicial (31/12/20XX) são transferidas para o patrimônio líquido final (31/12/20X1) pela quantidade de dólares de cada conta; é necessário verificar quanto está sendo transferido a mais sem considerar a variação cambial.

Quadro 6.15 *Cálculo do ajuste especial no patrimônio líquido inicial.*

– Efeito no patrimônio líquido inicial
Capital social   US$ 10.371 Ajuste especial   US$ (4.787) Lucros acumulados US$ 1.049 = patrimônio líquido inicial – US$ 6.633 (Quadro 6.13)
a) PL inicial convertido em moeda de 31/12/20XX = US$ 6.633 x 19,50 = R$ 129.344 b) PL em 31/12/20X1 = R$ 129.344/22,10 = US$ 5.853 c) Ajuste (perda do PL inicial) = US$ 6.633 – US$ 5.853 = US$ 780

Quadro 6.16 *Cálculo do ajuste especial do exercício de 20X1.*

– Efeito no lucro líquido do ano de 20X1

a) O lucro do período foi convertido pela média

b) Lucro em R$ = 177.702 / 21,00 = US$ 8.462

c) Conversão pelo dólar de 31/12/20X1 = R$ 177.702 / 22,10 = US$ 8.041

d) Ajuste adicional = US$ 8.462 – US$ 8.041 = US$ 421

Quadro 6.17 *Cálculo do ajuste especial no lucro líquido do exercício de 20X1.*

– Perda total na conversão do ano de 20X1

US$ 780 + US$ 421 = US$ 1.201
Então, o ajuste especial acumulado em 31/12/20X1 é US$ 5.988 (US$ 1.201 +
US$ 4.787 (valor de 20XX))

Vários procedimentos são estipulados pelo *Statement Financial Accounting Standard* – SFAS 52, um deles é o emprego da moeda funcional. A moeda funcional de uma companhia é a moeda do sistema econômico principal em que a empresa opera.[19] A moeda funcional pode ser o dólar ou outra moeda estrangeira.

Empresas norte-americanas instaladas no Brasil adotam o dólar como moeda funcional, porém, se a empresa estiver instalada na Inglaterra, a moeda funcional será a libra. A moeda brasileira (real) ainda não é aceita como moeda funcional; assim, a grande maioria das empresas brasileiras adota o dólar como moeda funcional.

7

O Projeto de Lei nº 3.741/2000 – Mudanças nas Demonstrações Contábeis

Foi encaminhado ao Ministério da Fazenda, em 5 de julho de 1999, o anteprojeto que modifica a Lei das Sociedades por Ações – Lei nº 6.404/76 –, alterando alguns artigos, principalmente os que fazem parte dos capítulos XV, XVI, XVIII e XX, que abordam as demonstrações financeiras.

Esse anteprojeto foi confeccionado por uma comissão integrada de representantes de entidades do mercado, principalmente da CVM e por órgãos profissionais e de ensino; foi realizada uma audiência pública e de análise e discussão prévias entre os órgãos subordinados ao Ministério da Fazenda. Em 2000, foi encaminhado ao Congresso Nacional o texto deste anteprojeto, sem nenhuma modificação, agora na forma de Projeto de Lei nº 3.741.

A realidade econômica nacional é muito diferente daquela que havia na ocasião da publicação da Lei nº 6.404. As mudanças que se fazem necessárias são devidas ao panorama econômico, pelo processo de globalização das economias, que trouxe a abertura dos mercados, com fluxos de capitais entrando no país e com elevada captação de recursos no exterior.

Os principais objetivos dessas mudanças propostas na elaboração e divulgação das demonstrações contábeis são:[24]

- Atender à necessidade de maior transparência e qualidade das informações contábeis.
- Procurar uma harmonização com as práticas contábeis internacionais.
- Acabar ou diminuir as dificuldades de interpretação e de aceitação de nossas informações contábeis.

As mudanças mais importantes[24] são:

a) Referentes às Demonstrações Contábeis:

- Introdução da Demonstração dos Fluxos de Caixa, em substituição à Demonstração das Origens e Aplicações de Recursos (DOAR).

Nota: O DFC poderia ser um quadro complementar à DOAR.

- Introdução da Demonstração do Valor Adicionado;
- Eliminação da Demonstração dos Lucros ou Prejuízos Acumulados.

b) Referentes à escrituração – de acordo com a Lei nº 6.404/76, a escrituração deveria seguir os preceitos da legislação comercial e desta lei e os princípios de contabilidade. Na mudança proposta, a escrituração deve seguir os princípios fundamentais de contabilidade e os preceitos da legislação comercial e da nova lei.

Uma outra mudança é a de que a empresa poderá, alternativamente, atender em sua escrituração permanente às disposições da lei tributária ou especial e, em seguida, realizar ajustes mediante lançamentos complementares.

c) Referentes à classificação das contas no balanço patrimonial – no Ativo: é dividido em três grupos, e passa a ser dividido em dois grupos (Circulante e não Circulante).

O Ativo Circulante continua a ser formado pelas seguintes rubricas: as disponibilidades, os direitos e as despesas pagas antecipadamente, com prazo de realização de até 12 meses.

O Ativo não Circulante é a novidade; segue a seguinte subdivisão: Realizável a Longo Prazo, Investimentos, Imobilizado, Intangível (novo conceito) e Diferido.

Uma outra mudança em relação à classificação das contas patrimoniais ativas aborda o seu uso. Dessa forma, não se pode esquecer de que os direitos classificados no ativo circulante e no Realizável a Longo Prazo deverão ser divididos em decorrentes das *atividades usuais* e decorrentes das *atividades não usuais* da companhia; e os classificados no Imobilizado, em bens em arrendamento, em operação e para futura operação.

Uma mudança em termos de conceito relevante é a determinação para serem considerados no *imobilizado* os bens usados pela companhia provenientes de operações de *leasing* financeiro e de concessão ou exploração de serviços públicos.

O Quadro 7.1 demonstra um comparativo entre o Projeto de Reforma e a Lei nº 6.404, mostrando as principais alterações do ativo.

Quadro 7.1 *Comparativo do Projeto de Reforma com
a Lei nº 6.404 em relação ao ativo.*

ATIVO	
Projeto de Reforma	**Lei nº 6.404**

Circulante
  – Atividades usuais
  – Atividades não usuais
	Circulante

Não Circulante
  – Realizável a longo prazo
  – Investimentos
  – Imobilizado
  – em operação
  – em arrendamento
  – para futura operação
  – Intangível
  – Diferido
	Realizável a Longo Prazo
	
	Permanente
	
	  – Investimentos
	  – Imobilizado
	  – Diferido

Fonte: REIS (2003).[39]

No Passivo – o passivo, que é dividido em Circulante e Exigível a Longo Prazo, também passa a ser dividido em Circulante e não Circulante.

Devem ser inseridas no Circulante as obrigações, inclusive as provenientes de plano de benefícios aos funcionários, de arrendamento mercantil financeiro, de concessões e das outras utilizações de ativo por prazo legal ou contratualmente limitado, os encargos e os riscos, estabelecidos ou estimados, os adiantamentos de clientes e outros recebimentos antecipados, vencíveis no prazo de até 12 meses.

O Passivo não Circulante está subdividido em três subgrupos: Exigível a Longo Prazo, Resultados não Realizados e Participação de Acionistas não Controladores. É eliminado o grupo Resultados de Exercícios Futuros e criado o grupo de Resultados não Realizados. O novo grupo chamado de Participação de Acionista não Controladores só deverá aparecer nos balanços consolidados.

No Patrimônio Líquido, os resultados positivos alcançados pelas empresas, que são classificadas como Lucros Acumulados, passam a ser alocados às contas de Reservas de Lucros, isto é, deixa de existir a rubrica de Lucros Acumulados. Os administradores devem apresentar, junto com as demonstrações contábeis, proposta para o destino de lucros.

Além dos Lucros Acumulados, é também eliminado o grupo das Reservas de Reavaliação.

É gerado um novo grupo: Ajustes de Avaliação patrimonial.

Apesar da eliminação dos Lucros Acumulados, foi mantida, como dedução, o grupo dos Prejuízos Acumulados.

O conceito de reservas de capital é reformulado. O prêmio recebido na emissão de debêntures e as doações e subvenções passam a ser considerados *como receitas do período* e, por isso, deverão transitar pela Demonstração do Resultado do Exercício (DRE).

Em relação às Reservas de Lucros, acontece a eliminação da Reserva para Contingências e a mudança no método de determinação do valor da Reserva de Lucros a Realizar.

O Quadro 7.2 demonstra um comparativo entre o Projeto de Reforma e a Lei nº 6.404, mostrando as principais alterações do passivo.

Quadro 7.2 *Comparativo do Projeto de Reforma com a Lei nº 6.404 em relação ao passivo.*

PASSIVO	
Projeto de Reforma	**Lei nº 6.404**
Circulante	**Circulante**

Não Circulante
  – Exigível a longo prazo
  – Resultados não realizados
	Exigível a Longo Prazo

	Resultados de Exercícios Futuros

Patrimônio Líquido
  – Capital realizado
  – Reservas de capital
  – Ajustes de avaliação
  – Reservas de lucros
  – (–) ações em Tesouraria
  – (–) prejuízos acumulados
	Patrimônio Líquido
	  – Capital realizado
	  – Reservas de capital
	  – Reservas de reavaliação
	  – Reservas de lucros
	  – Lucros ou prejuízos acumulados
	  – (–) ações em Tesouraria

Fonte: REIS (2003).[39]

d) Referentes aos critérios de avaliação – estabelecer padrões, até então não empregados nos critérios de avaliação tanto no Ativo quanto no Passivo.

e) Referentes à classificação das contas na Demonstração do Resultado do Exercício (DRE) – é modificada a forma de apresentação da demonstração; a atual lei não determina um padrão, mas indica o mínimo de informações que devem constar na demonstração.

Diferentes receitas e custos devem ser discriminados por ramo de atividade da empresa; estabelece, assim, a contribuição de cada atividade para o Resultado Operacional Bruto.

Os incisos III a V do art. 187 desse projeto de lei determinam que a demonstração do resultado deve discriminar: *"III – o resultado das participações societárias; IV – as despesas, divididas nos grupos despesas com vendas, administrativas, financeiras e outras despesas; V – as receitas financeiras e demais receitas e ganhos".*[40]

Assim, fica evidenciado que o legislador tenciona considerar as receitas e despesas financeiras como operacionais; da mesma forma, seriam considerados o resultado das participações societárias, as receitas de aluguéis e outros semelhantes (nota: Esse tópico merece uma melhor discussão conceitual).

Dessa forma, evidencia-se que os resultados operacionais são ocasionados pelas atividades principais e acessórias da companhia; e os **não operacionais** são resultados gerados por transações excepcionais, como os itens extraordinários (abordados mais à frente); e os ganhos e perdas de operações descontinuadas (comentados à frente).

As despesas e as receitas financeiras não podem mais ser apresentadas por seu valor líquido, mas devem ser apresentadas separadamente.

A Lei nº 6.404/76 define como ajustes de exercícios anteriores os decorrentes de mudança de critério contábil ou de correção de erro do passado, desde que não possam ser atribuídos a fato subseqüente. Essa lei diz que os ajustes *sejam reconhecidos* diretamente na conta de *lucros/prejuízos acumulados*, sem transitar pela demonstração do resultado do exercício.

O projeto de lei diz que o registro dos ajustes seja feito *diretamente no resultado do exercício corrente*, com evidenciação separada. Essa modificação está em linha com as práticas recomendadas pelo *International Accounting Standards Committee* (IASC) – Comitê de Normas Contábeis Internacionais.

Outra modificação proposta é a inserção na demonstração do resultado do exercício do grupo denominado *itens extraordinários,* que representam eventos ou transações de caráter extraordinário e precisam de tratamento contábil e de divulgação especial. Por sua natureza imprevisível, esses itens, em geral, alheios às atividades ordinárias da companhia, não devem ser englobados com os outros elementos da demonstração do resultado. Exemplos desses itens extraordinários podem ser: os efeitos resultantes de desapropriações, sinistros, grandes desimobilizações, execução ou reestruturação de dívidas.

Uma modificação relevante é a que trata *de ganhos e perdas em operações descontinuadas,* ou seja, quando um segmento ou uma unidade de negócio é vendido ou encerrado. Dessa forma, receitas, custos e despesas do segmento descontinuado têm de ser destacados das receitas, custos e despesas referentes às operações em continuidade, fornecendo ao investidor, analista e gestor uma análise mais precisa dos resultados futuros da empresa.

Está previsto que todos os componentes integrantes do Ativo e do Passivo, quando provenientes de operações de longo prazo, *sejam ajustados a seu valor presente.* Se houver efeitos significativos, devem também ser ajustados os ativos e os passivos derivados de operações de curto prazo. Assim sendo, resolve um problema que atormenta a Contabilidade, que são os juros embutidos nos preços das operações a prazo, pois as empresas dão às operações a prazo o mesmo tratamento contábil das operações à vista, ignorando o custo do dinheiro ao longo do tempo, deixando de reconhecer despesas e receitas financeiras incluídas nas operações e apurando resultados destorcidos.

Alguns ganhos obtidos pela empresa, por estarem desvinculados dos valores aplicados no Ativo, eram considerados pela Lei nº 6.404176 como reserva de capital, e serão tratados como Receitas. Por exemplo, o caso específico do ágio na emissão de debêntures (Receita operacional) e das doações e subsídios recebidos (Receita não operacional).[39]

O Quadro 7.3 apresenta o modelo da demonstração do resultado do exercício, de acordo com o Projeto de Lei nº 3.741/2000:

Quadro 7.3 *Demonstração do Resultado do Exercício.*

DEMONSTRAÇÃO DO RESULTADO DO EXERCÍCIO
Receita bruta
(–) Deduções da receita bruta Devoluções, cancelamentos e abatimentos Tributos incidentes sobre a receita bruta
= Receita líquida
(–) Custo da receita líquida
= Lucro operacional bruto
(+/–) Resultados operacionais Receitas financeiras Outras receitas e ganhos (operacionais) Resultados das participações societárias Despesas administrativas Despesas com vendas Despesas financeiras Prêmio na emissão de debêntures (já realizado) Juros sobre o capital próprio Ajustes a valor presente
= Resultado operacional líquido
(+/–) Resultados não operacionais Ganhos e perdas em operações descontinuadas Doações e subvenções para investimento (já realizadas) Itens extraordinários
= Resultados antes das participações
(–) Participações de terceiros Imposto de Renda Empregados e diretores Debêntures e partes beneficiárias
= Resultado líquido do exercício
(+/–) Ajustes de exercícios anteriores
= Resultado líquido do exercício ajustado

Fonte: MARION e REIS (2003).[40]

f) Referentes à *consolidação das Demonstrações Contábeis* – o Projeto de Reforma diz que as empresas de capital aberto que tenham investimentos em sociedades controladas, mesmo tendo controle em conjunto, devem elaborar e divulgar suas demonstrações contábeis consolidadas. Atualmente, essa obrigação restringe-se às companhias que têm mais de 30% do valor de seu patrimônio líquido representados por esses investimentos.

Outra modificação que deve ser observada é sobre os valores pagos a maior na aquisição de um investimento: deverão ser classificados como Resultados não Realizados, até que exista a comprovação do ganho efetivo.

g) Referentes às *empresas de grande porte* – é proposta a obrigatoriedade de divulgação das demonstrações contábeis das empresas de grande porte, isto é, aquelas detentoras de um ativo total mínimo de R$ 120 milhões, isoladas ou em conjunto com outras empresas, ou aquelas que possuem receita bruta anual superior a R$ 150 milhões.

Entende-se ser esta uma das grandes mudanças apresentadas, porque evita que a companhia não deixe de ter a obrigatoriedade da *publicação* simplesmente pela transformação de sociedade por ações em sociedade por quotas de responsabilidade limitada.

7.1 Nova Deliberação CVM nº 488/05 – demonstrações contábeis (companhias de capital aberto)

A Deliberação CVM nº 488, de 3/10/2005, aprova o Pronunciamento do IBRACON nº 27 sobre Demonstrações Contábeis sobre apresentação, divulgação e publicação, que vigora a partir de 2006, com profundas alterações contábeis, principalmente quanto:

a) À elaboração e à publicação das Demonstrações financeiras atuais (art. 176) em relação à nova Debileração CVM.

b) Busca gradual da convergência entre as normas pela legislação societária, pela CVM e as normas internacionais.

Comparativo entre as normas contábeis da LSA e a NPC nº 27/2005.

	LSA	Deliberação CVM nº 488/2005
Nomenclaturas	• Demonstrações Financeiras • Demonstrações do Resultado do Exercício	• Demonstrações Contábeis • Demonstrações do Resultado
DOAR	Obrigatória apenas para algumas empresas	Recomenda que seja apresentada a DFC, através do modelo direto em complemtento à DOAR
DFC	Ainda não é prevista	

DVA	Ainda não é prevista	Recomenda sua publicação
Relatório da Administração	Estabelece requisitos mínimos quanto a sua elaboração	Além dos requisitos constantes na LSA, estabelece um detalhamento maior de informações a serem divulgadas
BP – Critérios de classificação de Ativo e Passivo Circulante	Deverão ser mantidos no circulante os bens, direitos e obrigações cuja expectativa de realização ou liquidação ocorra até o final do exercício seguinte.	Deverão ser mantidos no circulante os bens, direitos e obrigações cuja expectativa de realização ou liquidação ocorra nos próximos 12 meses seguintes ao da publicação. Nos casos em que o ciclo operacional for superior a 12 meses, a classificação dos ativos no circulante e não circulante terá por base o prazo deste ciclo.

Fonte: ALCÂNTARA, Alexandre. *Estrutura, análise e interpretação das demonstrações contábeis*. São Paulo: Atlas, 2007.

Quadro 7.4 *Estrutura da Deliberação CVM nº 489 de 3/10/2005.*

Tipo de contingência	Probabilidade	Tratamento
a) Contingência ativa	– Praticamente certa – Provável – Possível ou remota	– Reconhecer o ativo – Divulgar – Não divulgar
b) Contingência passiva	– Provável • Mensurável com suficiente segurança • Não mensurável com suficiente segurança – Possível – Remota	 Provisional Divulgar Divulgar Não divulgar
Entrada em vigor – Períodos que começam em 1º de janeiro de 2006 ou após essa data, incentivando-se a sua aplicação imediata.		

O Quadro 7.4 mostra a estrutura da Deliberação CVM nº 489, de 3/10/2005, que aprova o Pronunciamento do IBRACON NPC nº 22 sobre provisões, passivos, contingências passivas e contingências ativas.

8

Cuidado com a Contabilidade Criativa

A expressão inglesa *earnings management*, ou seja, a contabilidade criativa (*manipulação de dados contábeis*), se tornou muito conhecida no mundo dos negócios por causa da série de escândalos contábeis com grandes empresas envolvidas, e até setenciadas, como foi o caso do conglomerado norte-americano Enron, em que a empresa de auditoria Arthur Andersen foi considerada culpada por um Júri de Houston, Texas, nos EUA, pela destruição de documentos.

Esse evento, como outros que se sucederam nos anos de 2002 e 2003, marcou a atividade profissional dos contadores e auditores e com certeza mudou a visão de responsabilidade desses profissionais sobre esses fatos.

A contabilidade criativa pode ser definida como sendo a manipulação dos valores da contabilidade financeira a pedido da alta administração em determinado momento, contrariando normas, princípios, convenções contábeis existentes ou ignorando algumas delas, inclusive regras de conduta e princípios éticos pessoais e profissionais.

Outros autores, como Amat,[37] dizem que a contabilidade criativa consiste na manipulação que se faz da informação contábil, aproveitando-se dos vazios das normas existentes e as possíveis alternativas que têm o executivo à sua disposição sobre as diferentes práticas de avaliação utilizadas.

A fraude é definida nas Normas Internacionais de Auditoria como: "um ato intencional por parte de um ou mais indivíduos dentre os membros administrativos, empregados ou terceiros, que resulta em declarações falsas das demonstrações contábeis".[38]

As Normas Internacionais de Auditoria apontam que a fraude pode também envolver:

- manipulação, falsificação ou alteração de registros ou documentos;
- postergação de despesas de forma indevida (diferimento);
- apropriação indébita de ativos;
- cálculos indevidos de tributos;
- supressão ou omissão dos efeitos de transações nos registros;
- manipulação de provisões contábeis;
- registro de transações sem comprovação;
- omissão ou antecipação de receitas;
- aplicação indevida de políticas contábeis.

Pesquisas empíricas realizadas em países do Primeiro Mundo revelam que, dentre as principais motivações para manipulação contábil, são os incentivos econômicos que têm tido grande relevância, tanto para os gestores como para as próprias empresas. A pesquisa também revela os incentivos mais comuns:[38]

- Obtenção de benefícios diretos sobre os resultados alcançados, margens das vendas, participação no mercado.
- Obtenção de concessões, bonificações e prêmios extras.
- Melhoria da imagem para inclusão no mercado financeiro (bolsas de valores e financiamentos externos).
- Obtenção ou manutenção de subvenções para a indústria, ou qualquer outro ramo de atividade.
- Obtenção de medidas de proteção das agências governamentais e organismos internacionais de financiamento.
- Obtenção de incentivos fiscais mediante isenções e diminuição das bases de tributação.
- Controle de dividendos e opções de ações.
- Estratégias competitivas e de mercado, além de outras não menos importantes.

Os códigos de ética descritos nos guias de auditorias divulgados pelo *Comitê Internacional de Prácticas de Auditoria* – IFAC – objetivam melhorar a qualidade dos trabalhos de auditoria de modo a satisfazer a clientes e usuários; para isso, eles apontam quatro fatores, que são fundamentais para que os objetivos sejam alcançados: *credibilidade, profissionalismo, qualidade dos serviços e confiança.*[38]

Quanto ao caráter ético em relação à contabilidade criativa, pode-se dizer que a ética é um princípio primordial e necessário para o adequado funcionamento da sociedade, principalmente para o exercício das profissões; entre elas estão a de contador e a de auditor. Entende-se que a formação ética de qualquer profissional, bem como seus valores pessoais, exercem uma grande influência sobre a sua conduta na tomada de decisões no contexto das organizações e dos negócios.

Podemos também dizer que ética e filosofia da moral são sinônimos, que parece ser uma definição simples, porém na prática um conceito complexo, pois engloba juízos de valor. Não há dúvida de que o problema da contabilidade criativa é decorrente da crise de valores éticos e morais da sociedade moderna, mais do que da indefinição técnica e normativa.

O Quadro 8.1 relaciona resumidamente os grandes escândalos, em que as empresas utilizaram a contabilidade para manipular números.

Quadro 8.1 *Principais escândalos.*

Enron Maior escândalo ocorreu em 2001; acarretou a falência de uma empresa; utilizou mecanismos de fraude, chamados de contabilidade criativa.	**Arthur Andersen** Uma das maiores empresas de auditoria do mundo faliu, acusada de compactuar com a Enron.	**Lucent** Teve que rever baixo faturamento de 2000.
WorldCom Nos últimos cinco trimestres, a segunda maior companhia de serviços de telecomunicações dos EUA contabilizou como investimentos gastos que eram despesas. Com isso, transformou em lucros os prejuízos que na verdade tivera no período, envolvendo o montante de US$ 3,8 milhões.	**Computer Associates** A SEC investiga o sistema de premiação, após Charles Wang, fundador, e mais dois executivos terem recebido US$ 1 bilhão em ações, dias antes de lançarem um aviso de redução na projeção de lucros.	**AOL** O provedor americano de Internet usou práticas contábeis "estranhas" para inflar suas receitas de 2000 a 2002 em US$ 270,1 milhões. Um exemplo foi contabilizar como receita sua venda de anúncios em nome da empresa de leilões virtuais eBay.
Qwest A número 4 em telefonia local nos EUA anunciou estar sendo investigada por promotores públicos. A SEC já investigava erros na descrição de ativos no balanço.	**Xerox** A empresa vai reclassificar um valor computado como venda de equipamentos de 1997 a 2001. A classificação anterior rendeu multa de US$ 10 milhões dada pela SEC que foi paga.	**Merck** A gigante farmacêutica é acusada, desde 1999, de contabilizar no faturamento de sua subsidiária Medco receita de US$ 12,4 bilhões que, na verdade, nunca foi recebida.

Duke Energy Admite ter encenado negociações, vendendo e comprando energia ao mesmo tempo e pelo mesmo preço com outra empresa.	**Dunegy** Fez projeto em que combinou com parceiros a elevação nos valores de contratos de compra de gás que inflaram artificialmente seus ativos.	**Adelphia** Está sendo investigada pelo sumiço de US$ 2,3 bilhões do balanço, em empréstimos feitos em parte para seu fundador John Rigas.
Global Crossing Investigação sobre a capacidade de cumprimento de contratos a longo prazo.	**ImClone Systems** Ex-executivo chefe foi preso, acusado de ter usado informação privilegiada para negociar ações em Bolsa.	**Tyco International** Executivos teriam usado dinheiro da empresa para comprar imóveis e outros bens pessoais.
Rite Aid Foi acusada de elevação artificial de lucros e de ter fraudado acionistas.	**Network Associates** Investigada sob suspeita de ter alterado balanço.	**Peregrine Systems** Durante três anos seguidos errou ao reportar seus ganhos no balanço da companhia.
Kmart Suas diretrizes contábeis estão sendo investigadas.	**Enterasys** Políticas contábeis sob suspeita.	**AIG** Inflou resultados em US$ 3,9 bilhões.
Bristol-Myers Está sendo investigado por inflar o faturamento em US$ 1 bilhão em 2000.	**Parmalat** Fraude de US$ 17,5 bilhões; pegava recursos sob falsos pretextos e os desviava.	

Fonte: Jornal *Folha de S. Paulo*[41] (2002); jornal *O Globo*[42] (2005).

Parte II
Gestão dos Negócios

9

Demonstrações Financeiras (Contábeis) – Formato Gerencial: Nova Abordagem

9.1 Considerações gerais sobre contabilidade gerencial

As demonstrações financeiras são relatórios ou quadros técnicos que contêm dados retirados dos livros, registros e documentos que formam o sistema de contabilidade de uma empresa ou entidade.

Os métodos da contabilidade financeira e da contabilidade gerencial foram criados para diferentes objetivos e para diferentes usuários das informações financeiras. Existem, no entanto, inúmeras similaridades e áreas de sobreposição entre os métodos da contabilidade financeira e da gerencial.

A contabilidade gerencial é voltada para o fornecimento de informações para os administradores, ou seja, os profissionais que estão dentro da instituição e que são responsáveis pela direção, tomada de decisões e controle de suas operações. A contabilidade gerencial pode ser contrastada com a contabilidade financeira, que está voltada para o fornecimento de informações para acionistas, credores, bancos, entre outros que estão fora da instituição.

O Quadro 9.1 apresenta um comparativo entre a contabilidade gerencial e a contabilidade financeira.

Quadro 9.1 *Comparativo entre contabilidade financeira e contabilidade gerencial.*

Contabilidade financeira	Contabilidade gerencial
Usuários dos relatórios: externos e internos.	Usuários dos relatórios: internos.
Tem por propósito facilitar a análise financeira para atender às necessidades dos usuários externos.	Tem por propósito facilitar o planejamento, o controle, a avaliação de desempenho e a tomada de decisão internamente.
Tipos dos relatórios: BP; DRE; DMPL e DOAR.	Tipos dos relatórios: orçamentos; contabilidade por responsabilidade; relatórios de: desempenho; custo; especiais não rotineiros para facilitar a tomada de decisões.
Freqüência dos relatórios: anual, trimestral e mensal (se desejar).	Freqüência dos relatórios: quando solicitado pela administração.
Custos ou valores usados: históricos (passados).	Custos ou valores usados: históricos e previstos.
Bases de mensuração: moeda corrente.	Bases de mensuração: inúmeras bases (moeda corrente, moeda estrangeira, índices etc.).
Restrições nas informações fornecidas: Princípios Contábeis Geralmente Aceitos.	Restrições nas informações fornecidas: nenhuma restrição, com exceção das estipuladas pela administração.
Embasamento teórico e técnico: contabilidade.	Embasamento teórico e técnico: emprego de outras disciplinas – estatística, economia, finanças, pesquisa operacional e comportamento organizacional.
Características da informação fornecida: objetiva, verificável, relevante e a tempo.	Características da informação fornecida: relevante e a tempo; pode ser subjetiva, possuidora de menos verificabilidade e menos precisa.
Perspectiva dos relatórios: orientação histórica.	Perspectiva dos relatórios: voltados para o futuro, para facilitar planejamento, controle e avaliação de desempenho antes do fato, para impor metas, junto com uma orientação histórica para avaliar os resultados reais, para controle posterior do fato.

Fonte: PADOVEZE (2004).[21]

9.2 Modelos das principais demostrações financeiras no formato gerencial

O formato gerencial é gerado para os usuários internos e deve detalhar mais as contas do balanço patrimonial e da demonstração de resultados, pois permite melhor acompanhamento das várias áreas operacionais e não operacionais da organização. É recomendado que se faça uma análise mensal desses relatórios.

O Capítulo 3 desta obra apresentou as demonstrações contábeis ou financeiras no formato societário ou oficial; agora, vamos apresentar exemplos do balanço patrimonial e da demonstração do resultado do exercício no formato gerencial, pois são os dois tipos de relatórios mais utilizados.

Quadro 9.2 *Balanço Patrimonial – formato gerencial interno.*

Balanço Patrimonial – formato gerencial		
Contas – Ativo	**31/12/20XX**	**31/12/20X1**
Disponível	95	674
Aplicações financeiras	5	111
Depósitos vinculados	450	1.156
Ativo financeiro	550	1.941
Duplicatas a receber	10.501	19.455
Estoques	52.670	38.742
Impostos a recuperar	1.254	176
Ativo operacional	64.425	58.373
Intangível	100	5.652
Investimentos/RLP	4.150	4.793
Imobilizado	20.655	30.841
Diferido	96	172
Ativo permanente	25.001	41.458
ATIVO – Total	89.976	101.772
Contas PASSIVO		
Duplicatas descontadas	2.951	1.777
Empréstimos	6.500	4.000
Passivo Financeiro	9.451	5.777
Fornecedores	56.677	56.196
Contas a pagar	894	4.890
Salários e impostos	4.051	5.791
Passivo operacional	61.622	66.877

Financiamentos/ELP	6.500	9.506
Patrimônio líquido	15.452	25.782
Capital de giro próprio	(3.049)	(6.170)
Passivo permanente	18.903	29.118
PASSIVO TOTAL	89.976	101.772

A demonstração do resultado do exercício objetiva fornecer, de modo esquematizado, os resultados (lucro ou prejuízo) auferidos pela empresa em certo exercício social, os quais são transferidos para contas do patrimônio líquido. O lucro ou prejuízo é resultado de receitas, menos custos e despesas realizados pela empresa em determinado período e apropriados, de acordo com o regime de competência, isto é, independentemente se esses valores foram pagos ou recebidos.

Quadro 9.3 *Demonstração do Resultado do Exercício* (DRE) – *formato gerencial interno.*

DRE – formato gerencial		
Contas	31/12/20XX	31/12/20X1
Receita líquida	156.960	142.500
(–) Custo de mercadorias vendidas	101.761	106.730
(=) Lucro bruto	55.199	35.770
(–) Despesas operacionais	25.090	30.733
(–) Despesas administrativas	18.930	12.150
(–) Despesas comerciais	3.059	10.910
(–) Outras despesas	3.101	7.673
(=) Lucro (prejuízo) operacional (*EBITDA*)	30.109	5.037
(–) Depreciação e amortização	2.992	4.996
(–) Despesas financeiras líquidas	10.200	1.970
(=) Resultado operacional (após ajustes)	16.917	(1.929)
Outras receitas e despesas não operacionais líq.	902	2.600
Provisão para IR e CSSL	7.484	(282)
Lucro (prejuízo) líquido do exercício	10.335	389

O Quadro 9.4 apresenta o demonstrativo de resultado complementar no formato gerencial.

Quadro 9.4 *Demonstração de resultado (complementar) formato gerencial.*

DRE. Formato gerencial	31/12/20XX	31/12/20X1
Receita líquida de vendas e serviços	100.000	150.000
(–) Custos variáveis	20.000	30.000
(–) Despesas variáveis	10.000	15.000
= Margem de contribuição	70.000	105.000
(–) Despesas operacionais fixas	30.000	35.000
= Lucro (prejuízo) operacional (EBITDA)	40.000	70.000
(–) Depreciação e amortização	5.000	6.000
(–) Despesas financeiras líquidas	5.000	6.000
= Lucro (prejuízo) operacional II	30.000	58.000
(+) Resultado não operacional	2.000	4.000
(–) Impostos (IR/CSSL)	10.880	21.080
= Lucro (prejuízo) líquido do exercício	21.120	40.920

9.3 Como analisar a rentabilidade e a lucratividade do negócio

A análise da rentabilidade é a parte mais relevante da análise financeira. É a mensuração do retorno do capital investido e a identificação dos elementos que levaram a essa rentabilidade.

A saúde financeira da empresa é derivada da obtenção de sua *rentabilidade* (ou seja, lucro sobre o PL). Uma companhia rentável, isto é, bem administrada, não terá problemas de solvência; ela será capaz de honrar seus pagamentos. A rentabilidade resulta das operações da companhia em certo período e inclui todos os elementos operacionais, econômicos e financeiros do empreendimento.

A *lucratividade* é proveniente de estratégias empregadas nas operações e das margens repassadas nos preços de vendas dos produtos e serviços da empresa. Então, o volume vendido e os preços alcançados são os elementos básicos de geração do lucro (ou seja, lucro sobre as vendas líquedas).

As abordagens básicas da análise de rentabilidade são as seguintes:[11]

a) O valor do investimento dos proprietários é conhecido em finanças como capital próprio e é representado no balanço patrimonial pela figura do patrimônio líquido. Essa espécie de abordagem é considerada a análise definitiva de rentabilidade, pois relaciona o lucro líquido após os impostos, que é a medida final do lucro alcançado com o valor do patrimônio líquido, médio, mensurando a rentabilidade do maior interessado no investimento na empresa, o dono do capital. Essa rentabilidade é conhecida como a do patrimônio líquido.

Fórmula:

> (Vendas/Ativo) x (Lucro Líquido/Vendas) / (Patrimônio Líquido/Ativo) = (Lucro Líquido/Patrimônio Líquido)

Exemplo:

(20.678.959/12.314.578) = 1,68

x

(871.766/20.678.959) = 4,22%

:

(5.000.000/12.314.578) = 40,60%

=

(871.766/5.000.000) = 17,46%

Legenda: vendas/ativo = equivale ao giro

> lucro líquido/vendas = equivale à margem
>
> patrimônio líquido/ativo = equivale à participação do patrimônio líquido (PL)
>
> lucro líquido/patrimônio líquido = equivale ao retorno sobre o PL

b) A segunda abordagem tem por finalidade mensurar a rentabilidade da companhia como um todo, *sem se preocupar*, à primeira vista, com quem foi o *financiador do investimento*. Esse tipo de abordagem procura medir a rentabilidade do investimento total, isto é, do ativo, e é também conhecido como rentabilidade do ativo operacional.

Fórmula:

> (Vendas/Ativo Operacional) x (Lucro Operacional/Vendas) = (Lucro Operacional/Ativo Operacional)

Exemplo:

(20.678.959/10.571.000) = 1,96

x

(2.001.060/20.678.959) = 9,68%

=

(2.001.060/10.571.000) = 18,97%

Legenda: lucro operacional/ativo operacional = equivale ao retorno sobre o ativo médio operacional.

Nota: ativos operacionais são ativos usados para gerar o lucro operacional, consistindo normalmente em caixa, estoques, recebíveis, fábricas, imóveis e equipamentos etc.

c) A terceira abordagem é considerada como a mais importante; procura levantar o impacto do financiamento que a companhia conseguiu do capital de terceiros (bancos, acionistas etc.). Avalia-se o *custo médio do capital de terceiros e sua relação com a rentabilidade operacional*, para identificar se houve vantagem no uso desses capitais. Essa vantagem, quando acontece, é conhecida como *"alavancagem financeira"* ou rentabilidade do financiamento.

Fórmula:

> Despesas Financeiras Líquidas/Capital de Terceiros (equivale ao custo do capital de terceiros).

Exemplo:

360.899/6.450.746 = 5,60%

Vejamos, a análise da rentabilidade geral, considerando as três rentabilidades obtidas:

- Retorno sobre o ativo operacional = (lucro operacional/ativo operacional) = 18,97%
- Custo do capital de terceiros = (despesas financeiras líquidas/capital de terceiros) = 5,60%
- Retorno sobre o PL = (lucro líquido/patrimônio líquido) = 17,46%

Nota: pode ser utilizado o saldo médio das contas patrimoniais para efeito de apuração de cálculo.

Verifica-se que o retorno operacional foi superior ao custo de capital de terceiros, fazendo com que a rentabilidade do patrimônio líquido fosse um pouco menor que a rentabilidade operacional, que configura a efetividade da alavancagem financeira.

Em decorrência da complexidade da análise da rentabilidade, outras abordagens foram criadas; praticamente, elas estão centradas nos conceitos de *valor adicionado e criação de valor*. Basicamente, essas abordagens introduzem um elemento adicional, não explícito, que é *o custo de oportunidade de capital*, avaliando a rentabilidade alcançada e comparando-a com a rentabilidade de outros ativos e investimentos no mercado financeiro. São mostradas no Capítulo 10 outras abordagens que vêm sendo empregadas na análise do lucro, como o EBITDA e o EVA.

Lucratividade e margem *versus* rentabilidade são termos que representam medidas econômico-financeiras diferentes, mas é comum serem utilizados como se fossem a mesma coisa.

Lucratividade e *margem* são palavras sinônimas; elas equivalem ao lucro alcançado em relação ao valor de vendas. Pode ter tanto o lucro ou margem unitária, como o lucro ou margem total. A lucratividade/margem unitária representa o lucro alcançado pela venda de cada unidade de produto ou serviço. A lucratividade/margem total representa o lucro líquido total alcançado pelo total das receitas das vendas dos produtos e serviços em determinado período.

Tanto a margem como a lucratividade são representadas em valor e em percentual; por exemplo, há a margem de contribuição unitária em valor e a margem de contribuição unitária em percentual. Há o lucro (margem) bruto em valor e o lucro (margem) bruto em percentual.

"A lucratividade e a margem é uma relação do resultado obtido com o valor da venda."[11]

A *rentabilidade* relaciona o lucro alcançado com o investimento realizado ou existente. O propósito da rentabilidade é encontrar o retorno do investimento, ou seja, a apuração da rentabilidade tem por objetivo saber se o retorno real estava em linha com o retorno programado. A rentabilidade é sempre uma medida percentual e, então, relativa.

"A rentabilidade é uma relação percentual do resultado obtido com o valor do investimento."[11]

A rentabilidade é uma medida definitiva, visto que pode ser comparada com qualquer companhia ou qualquer investimento, enquanto a lucratividade é uma medida parcial, pois sua mensuração só tem significado para a empresa analisada, já que cada empresa tem sua estrutura de custos e despesas em relação às receitas ou preço de venda de seus produtos e serviços. Não quer dizer que não pode ser comparado, apenas devem ser feitos os ajustes necessários para efeito de comparação, inclusive levando em consideração a atividade operacional de cada empresa. No entanto, existe uma ligação direta entre essas duas medidas de desempenho econômico-financeiro, pois é por intermédio da lucratividade ou obtenção das margens sobre as vendas que se alcança a rentabilidade do investimento.

"A margem ou lucratividade sobre vendas e receitas é o elemento para obter a rentabilidade do investimento."[11]

10

Análise das Demonstrações Contábeis para Efeito de Informação Gerencial e Apoio na Tomada de Decisões Financeiras pelos Executivos

Para analisar os demonstrativos contábeis da empresa, o administrador deve reorganizar as informações financeiras obtidas, transformando-as em índices e/ou indicadores, de modo que facilite uma avaliação de desempenho da empresa referente a determinado período, mostrando as tendências do seu comportamento para os períodos futuros.

Os principais instrumentos da análise financeira são:

- Análise vertical ou de estrutura dos elementos das demonstrações contábeis.
- Análise horizontal ou de evolução.
- Análise de rentabilidade, tratada na seção 10.3, apresenta as abordagens básicas para identificar a rentabilidade do negócio.
- Análise por indicadores.

10.1 Análise vertical

O objetivo da análise vertical é mostrar a participação relativa de cada item de uma demonstração financeira em relação a certo total, como são vistas nos Quadros 10.1 e 10.2.

Quadro 10.1 *Balanço Patrimonial*.

Balanço Patrimonial				
Contas	20XX	%	20X1	%
Ativo circulante				
Disponível	1.450	21,17	1.250	22,12
Duplicatas a receber	2.600	37,96	1.900	33,63
Estoques	2.800	40,88	2.500	44,25
Total	6.850	100,00	5.650	100,00

Quadro 10.2 *Demonstrativo de Resultado do Exercício*.

Demonstrativo de Resultado do Exercício				
Contas	20XX	%	20X1	%
Vendas Líquidas	45.000	100,00	52.250	100,00
Lucro bruto	30.900	68,67	39.000	74,64
Lucro operacional	7.000	15,56	1.500	2,87

A análise vertical fornece ao executivo maior facilidade para comparar os valores apresentados, por causa da padronização percentual.

10.2   Análise horizontal

O objetivo da análise horizontal ou de evolução é facilitar o exame da evolução histórica dos valores contidos nos demonstrativos contábeis, como se vê no Quadro 10.3.

Quadro 10.3 *Balanço Patrimonial*.

Balanço Patrimonial			
Contas	20XX	20X1	Evolução %
Ativo circulante			
Disponível	1.450	1.250	(–) 13,79
Duplicatas a receber	2.600	1.900	(–) 26,92
Estoques	2.800	3.500	25,00
Total	6.850	6.650	(–) 2,91

Ao utilizar a análise horizontal, o executivo terá uma visão detalhada da evolução de cada item dos demonstrativos contábeis no decorrer do tempo e visualizará tendências futuras, tendo condições de acertar possíveis desvios dos objetivos estabelecidos. Os valores devem ser demonstrados sempre que possível em moeda constante.

10.3   Análise por indicadores

Os índices financeiros têm como propósito mensurar o desempenho da companhia no tocante à liquidez. Existem inúmeros índices, porém os mais utilizados pelas empresas são os seguintes:

   a) Índices de liquidez – mensuram a capacidade da companhia em cumprir com suas obrigações:

   • Liquidez imediata – apresenta a disponibilidade imediata da companhia (caixa, aplicações de curto prazo, bancos) para pagar seu passivo circulante.

Fórmula:

(Disponibilidade/Passivo Circulante)

Exemplo:

   Em 20XX: 1.450/6.800 = 0,21
   Em 20X1: 1.250/5.600 = 0,22

O cálculo acima representa que, no ano de 20XX, certa empresa possuía em disponibilidade R$ 0,21 para cada R$ 1,00 devido a curto prazo, enquanto em 20X1 esse número aumentou para R$ 0,22.

   • Liquidez corrente – apresenta a posição da empresa, quando ela utiliza o seu ativo circulante para pagamento do seu passivo circulante.

Fórmula:

(Ativo Circulante/Passivo Circulante)

Exemplo:

   Em 20XX: 6.850/6.800 = 1.01
   Em 20X1: 5.650/5.600 = 1.01

O cálculo acima representa que no ano de 20XX certa empresa possuía disponibilidades, bens e direitos também de curto prazo (ativo circulante): R$ 1,01 para cada R$ 1,00 devido. E em 20X1, manteve R$ 1.01.

- Liquidez seca – apresenta como propósito mostrar o confronto do ativo circulante com o passivo circulante; no entanto, os estoques são excluídos neste índice de liquidez seca, por representarem bens que não têm data estabelecida de realização.

Fórmula:

> (Ativo Circulante (–) Estoque/Passivo Circulante)

Exemplo:

Em 20XX: (6.850 – 2.800)/6.800 = 0,60
Em 20X1: (5.650 – 2.500)/5.600 = 0,56

Considerando apenas os itens do ativo circulante com data estabelecida de realização, a companhia tem para cada R$ 1,00 devido a curto prazo R$ 0,60 em 20XX e R$ 0,56 em 20X1.

- Liquidez geral – é o confronto dos bens e direitos de curto prazo, mais os direitos de longo prazo com o total das exigibilidades.

Fórmula:

> (Ativo Circulante + Realizável a Longo Prazo)/
> (Passivo Circulante + Exigível a Longo Prazo)

Exemplo:

Em 20XX (6.850 + 580)/(6.800 + 3.200) = 0,74
Em 20X1 (5.650 + 490)/(5.600 + 2.950) = 0,72

Para cada R$ 1,00 que a companhia deve a terceiros, ela dispõe no ativo circulante e no realizável a longo prazo de R$ 0,74 em 20XX e R$ 0,72 em 20X1.

- b) Índices de atividade – tem por objetivo mensurar a velocidade com que as diversas contas do circulante são convertidas em vendas ou interferem nas disponibilidades:[25]
- Giro de duplicatas a receber – mostra quantas vezes a companhia renova o nível de duplicatas a receber em determinado período.

Fórmula:

> (Vendas/Duplicatas a Receber (média))

Exemplo:

Em 20XX: 52.250/4.060 = 12,90 vezes

A companhia renovou as duplicatas a receber 12,90 vezes no período.

- Prazo médio de recebimento de vendas – representa o número de dias que a companhia demora em média para receber uma duplicata.

Fórmula:

> 360 (nº de dias do ano comercial)/Giro de Duplicatas a Receber

Exemplo:

Em 20XX: 360/12,90 = 27,90 dias

A companhia demora em média 27,90 dias para receber uma duplicata.

- Giro dos estoques – corresponde ao número de vezes que a companhia renova seus estoques em determinado período.

Fórmula:

> Custo das Mercadorias Vendidas (CVM)/Estoques (média)

Exemplo:

Em 20XX: 18.000 / (2.800 + 2.500) / 2 = 6,79 vezes

A companhia renova seus estoques 6,79 vezes no período.

- Prazo médio dos estoques – corresponde ao número de dias em média de um item que permanece nos estoques da companhia em determinado período.

Fórmula:

> 360 (nº de dias do ano comercial)/Giro de Estoques

Exemplo:

Em 20XX: 360/6,79 = 53,01 dias

A companhia mantém um item em estoque (em média) por 53,01 dias.

- Giro de duplicatas a pagar – apresenta o número de vezes que a companhia renova suas duplicatas a pagar em determinado período.

Fórmula:

> Compras/Fornecedores (média)

Para calcular as compras, é preciso que se empregue a seguinte fórmula:

Compras = CMV (–) estoque inicial (+) estoque final

Exemplo:

18.000 (–) 3.100 (+) 3.500 = 18.400
Em 20X1: 18.400/1.500 = 12,27 vezes

A companhia gira suas duplicatas a pagar 12,27 vezes em determinado período.

- Prazo médio de pagamento – mostra o tempo, em dias, que a companhia demora para pagar seus fornecedores em determinado período.

Fórmula:

360 (nº dias do ano comercial)/Giro de Duplicatas a Pagar

Exemplo:

Em 20X1: 360 / 12,27 = 29,33 dias

A companhia demora, em média, 29,33 dias para pagar os fornecedores.

Os índices de atividade ou do ciclo operacional apontam para a avaliação do desempenho operacional da companhia e suas necessidades de investimento no capital de giro. Eles têm a intenção de mostrar a dinâmica operacional da companhia, em seus principais fatores refletidos no balanço patrimonial e na demonstração de resultado do exercício.

Esses indicadores são calculados usando a inter-relação do produto das operações da companhia e o saldo constante ainda no balanço patrimonial e envolvem os principais elementos formadores do capital de giro próprio da empresa. Assim, os indicadores devem refletir as políticas de administração do fluxo de caixa e a capacidade de conservar um fluxo constante de atividades operacionais.[11]

c) Índices de endividamento – tem como objetivo determinar o nível de endividamento da companhia e sua capacidade de pagar dívidas:

- Nível de endividamento – apresenta a parcela dos ativos comprometida com endividamento a terceiros.

Fórmula:

Passivo Exigível Total/Ativo Total

Exemplo:

Em 20X1: 9.600/20.000 = 0,48

48% do valor dos ativos da companhia estão sendo financiados com capital de terceiros.

- Garantia de capital de terceiros – aponta a situação do capital de terceiros em relação ao capital próprio da companhia.

Fórmula:

Passivo Exigível Total/Patrimônio Líquido

Exemplo:

Em 20X1: 10.400/11.600 = 0,90

A companhia emprega o capital de terceiros para financiar suas atividades, proporcionalmente 90% em relação ao capital próprio, isto é, para cada R$ 1,00 de capital próprio investido na companhia, ela teve, em 20X1, R$ 0,90 financiados por terceiros.

d) Índices de estrutura – eles apontam a posição relativa de cada um dos elementos que constituem o capital de giro em relação ao valor total desse mesmo capital. Os entendimentos desses índices podem ser comparados considerando sua evolução no tempo ou comparando com outras companhias. Os principais índices de estrutura de capital de giro são:

- Índice de participação das disponibilidades – aponta para as disponibilidades, especialmente as aplicações financeiras de liquidez imediata. Nas empresas varejistas, que recebem suas vendas antes do pagamento das compras, esse índice é elevado.

Fórmula:

Disponibilidades/Ativo Circulante

Exemplo:

Em 20X1: 1.250/5.650 = 22,12%

- Índice de participação de estoques – considera o volume dos estoques em relação ao capital de giro. Um índice alto pode equivaler à excessiva imobilização em estoques, ou um pequeno volume de contas a receber.

Fórmula:

Estoques/Ativo Circulante

Exemplo:

Em 20X1: 2.500/5.650 = 44,25%

- Índice de participação de contas a receber – equivale à participação de contas a receber da companhia sobre o total do capital de giro. Quando esse índice é alto, pode significar que a companhia está adotando uma política agressiva de crédito comercial, ou que ela tem um elevado índice de inadimplência.

Fórmula:

> Contas a Receber/Ativo Circulante

Exemplo:

Em 20X1: 1.900/5.650 = 33,63%

- Índice de financiamento – ele indica o percentual do capital de giro que está apoiado por empréstimos financeiros. Um índice baixo pode significar que a companhia está usando principalmente financiamentos dos fornecedores em lugar de linhas de crédito bancário. Pode também indicar uso normal de financiamento de fornecedores ao lado de uma boa situação de caixa que não precisa de financiamentos para o capital de giro.

Fórmula:

> Financiamentos/Ativo Circulante

Exemplo:

Em 20X1: 600/5.650 = 10,62%

- e) Índices de preço e retorno da ação – eles medem o valor de mercado da companhia:
- Valor patrimonial da ação – equivale ao valor contábil unitário de cada ação.

Fórmula:

> Patrimônio Líquido/Número de Ações

Exemplo:

Em 20X1: 5.000.000/600.000 = 8,33

- Valor de mercado da ação – equivale ao valor que o mercado dá para a empresa.

Fórmula: não existe. O valor da ação é regulado pelo mercado com base no desempenho da companhia no tocante à liquidez.

Exemplo:

Em 20X1: 2,35

- Lucro por ação – equivale ao lucro anual que cabe a cada ação

Fórmula:

> Lucro Líquido do Exercício/Número de Ações Ordinárias

Exemplo:

Em 20X1: 871.766/600.000 = 1,45

- P/L – Relação preço/lucro – equivale ao n° de anos em que o investidor recupera o valor investido na ação.

Fórmula:

> Valor de Mercado da Ação/Lucro por Ação

Exemplo:

2.35/1.45 = 1,62

f) Outros índices:

- Cobertura de juros – indicador da capacidade de pagamento dos encargos com capital de terceiros.

Fórmula:

> Lucro antes das Despesas Financeiras/Despesas Financeiras

Exemplo:

Em 20X1: 37.800/10.200 = 3,71

Quanto à análise dos índices financeiros, devem-se considerar todos os aspectos em conjunto. O analista estabelece alguns parâmetros e procura dizer se a empresa está bem ou não, tanto em relação a cada índice quanto no todo e sua comparação com o setor e seu principal concorrente.

Deve apontar o seguinte:[11]

a) Os índices de liquidez estão bons ou não?

b) O endividamento está razoável?

c) Os prazos médios de pagamento e recebimento são normais?

d) Está melhorando o giro do ativo?

e) O lucro gerado sustenta um nível de segurança para pagamento dos juros dos financiamentos?

f) A rentabilidade do capital próprio está dentro da média do custo de oportunidade do mercado?

g) Os dividendos distribuídos aos acionistas são satisfatórios e aumentam o valor da companhia?

h) Os prazos médios de estocagem são condizentes para o setor? Não há excesso de estoques?

i) A administração do fluxo de caixa apresenta uma boa folga financeira para investimentos e financiamentos do volume de vendas a prazo?

j) A estrutura de custos está bem controlada, principalmente, quanto aos custos fixos e o *overhead*?

k) A análise geral da empresa aponta para crescimento real, criação de valor do negócio, geração de caixa e maximização de lucros, atrelado a uma boa política de pagamento de dividendos aos acionistas?

A análise financeira dos demonstrativos contábeis deve ser processada em determinado período, de modo a considerar diversos exercícios para que se crie uma perspectiva histórica (se possível em moeda constante); assim, gera credibilidade para o processo de tomada de decisão conduzida pelos administradores. É aconselhável que o profissional faça também comparações de estudos setoriais da economia dentro do segmento de atuação da empresa.

Um relatório de avaliação da empresa feito pelo profissional responsável deve sumarizar as conclusões obtidas com base nas análises das demonstrações contábeis. O relatório deve ser claro e objetivo, se possível, sugerir algumas ações para corrigir possíveis desvios.

10.4   Estática *versus* dinâmica dos índices

Os índices retirados completamente do balanço patrimonial têm como propósito avaliar a estrutura de participação dos vários elementos do ativo e passivo no seu total; da mesma forma, avaliar o endividamento e a capacidade de pagamento da empresa. O emprego de dados retirados somente do balanço patrimonial fornece um caráter estático aos índices; por exemplo, os índices de liquidez só mostram a capacidade de pagamento na data do balanço. Para se ter uma visão da dinâmica desses índices, é preciso revê-los dentro de um contexto de tendência e à luz de fluxos futuros de lucros ou de caixa.[11]

Os indicadores econômico-financeiros mais importantes para análise das demonstrações financeiras são apresentados no Quadro 10.4, bem como sua fórmula, seu parâmetro e seu conceito básico.

Quadro 10.4 *Painel de indicadores econômico-financeiros.*

Indicadores	31/12/X1 (*)	31/12/X2 (*)	Fórmula	Conceito	Parâmetro
Indicadores de capacidade de pagamento					
Liquidez imediata	0,29	0,46	Disponibilidades /Passivo circulante	Capacidade de pagamento de todo passivo circulante apenas com recursos de caixa	Quanto maior, melhor
Liquidez corrente	2,03	2,01	Ativo circulante / Passivo circulante	Capacidade de pagamento de dívidas de curto prazo	Acima de 1, sendo considerado normal 1,50
Liquidez seca	0,88	1,05	Ativo circulante – Estoques/Passivo circulante	Idem, liquidez corrente, tirando estoques por não serem facilmente realizáveis	Entre 0,60 e 0,70
Endividamento geral	1,88	1,94	Passivo circulante + Exigível longo prazo / Patrimônio líquido	Indicador de solvência ou cobertura de dívida com todos os credores	Até 1,00. Acima de 1,00, no Brasil, é excessivo
Endividamento financeiro	1,50	1,52	Empréstimos e financiamentos/ Patrimônio líquido	Indicador de solvência ou cobertura de dívida com os credores bancários	Até 1,00. Acima de 1,00, no Brasil, é excessivo
Índice de cobertura de juros	3,02	1,94	Lucro operacional /Juros financiamento	Indicador da capacidade de pagamento dos encargos com capital de terceiros	Quanto maior, melhor
Indicadores de atividade					
Prazo médio de recebimento (dias)	25	31	Duplicatas receber – Clientes x 360 dias/Receita operacional bruta	Vendas médias diárias retidas em carteira, não recebidas por serem vendas a prazo	Padrão do setor ou produto, normal entre 30 e 60 dias

Prazo médio de pagamento (dias)	17	25	Duplicatas pagar – Fornecedores x 360 dias/ Compras brutas	Compras médias diárias retidas em carteira, não pagas por serem vendas a prazo	Padrão do setor ou produto, sendo normal ao redor de 30 dias
Prazo médio de estocagem de materiais (dias) (se comércio, é estoque de mercadorias)	65	65	Estoque de materiais x 360 dias/Consumo de materiais	Consumo médio diário retido em estoques. Estoque necessário para dias de produção	Quanto menor, melhor. Depende dos conceitos de estoque de segurança e administração de produção
Prazo médio de estocagem na produção (dias) na produção (dias)	15	20	Estoque de produtos processo x 360 dias/Custo dos produtos vendidos	Equivale ao ciclo médio de fabricação. Custo médio da fábrica em elaboração	Quanto menor, melhor. Depende dos conceitos de estoque de segurança e administração de produção
Prazo médio de estoque produtos acabados (dias)	17	16	Estoque de produtos acabados x 360 dias / Custo dos produtos vendidos	Equivale ao tempo médio de espera de produtos acabados antes da venda	Quanto menor, melhor. Depende dos conceitos de estoque de segurança e administração de vendas
Giro do estoque – global (vezes)	4,7	4,6	Custo dos produtos vendidos/Total dos estoques	Equivale à quantidade de vezes que a fábrica consegue produzir produtos no ano	Quanto maior, melhor. Depende dos conceitos de administração de produção/ vendas
Giro de ativo (vezes)	1,4	1,5	Receita operacional líquida/Ativo total	É a quantidade de vezes que a empresa consegue transformar o ativo em vendas	Quanto maior, melhor. Quanto mais giro, maior possibilidade de reduzir a margem operacional

Giro do patrimônio líquido (vezes)	4,7	4,4	Receita operacional líquida/ Patrimônio líquido	É a quantidade de vezes que a empresa consegue transformar o capital próprio em vendas	Quanto maior, melhor. Quanto mais giro, maior possibilidade de reduzir a margem líquida
Indicadores de rentabilidade					
Margem operacional	5,8%	3,4%	Lucro operacional/ Receita operacional líquida	Lucro operacional percentual conseguido em cada venda (antes dos juros e impostos)	Setorial/ produto. Quanto maior, melhor. Deve ser associado ao giro do ativo
Margem líquida	4,0%	2,4%	Lucro líquido após impostos/ Receita operacional líquida	Lucro final percentual conseguido em cada venda	Setorial/ produto. Quanto maior, melhor. Deve ser associado ao giro do capital próprio
Rentabilidade do ativo – bruto	9,3%	5,1%	Lucro operacional/ Ativo total	Equivale a capacidade operacional de geração de lucro antes dos impostos e juros	Setorial/ produto. Quanto maior, melhor. Deve ser associado ao giro do ativo
Rentabilidade do patrimônio líquido	18,5	10,5	Lucro líquido final/Patrimônio líquido	Equivale a remuneração do capital próprio. Indicador final de rentabilidade	Libor, Prime Rate, TJLP. Entre 12% e 15% é considerado bom, abaixo, fraco, e acima, ótimo
Análise de preços e retorno de ações					
Valor patrimonial por ação – R$ (quantidade de ações = 2.000.000)	2,00	2,14	Patrimônio líquido/ Quantidade de ações do capital	Equivale ao valor contábil unitário de cada ação	Não existe. Cada companhia declara seu capital social com quantidades diferentes de ações

Lucro por ação	0,37	0,23	Lucro líquido final/Quantidade de ações do capital	Equivale ao lucro anual que cabe a cada ação	Deve ter uma análise de rentabilidade similar à do Patrimônio Líquido
Dividendos por ação – R$	0,15	0,09	Dividendos propostos e distribuídos/ Quantidade de ações de capital	Equivale à parcela do lucro anual que será distribuída para cada ação	É base para avaliar o valor da ação no mercado, pois representa a rentabilidade "caixa" da ação
Cotação da ação no mercado – valor aleatório	2,80	1,40	Não tem	Equivale ao valor que o mercado dá para a empresa	Se for superior ao valor patrimonial, o mercado vê a empresa em crescimento; se inferior, o mercado vê a empresa com a rentabilidade prejudicada
P/L – relação preço/lucro (com valor de mercado)	7,57	6,22	Valor de mercado da ação/Lucro por ação	Equivale ao nº de anos em que o investidor recuperará o valor investido na ação	Para ações com maior risco, o mercado quer P/L menor, aceitando P/L maior em ações de menor risco. Ao redor de 8, é um número normal

Fonte: PADOVEZE[43] (2004, p. 225-229). Adaptado.

(*) Dados hipotéticos.

Quadro Resumo – *principais indicadores*

Indicadores de atividade	
PMRE – Prazo Médio de Rotação dos Estoques	$\dfrac{\text{Estoque Médio x 360}}{\text{CMV}}$
PMRV – Prazo Médio de Recebimento das Vendas	$\dfrac{\text{Contas a Receber de Clientes Médios x 360}}{\text{Receita Líquida de Vendas}}$
PMPC – Prazo Médio de Pagamento das Compras	$\dfrac{\text{Fornecedores Médios x 360}}{\text{Compras}}$
Identificação dos Dias Financiados (Ciclo Operacional x Ciclo Financeiro)	(PMRE + PMRV) – PMPC

Indicadores econômicos e financeiros

Liquidez	Liquidez Imediata	$\dfrac{\text{Disponibilidades}}{\text{PC}}$
	Liquidez Geral	$\dfrac{\text{AC + RLP}}{\text{PC + ELP}}$
	Liquidez Corrente	$\dfrac{\text{AC}}{\text{PC}}$
	Liquidez Seca	$\dfrac{\text{AC – Estoques}}{\text{PC}}$

Estrutura de Capital	Participação de Capitais de Terceiros (Grau de Endividamento)	$\dfrac{\text{(PC + ELP) x 100}}{\text{PL}}$
	Composição do Endividamento	$\dfrac{\text{PC x 100}}{\text{PC + ELP}}$
	Grau de Imobilização do Patrimônio Líquido	$\dfrac{\text{AP x 100}}{\text{PL}}$
	Grau de Imobilização dos Recursos não Correntes	$\dfrac{\text{AP x 100}}{\text{PL + ELP}}$

Rentabilidade	Giro do Ativo	$\dfrac{\text{Vendas Líquidas}}{\text{Ativo Médio}}$
	Margem Líquida	$\dfrac{\text{Lucro Líquido x 100}}{\text{Vendas Líquidas}}$
	Rentabilidade do Ativo (ROA ou ROI)	$\dfrac{\text{Lucro Líquido x 100}}{\text{Ativo Médio ou Total}}$
	Rentabilidade do Patrimônio Líquido (ROE)	$\dfrac{\text{Lucro Líquido x 100}}{\text{Patrimônio Líquido Médio ou Total}}$
	Análise do ROI pelo Modelo DuPont	Margem Líquida x Giro do Ativo

Alavancagem	GAF – Alavancagem Financeira	$\dfrac{\text{ROE}}{\text{ROA/ROI}}$
	GAO – Alavancagem Operacional	$\dfrac{\Delta \text{ VLOP (Variação no Lucro Operacional)}}{\Delta \text{ VA}_t \text{ (Variação no Volume da Atividade)}}$
	GAT – Alavancagem Total	GAF x GAO

11

Uma Nova Visão Econômica e Financeira (Nova Versão de Lucro)

Este capítulo trata do estudo dinâmico integrado da situação de equilíbrio financeiro da companhia, apresentando inclusive indicadores que avaliam o ciclo operacional.

11.1 Indicadores Ebitda e Nopat (lucro operacional líquido depois dos impostos)

As empresas vêm redescobrindo indicadores clássicos na área de finanças; contudo, formulados de modo moderno e sofisticado, e disseminando seu emprego de maneira globalizada. Este é o caso do indicador *Earning Before Interest, Taxes, Depreciation/Depletion and Amortization* – EBITDA – que, traduzindo para o português, significa o Lucro Antes dos Juros, Impostos (sobre lucros), Depreciações/Exaustões e Amortizações – LAJIRDA.

O EBITDA é um indicador de desempenho muito conhecido e tratado há muito tempo pelos analistas de balanço. Em outras palavras, é o caixa gerado pelos ativos tipicamente operacionais.

O EBITDA mede a *performance* operacional, que constitui as receitas operacionais líquidas, menos os custos e as despesas operacionais, com exceção das depreciações e amortizações, juros e imposto. Este indicador elimina os impactos derivados dos principais itens que não influenciam o caixa (depreciação, exaustão e amortização dos ativos), da estrutura de capital (juros e benefício fiscal) e de amortizações ou obtenções de empréstimos. Por serem independentes da estrutura de capital, empresas com níveis de capitalização distintos podem ser comparadas com esse indicador; isso representa uma vantagem para o EBITDA e um dos motivos de ele ser o mais empregado para finalidades de avaliação para compra e venda de empresas.[26]

O EBITDA não deve ser confundido com o fluxo de caixa para a empresa, que é a melhor forma de medir quanto o caixa da empresa está gerando, pois considera o lucro, acrescenta as despesas que não impactam o caixa, tais como: depreciação, exaustão, amortização, provisões, e inclui as variações dos investimentos em ativos fixos e no capital de giro, as quais também geram ou consomem caixa, que são as variações em contas a receber, contas a pagar, estoques, entre outras. Dessa forma, é perfeitamente possível uma empresa ter EBITDA positivo e fluxo de caixa negativo.

O valor da empresa é conseguido a partir do seu fluxo de caixa, o qual é fortemente relacionado ao EBITDA. A principal vantagem do EBITDA sobre o fluxo de caixa é a simplicidade de seu cálculo a partir dos demonstrativos financeiros. Uma outra vantagem é não precisar de estimativas médias ou estimadas de contas como a de investimentos, que podem variar muito por motivos de planos de ampliação da empresa. Isso vem a coincidir com a alta popularidade do EBITDA. Vale a pena ressaltar de que o EBITDA pode supervalorizar empresas que necessitam de elevados investimentos para crescer.

Um levantamento feito por M. Kim e J. Ritter publicado pelo *Journal of Financial Economics* (1999)[26] relata que o EBITDA é o indicador que mais gera precisão na avaliação de empresas bem estabelecidas que estão abrindo o capital. Esse mesmo estudo mostrou também que a avaliação melhora quando se emprega EBITDA estimado.

Muitas empresas estipulam a remuneração de determinados executivos a partir de metas de EBITDA. Assim sendo, os executivos são avaliados pela *performance* operacional, não incluindo o impacto dos investimentos em imobilizado (é excluído o valor das depreciações e amortizações) nem da estrutura de capitais. Para algumas atividades em que as estruturas das companhias possam ser muito semelhantes, o EBITDA fornece também uma medida comparativa de desempenho com a concorrência.

É relevante ressaltar que a política de gestão de capital de giro, em particular a concessão de crédito e de prazos a clientes, pode interferir de modo expressivo na necessidade líquida de capital de giro e nas perdas com inadimplência, o que acarreta impacto na estrutura de capital e nos resultados sem ser refletido no EBITDA.

Assaf Neto[27] comenta que a grande novidade do EBITDA no tocante à análise do desempenho global de uma companhia por meio do fluxo de caixa, independentemente dos reconhecidos méritos relacionados ao índice, talvez esteja em sua proposta de se tornar uma medida financeira globalizada. Se confrontar o EBITDA de empresas de distintas economias, a comparação de resultados é prejudicada, em particular, pelas variações da legislação tributária e políticas de depreciação adotadas. Ao se compararem os resultados operacionais de caixa líquidos dessas despesas, como propõe o indicador, os valores passam a refletir o potencial de caixa das entidades sem a interferência de práticas e normas legais adotadas de modo peculiar pelos inúmeros países.

Net operating after taxes (NOPAT), em português, lucro operacional líquido depois dos impostos (LOLDIR), é um conceito mais amplo, porque considera o impacto do desgaste do imobilizado e do imposto incidente sobre o resultado operacional. Por considerar a depreciação e a amortização, possibilita uma estimativa de a capacidade de a companhia repor seus ativos desgastados em suas transações. Ele considera também os impostos incidentes sobre o lucro ou resultado operacional.

Vejamos nos Quadros 11.1 e 11.2 alguns exemplos de EBITDA e NOPAT.

Quadro 11.1 *Demonstrativo de resultado da empresa ECS Empreendimentos.*

Empresa ECS Empreendimentos	2005 – Mil R$
Receitas líquidas de vendas	20.000
Custo dos produtos vendidos	(11.000)
Lucro bruto	9.000
Despesas com vendas	(950)
Despesas administrativas e outras	(1.400)
EBITDA	6.650
Depreciação e amortização	(1.200)
Lucro operacional antes do IR (EBIT)	5.450
Despesas financeiras líquidas	(1.000)
Lucro antes dos impostos	4.450
Resultado não operacional	2.000
Provisão para IR e CSSL	(1.550)
Lucro líquido	4.900

Notas: a) EBITDA = Lucro antes dos Juros, Impostos (sobre o Lucro), depreciação, amortização e receitas.

b) EBIT = Lucro antes dos Juros e Impostos (sobre o Lucro).

O EBITDA calculado é R$ 6.650, apontando o resultado operacional antes do imposto de renda/CSSL e das despesas que não constituem transações efetivas de caixa (depreciação):

EBITDA = 5.450 (lucro operacional) + 1.200 (depreciação) = 6.650.

Quanto maior essa medida, mais alta representa a capacidade de geração de liquidez da companhia voltada para atividades de natureza estritamente operacional.

O EBITDA é capaz de cobrir 6,65 vezes (6.650 (EBITDA)/1.000 (despesas financeiras)) as despesas com juros de competência do exercício, o que avalia a capacidade da companhia em remunerar, em termos de caixa, seus credores com os recursos gerados pelas aplicações em seus ativos operacionais.

Quadro 11.2 *Demonstrativo interno de resultados da empresa ACQ Consultoria.*

Empresa ECS Consultoria	2005 – Mil R$
Receita operacional bruta	850.000
(–) Impostos sobre vendas	(204.000)
Receita operacional líquida	646.000
(–) CPV	(410.000)
(–) Depreciações	(28.600)
Lucro bruto	381.400
(–) Despesas comerciais	(65.000)
(–) Despesas administrativas	(32.500)
(–) Provisão para devedores duvidosos	(2.500)
Lucro operacional	281.400
(–) Despesas financeiras líquidas	(10.700)
(+/–) Equivalência patrimonial	5.600
(+/–) Resultado não operacional	(1.500)
Lucro líquido antes do IR/CSSL	274.800
(–) Provisão IR e contribuição social	(38.472)
Lucro líquido do exercício	236.328

Quadro 11.3 *Cálculo do EBITDA e NOPAT da empresa ECS Consultoria.*

Empresa ACQ Consultoria Resultado operacional líquido	2005 – Mil R$
Lucro operacional EBIT* ou LAJIR**	281.400
Depreciações	28.600
EBITDA ou LAJIRDA	310.000
Depreciações	(28.600)
EBIT ou LAJIR	281.400
Imposto de renda e contribuição social***	(95.676)
NOPAT**** ou LOLDIR	185.724

* EBIT – *Earnings Before Interest and Taxes.*

** LAJIR – Lucro Antes dos Juros e do Imposto de Renda.

*** Foi considerada uma alíquota de IR de 15% mais um adicional de 10% sobre o lucro antes do IR mais uma alíquota de 9% de contribuição social.

**** NOPAT – Lucro operacional líquido depois dos impostos.

O EBITDA calculado é de R$ 310.000, apontando o resultado operacional antes do imposto de renda/CSSL e das despesas que não constituem transações efetivas de caixa (depreciação):

EBITDA = 281.400 (lucro operacional) + 28.600 (depreciação) = 310.000.

11.2 Indicador – Valor Econômico Agregado

Economic Value Added (EVA) ou *Market Value Added* (MVA), em português, significa Valor Econômico Adicionado ou Agregado (VEA), ou Valor de Mercado Adicionado ou Agregado (VMA) patenteado pela empresa de consultoria Stern Stewart & Company, muito embora seja um conceito antigo, trouxe sua contribuição para a análise financeira; por considerar o custo de oportunidade do capital próprio. O lucro líquido contábil é constituído depois que considerar as receitas, custos e despesas, inclusive as despesas financeiras, no entanto, *não considera o custo do capital próprio*. De acordo com o conceito do EVA, a empresa só gera valor para os acionistas se seus lucros forem superiores ao custo de todo capital empregado em suas operações.

EVA é a principal metodologia empregada para medir a criação de valor das empresas, enquanto o fluxo de caixa descontado é usado para fins externos e para análise de investimentos. O EVA/MVA é muito utilizado para finalidades internas, sendo a principal metodologia para análise de desempenho e gestão de valor.

Pode-se dizer de forma resumida:

Receita líquida de vendas/serviços

(–)   custos e despesas variáveis

(=)   Margem de contribuição

(–)   custos e despesas fixas

(=)   lucro operacional (EBITDA)

(–)   Depreciação/amortização

(–)   custo do capital de terceiros (líquido)

(–)   impostos

(=)   lucro líquido do exercício

(–)   custo do capital próprio

(=)   lucro econômico (EVA)

Dessa forma, o EVA é uma medida de avaliação de desempenho que considera todos os custos de operação, inclusive os de oportunidade. Ele representa o resultado operacional depois dos impostos da companhia, menos os encargos pela utilização do capital de terceiros e de acionistas, e mede quanto foi gerado a mais em relação ao retorno mínimo exigido pelos fornecedores de capital (investidores e acionistas) da organização.

O EVA tem sido considerado atualmente o melhor modelo de avaliação da geração ou não de valor para as empresas. Ele pode ser aplicado genericamente para a empresa como um todo, como podem ser aplicadas às unidades de negócios, linhas de produtos ou atividades. Ele busca confrontar o lucro contábil com um custo de oportunidade de capital.

A finalidade dos administradores é gerar valor para o acionista. Para saber se a criação de valor está acontecendo, é necessário estipular o valor da empresa e acompanhá-lo continuamente.

Assim, o administrador pode tomar ou participar de decisões que provocam impacto diretamente no fluxo de caixa e/ou nos lucros da empresa, participando ativamente nas análises de projetos. As decisões tomadas pelo administrador devem aumentar o valor de mercado das companhias. Se a companhia tiver ações em bolsa de valores, a capacidade de seus administradores de gerar lucros crescentes, isto é, melhorar os EVAs, se traduzirá na alta da cotação dos papéis nos pregões ou na obtenção de melhores resultados. Portanto, gerar valor se traduz em aumentar o valor da empresa para seus acionistas.

As principais vantagens do uso do EVA são:[26]

- O custo do capital utilizado é explicitamente considerado nas análises de investimento e desempenho.

- Os objetivos da empresa são melhores definidos, permitindo que os administradores trabalhem centrados nas mesmas metas.

- Há melhor integração entre planejamento estratégico e finanças, possibilitando que todos os administradores trabalhem com os mesmos conceitos, procedimentos, finalidades e focos de ação quanto aos objetivos da empresa.

- É definida uma taxa de retorno mínima a ser requerida nos projetos novos e atuais. Dessa forma, os objetivos da companhia são definidos de modo claro, objetivo, consistente e quantificável.

- São colocados em evidência assuntos como estrutura de capital (relação dívida/patrimônio líquido), custo do capital de terceiros, custo de capital próprio, política de dividendos e custo de manutenção de ativos não operacionais.

- Estabelecimento de um critério justo para negociação da remuneração variável dos administradores.

- Motivação para o envolvimento dos administradores na gestão dos negócios, porque dá oportunidade de que cada um disponha de parâmetros para mensurar o valor de sua contribuição na geração de valor para os acionistas.

- Os executivos de planejamento estratégico têm uma visão certa das principais variáveis que provocarão impacto na geração ou na destruição de valor da empresa, isto é, todos ficam focados em um mesmo raciocínio financeiro, isso ocasiona otimização de recursos.

- Todos começam a pensar e a agir como se fossem acionistas.

- Os administradores pensam e agem considerando o impacto de longo prazo em suas decisões, face à necessidade de planejar o fluxo de dividendos para estipular o valor da empresa.

- A análise das unidades de negócios, empresas e produtos pode ser feita de maneira isolada, auxiliando a companhia a tomar decisões estratégicas de foco, como diversificar, ampliar etc., baseadas no valor gerado, o que se torna uma vantagem para ela.

A seguir, um exemplo do cálculo do EVA.

Quadro 11.4 *Cálculo do EVA adaptado.*

	Demonstrativo do cálculo do EVA	20X1
1	Ativo imobilizado (máquinas, equipamentos, veículos)	306.030
2	Ativo diferido	22.560
3	Investimento operacional em giro	125.770
4	Caixa mínimo de transações	24.500
5	Capital operacional líquido (1 + 4)	478.860
6	EBITDA	310.000
7	Depreciações	(28.600)
8	EBIT (6 – 7)	281.400
9	Imposto de Renda e contribuição social (34% sobre 281.400)	(95.676)
10	NOPAT (8 – 9)	185.724
11	Taxa de custo médio ponderado de capital (16,5% após o IR e contribuição social)	16,5%
12	Custo de capital (16,5%) × 478.860	(79.012)
13	EVA (10 – 12)	106.712

NOTA: NOPAT = lucro operacional líquido depois dos impostos.

O EVA é o NOPAT menos o custo do capital empregado, próprio ou de terceiros, para financiar as aplicações nos ativos operacionais. O custo de capital é calculado da seguinte maneira: multiplica o percentual do custo médio ponderado de capital, que no exemplo é 16,5% (estimado), pelo valor do capital operacional líquido. Para calcular o custo médio ponderado de capital (CMPC), em inglês corresponde a *Weighted Average Cost of Capital* (WACC), devem-se ponderar os custos pelos respectivos percentuais de capital próprio e de terceiro.

O custo de capital próprio corresponde ao retorno que os investidores poderiam conseguir em alternativas de investimento de igual risco, isto é, o custo de oportunidade ou a taxa de retorno exigida pelos acionistas. Dessa forma, se a companhia usasse somente capital próprio, seu custo de capital seria a taxa de retorno requerida pelos acionistas. Como a empresa usa diversas fontes de recursos, a taxa de retorno requerida sobre cada uma dessas fontes é chamada de custo componente. Adicionalmente, as companhias estabelecem suas estruturas de capitais, definindo as participações que julgam ideais em termos de composição de utilização de capitais próprios e de terceiros.

As dívidas das empresas podem ser formadas de recursos contratados com taxas prefixadas ou pós-fixadas. O custo da dívida [$Kd \, (1 - T)$], onde Kd representa o custo do capital de terceiros antes de computar o benefício da dedutibilidade das despesas financeiras na tributação do lucro e T é a alíquota de tributação incidente sobre o lucro, isto é, o Imposto de Renda e a contribuição social.

No caso da ECS Consultoria, as despesas financeiras em 2005 foram de R$ 10.700 (Quadro 11.2); depois de considerar a alíquota de 34% (IR e contribuição social), terá o impacto líquido de R$ 7.062 das despesas financeiras sobre o lucro, isto é, R$ 10.700 x (1 – 0,34). Então, as despesas financeiras diminuíram a carga tributária em R$ 3.638.

É importante ressaltar que o cálculo do custo de capital de terceiros a partir das demonstrações contábeis publicadas pode conter certo grau de imprecisão. No caso apresentado da ECS Consultoria, as despesas financeiras são líquidas das receitas financeiras. Considerando que a companhia não informou o valor das receitas financeiras geradas no período, não se sabe qual foi o valor das despesas financeiras contabilizadas durante o ano de 2005.

Outro problema é determinar o custo da própria dívida. O balanço patrimonial publicado da empresa apresenta o valor da dívida na data de seu encerramento e os valores das dívidas nesse dia podem não ser representativos de suas respectivas médias durante o ano. Se a empresa apresenta algum tipo de sazonalidade em suas transações, aumenta a dificuldade para calcular a dívida média anual. Os analistas externos, para conseguir uma boa estimativa da dívida média anual com base nas demonstrações contábeis publicadas, precisariam pelo menos de seus valores trimestrais.

Vejamos outro exemplo para calcular o EVA:

a) Certa empresa possui uma estrutura de capital formada da seguinte maneira: R$ 1.000 se refere ao passivo operacional; R$ 5.000 se refere ao capital de terceiros (CT); e R$ 6.000 se refere ao capital próprio (CP).

b) O custo de capital de terceiros total bruto é de 10% a.a., e as alíquotas de IR e contribuição social são de 34%, então o custo de capital líquido é de 6,6% a.a. (34% x 10 = 3,4% – 10% = 6,6%); e o custo de capital próprio projetado é de 13,2% a.a.

c) Despesas – R$ 3.000.

Receitas financeiras provenientes da aplicação do caixa operacional – R$ 200.

Despesas financeiras provenientes de empréstimos conjunturais, como *hot money*, desconto de duplicatas etc. – R$ 500.

d) Recuperação do IR, isto é, benefício fiscal – 34%.

Pede-se calcular:

- O custo médio ponderado de capital (CMPC).
- Montar a tabela de demonstrativo de resultados para 20X1, considerando os dados informados.
- EVA.

Solução:

Cálculo do custo médio ponderado de capital:

CPMC = (5.000/11.000) x 6,6% + (6.000/11.000) x 14% = (3,0% + 7,64%) = 10,64% a.a.

Legenda:

a) 5.000 capital de terceiros b) 11.000 soma capital de terceiros e capital próprio c) 6.000 capital próprio d) 14% custo de capital próprio e) 6,6% custo de capital líquido

A mensuração do CMPC serve para balizar o retorno mínimo a ser alcançado pela gestão sobre o ativo operacional líquido, ou seja, se o CMPC é de 10,64% a.a., o retorno sobre o investimento operacional deve ser, pelo menos, igual a 10,64% a.a.

Quadro 11.5 *Demonstração de Resultados para o ano de 20X1.*

Demonstração de Resultados	20X1 – R$
Vendas brutas	12.000
(–) Impostos	(1.000)
(=) Vendas líquidas	11.000
(–) Custos mercadorias vendidas	(6.000)
(=) Lucro bruto	5.000
(–) Despesas operacionais	(3.000)
(+) Receitas financeiras	200
(–) Despesas financeiras outras (não incluso no custo da dívida)	(500)
Lucro operacional	1.700
(–) Imposto de Renda e CSSL (34%)	(578)
(=) Lucro operacional após o IR (NOPAT)	1.122
(–) Juros/CCT (34% – R$ 500 = R$ 170/benefício fiscal)*	(330)
(=) Lucro líquido após o IR	792
(–) Custo do capital próprio**	(792)
(=) EVA	0

*Juros/CCT = Bruto 10% x R$ 5.000 (capital de terceiros) = R$ 500; recuperação do IR = 34% x R$ 500 – R$ 170; então, os juros líquidos correspondem a R$ 330.

** 13,2% a.a. x R$ 6.000 (capital próprio) = R$ 792.

Comentários:

- Vendas brutas até lucro operacional equivalem ao gerenciamento do ativo.
- Lucro operacional até EVA equivalem aos gastos com a estrutura de capital.
- O EVA de zero representa uma recuperação do ativo operacional líquido de 10,20% a.a. (1.122 lucro líquido/11.000 vendas líquidas) contra um custo médio ponderado de capital (CMPC) de 10,64% a.a. Portanto, o retorno sobre o investimento operacional de 10,20% a.a., em relação ao CMPC de 10,64% a.a., ficou negativo em (0,44% a.a.), o que representa uma perda para o investidor.
- Observa-se que o lucro operacional de R$ 1.122 evidencia uma linha de corte. Acima do lucro operacional de R$ 1.122 estão os gastos da operação, tais como matérias-primas, salários, energia, telefone etc.; e abaixo do lucro operacional de R$ 1.122 estão os gastos com a estru-

tura de capital: R$ 330 pela existência de capital de terceiros e R$ 792 pela existência de capital próprio.

- As estratégias para a criação de valor para o acionista poderão se mexer tanto na parte de cima, isto é, elevar receitas e/ou reduzir gastos operacionais, quanto mexer na parte de baixo, isto é, diminuir os custos com a estrutura de capital.

11.3 Como otimizar custos e eliminar desperdícios como forma de aumentar o lucro para os acionistas

O sistema de custos integra um sistema mais amplo, que é o de gestão; assim, o sistema de custos deve estar em linha com o sistema de gestão, de modo que as informações produzidas dêem bons resultados e que os administradores utilizem completamente as informações fornecidas pelo sistema.

11.3.1 *Importância*

Com o atual ambiente competitivo que as empresas enfrentam, o sistema de custos tem que acompanhar essa evolução, sob pena de se tornar inútil, podendo fornecer informações imprecisas, o que favorece a tomada de decisões erradas.

Dentro deste contexto, uma das principais diferenças entre a empresa antiga e a moderna é a preocupação da contínua melhoria em suas atividades. As companhias precisam buscar constantemente seu aprimoramento, não somente com inovações tecnológicas, mas também com a eliminação de desperdícios existentes no processo. A empresa que não se atualiza corre o risco de ser engolida pelos concorrentes, pois todas as atividades de uma empresa podem ser melhoradas de alguma forma.

É fundamental que, no processo de melhoria contínua, a eliminação de desperdício esteja presente. Entende-se como desperdício todo o insumo consumido de maneira não eficiente e não eficaz, desde materiais e produtos defeituosos até atividades desnecessárias. As empresas querem reduzir seus desperdícios, mas existe uma atitude tradicional, que é a acomodação diante da situação existente. Já a empresa atual busca a diminuição dos desperdícios através de atividades de racionalização da produção e do processo de atualização tecnológica.

Em geral, os esforços da companhia podem ser divididos em trabalho e desperdícios. O trabalho pode ser dividido em trabalho que agrega valor e trabalho que não agrega valor. O trabalho que agrega valor, ou trabalho efetivo, são atividades que de fato aumentam o valor do produto, do ponto de vista do consumidor ou cliente. Normalmente, são atividades de transformação que mudam o produto fisicamente, por exemplo. O trabalho que não agrega valor ou trabalho adicional é entendido como atividades que não aumentam o valor do produto ou serviço; no entanto, fornecem suporte para o trabalho efetivo, como, por exemplo, atividades de preparação de máquinas e manutenção.

Os desperdícios não adicionam valor aos produtos e também não são necessários ao trabalho efetivo, sendo que, muitas vezes, até reduzem o valor destes produtos. Podem ser dados como exemplos: produção de peças defeituosas, capacidade ociosa, trabalhos em duplicidade, processos não organizados e documentados, desvios, altos custos de implantação de novas tecnologias, sem o benefício obtido no prazo desejado, entre outros.

11.3.2 Objetivos

O princípio do sistema de custo norteia o tratamento das informações, enquanto o método coloca em operação esse princípio. Em geral, os princípios de custos estão voltados para os objetivos dos sistemas de custos, os quais estão relacionados aos objetivos da contabilidade de custos, tais como avaliação e controle de estoques; avaliação dos componentes que formam o preço de um produto ou serviço; auxílio na tomada de decisão; entre outros.

Quanto à eliminação de desperdícios, a empresa moderna de qualquer segmento tem que se adaptar à nova realidade do mercado, isto é, melhorar suas atividades de forma contínua e eficiente para sobreviver. Um dos objetivos da administração é a identificação e a eliminação dos desperdícios provenientes das atividades executadas nas áreas de produção, vendas e administração (principalmente, quanto às despesas fixas).

Um sistema que visualize a identificação e a quantificação sistemática dos desperdícios de uma companhia é muito útil para ajudar no processo de análise e melhoria da eficiência interna dos processos produtivos, sendo uma poderosa ferramenta de suporte gerencial. Portanto, isso é outro objetivo dos sistemas de custos voltados para fornecer suporte à empresa moderna com o propósito de buscar continuamente a excelência na produção e administração.

11.3.3 Relação custo-benefício-risco

A implantação de um sistema de apuração de custos, especialmente quando integrada à contabilidade, pode ser cara para a companhia, pois exige pessoal e *software* especializados. Assim sendo, devem-se avaliar os resultados obtidos com a implantação desse sistema, se compensa com os custos requeridos, bem como o risco em que a empresa incorre se não implantá-lo, principalmente se for voltado para apoio na precificação dos produtos e serviços. Use sempre o bom senso decisório, e pense na relação de custo, risco e retorno.

Em tempos de alta inflação, os resultados obtidos por um sistema de apuração de custos com base em custos históricos ficam distorcidos e exigem ajustes extracontábeis (gerenciais) para serem analisados, inclusive com adoção de moeda constante, quando for o caso.

O sistema de custo por absorção inclui os custos fixos que são apropriados aos produtos por intermédio de critérios de rateio nem sempre adequados.

Dessa forma, pode ser mais importante para a companhia manter um sistema de custeio:[19]

- para finalidades gerenciais com base no custo variável, valorizado ao custo-padrão atualizado;

- para fins fiscais, valorizar seus estoques conforme os critérios estipulados pela legislação, para as companhias que não têm sistema de apuração de custos integrado à contabilidade, inclusive para efeito de formação de preços;

- para identificar e quantificar os desperdícios, de modo a melhorar os processos das atividades exercidas pela empresa;

- a integração com o programa de gestão da qualidade reforça a demanda de estruturação do sistema de custos para efeito de análise de desempenho do programa.

O Capítulo 4, seção 4.3, aborda de maneira mais específica e detalhada não apenas os tipos de custo mais utilizados, como também vantagens, desvantagens e exemplos práticos.

11.3.4 *Aplicação prática na empresa*

A. Quanto à gestão de custos

A meta da empresa é gerar riqueza para seus donos, ou seja, ganhar dinheiro; no entanto, os gestores da companhia devem se preocupar com outros fatores, tais como:

- Qualidade de atendimento ao cliente.
- Sobrevivência do negócio, com sustentabilidade (visão de logo prazo).
- Contínuo desenvolvimento tecnológico.
- Responsabilidade social e respeito ao meio ambiente.

Quando a empresa quer criar um novo produto e lançá-lo no mercado, no sentido de otimizar custos e evitar que haja desperdícios, ela deve fazer um planejamento dos processos de custeio que terá de percorrer até chegar ao preço de venda final.

Os custos de um produto ou serviço iniciam-se muito antes da fase inicial dos processos produtivos. Estes custos se referem às fases de pesquisa e desenvolvimento do *design* do produto, estudos de viabilidade, projetos de engenharia, entre outros; tudo isso representa verbas que devem estar compromissadas para atender a todas estas fases antes de entrar na fase de produção, divulgação e comercialização.

Para a gestão de custos e da contabilidade gerencial, o efetivo custo de um produto corresponde aos gastos relativos às fases de concepção e planejamento, pesquisa e desenvolvimento, *design,* divulgação, produção, comercialização, suporte logístico, suporte pós-venda etc.

Quando o produto já está inserido na produção, fica mais difícil de conseguir reduções de custos significativos; nesses casos, deve ser revisto todo o ciclo de vida do produto.

B. Quanto ao desperdício

A seguir, são apresentadas algumas dicas na identificação de desperdícios, segundo Shingo (1981) *apud* Bornia:[17]

- Desperdícios por espera – representam a capacidade ociosa (mão-de-obra e instalações paradas) que gera custos; devem ser separados por atividades, mas a soma dos valores indica a ociosidade da companhia. Para evitar este tipo de desperdício, deve-se diminuir o tempo de preparação do maquinário, equilibrar a produção e aumentar a confiabilidade do sistema.

- Desperdícios por transporte – são referentes às atividades de movimentação de materiais. É recomendado que se elimine completamente este tipo de desperdício, pois não adiciona valor ao produto. Sua redução está atrelada à reorganização física da fábrica, de modo a diminuir ao mínimo as necessidades de movimentação de materiais.

- Desperdícios no movimento – representam o somatório das ineficiências das operações de produção, ou seja, equivalem às movimentações desnecessárias no trabalho de transformação. Os *layouts* das instalações também devem ser revistos.

- Desperdícios de produtos com defeitos – devem também ser separados por atividades, no caso de produtos refugados, ou seja, que não podem mais ser processados, somar os valores dos materiais e processamentos anteriores perdidos. Quando houver valor residual, deve ser abatido do valor perdido. O combate a este tipo de desperdício é básico para o controle de outros desperdícios.

- Desperdícios por superprodução – é a produção de itens acima do necessário ou produzidos com antecipação. A superprodução aumenta os estoques, o que mascara eventuais imperfeições no processo produtivo. Esse tipo de desperdício deve ser eliminado completamente; para isso, é necessário melhorar o processo, verificando o fluxo contínuo de materiais, e da diminuição dos tempos de preparação das máquinas; assim, consegue reduzir o tamanho dos lotes processados. Alguns especialistas em custos consideram como sendo os mais importantes.

- Desperdícios no processamento – referem-se às atividades de transformação desnecessárias para que o produto adquira as suas características básicas de qualidade, isto é, fazer peças, detalhes ou transformações que não são necessárias ao produto.

- Desperdícios de estoque – verificar o custo de manutenção de estoques e dos encargos financeiros correspondentes; quanto menores os estoques, menores serão os desperdícios.

- Desperdícios de matéria-prima – ocorre quando se gasta a matéria-prima de maneira não apropriada. Este tipo de desperdício pode ser encaixado dentro do desperdício por processamento, já que produz trabalho e/ou materiais não utilizados para a transformação dos produtos.

Antes de realizar qualquer mensuração dos desperdícios no processamento, deve-se fazer uma análise custo x benefício, pois em geral é trabalhosa e complexa, e às vezes não vale a pena fazê-la, sem um prévio planejamento.

C. Quanto à otimização das despesas e melhorias dos processos

Jacobsen[44] sugere um *checklist* para reduzir despesas administrativas e melhorar processos:

- Padronização de formulários, rotinas, processos, *layouts*, equipamentos, inventários, entre outros.
- Projeção das necessidades reais de pessoal.
- Implantação de planos de incentivos a redução de custos.
- Treinamento e rodízios de pessoal.
- Estudo de novos investimentos em imobilizados para melhoria da produção.
- Implantação de controle de estoque do tipo ABC.
- Criação de indicadores de mensuração de produtividade.
- Incentivo ao programa de gestão da qualidade total.
- Estudos de iluminação no local de trabalho.
- Implantação de política de uso do telefone, computador, Internet.
- Eliminação do equipamento ocioso ou obsoleto.
- Análise da possível substituição das horas extras por contratação de pessoal, utilização de banco de horas.
- Arrumação, limpeza e condições de segurança dos escritórios.
- Análise e atualização dos seguros e coberturas.
- Reavaliação de valores dos serviços bancários.
- Informatização de processos de trabalho.
- Política de otimização de impressão e xerox de documentos.
- Reavaliação de contratos de aluguel e serviços (todo contrato deve ter um gestor);

- Controle de gastos de telefonia, energia, impostos.

- As despesas e os custos fixos devem ser revisados periodicamente por especialistas, bem como revisão dos processos e análise de custos-benefícios em tecnologia da informação (TI).

D. Quanto à melhoria da lucratividade

Outras sugestões são relacionadas de modo que o administrador possa manter ou aumentar a lucratividade da empresa e conservar sua vantagem competitiva perante a concorrência:

- Compras – a procura por melhores condições junto aos fornecedores é fundamental para aumentar a lucratividade. Isso envolve negociações; criação de procedimentos para o processo de compras, como realização periódica de ao menos três cotações para os principais insumos; participação na formação de pequenos grupos de empresas para a realização de compras conjuntas, capazes de render preços melhores, pois vários pequenos negócios perdem competitividade por causa da falta de escala na aquisição da matéria-prima.

Negociar descontos, bônus sobre compras ou vendas, publicidade cooperada e rebate financeiros sobre compras.

- Dinheiro – escolher o banco mais conveniente às necessidades do empresário ou administrador, e utilizar os seus aspectos positivos para colher vantagens. A empresa pode conseguir, por exemplo, redução de taxas de juros e tarifas bancárias; pode barganhar com a folha de pagamento quando a entrega a uma instituição bancária, em troca de redução ou isenção de tarifas sobre serviços e taxas menores para a conta garantida ou outros tipos de crédito; devem-se também verificar as taxas mais vantajosas para investimentos e menores juros para financiamentos, bem como o *float* bancário, reciprocidades, redução de prêmios de seguros, consignações e limites de créditos.

- Estoques – não se deve ter o depósito cheio de mercadorias. A redução de estoques reflete nos custos financeiros. A automação pode ser de grande valia para o controle de estoques, o sistema informatizado além de reduzir a margem de erro no registro de entradas e saídas de mercadorias; pode contribuir para reduzir o volume armazenado. Outra medida benéfica pode ser a centralização de compras, que unifica as aquisições e o estoque de boa parte dos produtos. Outra forma de combater o desperdício é a reciclagem, isto é, transformação de produtos que vão para o lixo. Para reduzir as compras de insumos, muitas pessoas negociam com o fornecedor um estoque reservado para atender a pedidos inesperados. A entrega das mercadorias pode ser negociada com os fornecedores para entrega direta nos pontos-de-venda (isso evita o custo do frete).

Sempre que possível, obter estoque em consignação (custo zero). O giro, o prazo e o desuso dos estoques têm um efeito muito relevante na administração do fluxo de caixa; por isso, devemos ter muita cautela nesse item que compromete o capital de giro da empresa.

• Informática – o emprego adequado dos equipamentos e dos programas é precondição para que possa extrair o máximo da tecnologia. Existem várias maneiras de comprar de *softwares*, para efeito de economia de custos para a empresa:

1. licença por usuário;
2. licença por CPU (ou processador);
3. licença por faturamento da empresa;
4. licença por métrica setorial;
5. aluguel sem licença;
6. aluguel mais infra-estrutura;
7. pagamento por suporte/manutenção/*upgrade*;
8. *outsourcing* com taxa fixa;
9. *outsoursing* com taxa variável (por transação/por volume);

Perguntas:

a) Existe estudo financeiro para suportar a melhor opção de contratação (compra, locação ou *leasing*)?
b) Há como identificar se há taxas de juros embutidos no preço do contrato?
c) Como são tratados os encargos iniciais (despesas de importação)?
d) Como são repactuados os preços contratados?
e) No contrato, como são discriminados os serviços de *hardware*, *software* e manutenção, juntos ou separados, principalmente no que se refere ao preço?

• Instalações – a oferta de espaços compartilhados se multiplica e viabiliza um corte dramático nos custos fixos. A escolha de um escritório virtual é uma opção cada vez mais popular entre os empresários que trabalham no setor de serviços e pode ajudar a diminuir custos sem atrapalhar o desempenho da empresa.

• Logística – para obter resultados satisfatórios, a negociação entre fornecedores e compradores é primordial. Deve-se trabalhar com entrega programada, isto é, agendamento da entrega de mercadorias. Os padrões únicos, ou seja, padronização de altura e largura de produtos pode propiciar ganho de tempo com as operações de carregamento e descarregamento.

• Recursos humanos – nessa área podem-se otimizar custos de forma inteligente; não se trata somente de cortar pessoal, mas também de economizar gastos com a folha de pagamento, horas extras, encargos de treinamento e benefícios. O sistema de banco de horas é uma saída para não ter que pagar as horas extras dos funcionários, gerar uma economia de 50% sobre o valor da hora normal; também tem efeito na economia do Fundo de Garantia do Tempo de Serviço (FGTS), das férias e 13º salário.

O banco de horas permite fazer economias sem prejudicar o funcionário. Antes de adotar esse sistema, é necessário que os funcionários concordem e se estabeleça um acordo (vide legislação trabalhista) entre as partes, sendo que essas horas extras serão transformadas em dias de folga. Cada funcionário pode fazer por dia até duas horas extras; no entanto, esse número varia de acordo com a categoria; outro ponto a ser lembrado é de que essas horas acumuladas no banco de horas não podem durar mais de seis meses; antes de vencer o prazo, as horas devem ser transformadas em folga ou pagas.

O custo de treinamento deve ser medido e avaliado em relação ao seu retorno.

Contratação de estagiários, *trainees* e profissionais mais maduros desempregados, inclusive aposentados. Contratar empresas para fazer serviços que não sejam os da atividade-fim da empresa pode ser viável, mas devem-se comparar os custos antes de contratar terceirizados.

- Telefonia – diversos equipamentos encontrados no mercado permitem a diminuição significativa das despesas, como, por exemplo, o conversor de ligações, tarifadores, chamadas pela Internet, rádio digital e planos corporativos, dentre outros.

- Tributos – é possível pagar menos impostos; para isso, é preciso conhecer a legislação e fazer um planejamento tributário eficiente de forma lícita, inclusive através de contratação de consultores especializados. Peça referência dos consultores no mercado.

- Viagens – a aquisição de bilhetes antecipadamente e a opção por horários menos concorridos podem baixar os preços em até 20%.

- Publicidade – discutir com os fornecedores o ressarcimento de parte da despesa de publicidade cooperada dos produtos anunciados na mídia.

- Veículos – analisar as vantagens em termos de:
  – Padronização da frota;
  – Terceirização;
  – Sistema de manutenção e convênios com oficinas especializadas;
  – Controle de combustível;
  – Prêmios de seguros.

11.4   Análise do custo/volume/lucro

A análise do custo/volume/lucro determina a influência no lucro causada por oscilações nas quantidades vendidas e nos custos. Os princípios desta análise estão relacionados à utilização de sistemas de custo que ajudam no processo decisório de curto prazo. Esta importante ferramenta de análise econômica direciona para três relevantes conceitos: *margem de contribuição, ponto de equilíbrio e alavancagem operacional.*

11.4.1   *Margem de contribuição*

A margem de contribuição é o volume de vendas menos os custos variáveis; isso representa o lucro variável; portanto, a margem de contribuição unitária equivale ao preço de venda unitário do produto ou serviço menos os custos e despesas variáveis por unidade do produto ou serviço. Para cada unidade vendida, a empresa lucrará certo valor, que, multiplicado pelo total vendido, terá a margem de contribuição total do produto ou serviço da empresa.

Fórmula:

> Margem de contribuição unitária = Preço de venda unitário
> – Custos e despesas variáveis unitários

Exemplo:

Custos e despesas variáveis do produto X em R$:

– Matéria-prima e materiais diretos	540,00
– Materiais indiretos variáveis	26,00
– Mão-de-obra direta	250,00
– Comissões: (15% de R$ 2.000)	
Total custo variável	1.116,00
(preço de venda unitário R$ 300,00)	2.000,00

Produto X em R$		
Preço de venda unitário	2.000,00	100,00%
Custo variável unitário	1.116,00	55,80%
Margem de contribuição unitária	884,00	44,20%

Para cada unidade de Produto X vendido, a empresa recebe um lucro unitário de R$ 884,00; isso representa a contribuição unitária que o Produto X dá à empresa, para cobrir todos os custos e despesas fixas e também fornecer a margem de lucratividade desejada.

Em relação ao custeio variável, os custos e as despesas fixas são considerados custos periódicos, e não custos do produto.

11.4.2 *Ponto de equilíbrio*

O ponto de equilíbrio representa as receitas, que a empresa precisa produzir e vender para pagar os custos e despesas fixas, além dos custos e despesas variáveis em que ela incorre para fabricar e vender o produto. No ponto de equilíbrio, não existe lucro ou prejuízo; o lucro é zero. A partir de volumes adicionais de produção ou de venda é que a empresa passa a lucrar. O ponto de equilíbrio é também conhecido como ponto de ruptura ou *break-even point*.

É importante que a empresa saiba seu ponto de equilíbrio global e por produto individual, pois isso indica o nível mínimo de atividade que a companhia ou cada setor deve operar.

11.4.2.1 *Ponto de equilíbrio em quantidade*

Fórmula:

$$Q = CF/Mcu$$

Legenda: Q = quantidade

CF = custos e despesas fixas

Mcu = margem de contribuição unitária

Exemplo:

Custos e despesas fixas	$ 10.000,00
Margem de contribuição unitária	$ 2,5
Q = $ 10.000/2,5 = 4.000 unidades	0

11.4.2.2 *Ponto de equilíbrio em valores – contábil*

Para saber o ponto de equilíbrio em valores:

- Receita de Vendas (4.000 x 3,00)   12.000
  Menos: Custos e despesas variáveis (4.000 x 0,50)   (2.000)
- Margem de Contribuição   10.000
  Menos: Custo e despesas fixas   (10.000)
- Lucro   ∅

O ponto de equilíbrio operacional corresponde à quantidade de vendas que deve ser feita para cobrir todos os custos e as despesas fixas, deixando de fora as despesas financeiras e não operacionais. Assim, o ponto de equilíbrio operacional considera os seguintes itens:

- Receitas de vendas.
- Custos variáveis – equivalem ao custo dos produtos vendidos/produzidos.
- Despesas variáveis – equivalem às despesas operacionais tanto administrativas quanto de vendas.
- Custos fixos – equivalem ao custo dos produtos vendidos/produzidos.
- Despesas fixas – equivalem às despesas operacionais.

Para calcular o ponto de equilíbrio operacional com os dados já mostrados, serão tirados do total dos custos e das despesas fixas as despesas financeiras, conforme observado no item 11.4.2.1.

11.4.2.3   *Ponto de equilíbrio econômico e/ou meta*

Nesse caso, são inseridos os custos e despesas fixas mais o lucro mínimo desejado (LMD), que será dividido pela margem de contribuição unitária. Será obtida a receita mínima que gera lucro econômico. Assim, conclui-se que o verdadeiro lucro de atividade será obtido quando, contabilmente, o resultado for superior a esse retorno.

Fórmula:

$$\boxed{Q \text{ (em quantidade)} = CF + \text{lucro/MCU}}$$

Exemplo:

$$PEE = \frac{10.000 + 1.000}{2,5} = 4.400 \text{ unidades}$$

- Receita de Vendas (4.400 x 3,00) 13.200
  Menos: Custos e despesas variáveis (4.400 x 0,50) ...... (2.200)
- Margem de Contribuição 11.000
  Menos: Custo e despesas fixas ...... (10.000)
- Lucro 1.000

MCU = Margem de Contribuição Unitária.

11.4.2.4 Ponto de equilíbrio financeiro

No cálculo do ponto de equilíbrio financeiro se exclui a depreciação/amortização, pois nesse momento ela é uma despesa que não desembolsa dinheiro. É relevante em ocasiões de eventuais reduções da capacidade de pagamento da companhia.[16]

$$PEF = \frac{CF - \text{Depreciação}}{MCU}$$

$$PEF = \frac{10.000 - 1.000}{2,5} = 3.600 \text{ unidades}$$

- Receita (3.600 x 3,00) 10.800
  Menos: Custos e despesas variáveis (3.600 x 0,50) ...... (1.800)
- Margem de Contribuição 9.000
  Menos: Custo e despesas fixas ...... (10.000)
- Lucro (prejuízo) .... (1.000)

O prejuízo de $ 1.000 representa dizer que a empresa está abaixo do ponto de equilíbrio contábil (3.600 unidades vendidas mas cobrem os custos e as despesas), porém podemos afirmar que a empresa está em equilíbrio financeiro, pois a depreciação não gera desembolso no fluxo de caixa.

11.4.3 Alavancagem

A alavancagem ressalta-se pela sua capacidade em usar recursos já existentes para melhorar o desempenho da companhia. Ela utiliza os ativos operacionais e/ou recursos financeiros, com custos e despesas fixas, objetivando aumentar o retorno dos acionistas.

A alavancagem é considerada um instrumento de gestão financeira que pode trazer efeitos positivos ou negativos. Em ocasiões de crescimento das receitas e dos lucros, ela é favorável à existência de custos fixos, mas em ocasiões de queda, é desfavorável. Os três tipos de alavancagem são: operacional, financeira e combinada.

As principais características são:

a) formada pela capacidade de utilização de ativos ou fundos a um custo fixo.
b) o grau de alavancagem reflete a análise e a negociação feita entre risco e retorno.

11.4.3.1   Alavancagem operacional

É a possibilidade de acréscimo do lucro operacional (LAJIR), mediante o aumento da quantidade produzida e vendida, procurando maximizar custos e despesas fixas. Ela depende da margem de contribuição, isto é, do impacto dos custos e das despesas variáveis sobre o preço de venda unitário e dos valores dos custos e das despesas fixas. É comum ter produtos que possuem uma alavancagem maior que outros, em decorrência dessas variáveis.

A alavancagem operacional corresponde à relação entre o crescimento do lucro antes de juros e IR (LAJIR) e o crescimento das receitas operacionais.

Exemplo: A empresa ECS tem receita operacional de R$ 1.200.000, com custos variáveis de R$ 500.000 e custos fixos de R$ 390.000, e ela está estimando um crescimento das receitas para o próximo ano de 15%. Calcular o aumento do lucro antes de juros e imposto de renda (LAJIR).

Quadro 11.6 *Alavancagem operacional.*

Atividades	Valores em R$	
Receita operacional	1.200.000	1.380.000
(–) Custos e despesas operacionais variáveis	500.000	575.000
(–) Custos e despesas operacionais fixos	390.000	390.000
(=) Lucro antes de juros e Imposto de Renda (LAJIR)	310.000	415.000

% de variação no LAJIR = (R$ 415.000 – R$ 310.000)/R$ 310.000 = 33,9%

O grau de alavancagem operacional mede o impacto da alavancagem operacional da companhia nos seus lucros operacionais – LAJIR.

Fórmula: Grau alavancagem operacional (GAO)

GAO = Variação percentual no LAJIR/Variação percentual nas receitas

GAO = 33,9%/15% = 2,26%

Uma variação de 15% nas receitas da companhia traz impacto de 33,9% no LAJIR, isto é, 2,26 vezes de aumento.

11.4.3.2 Alavancagem financeira

A alavancagem financeira representa o resultado da existência de encargos financeiros fixos, para aumentar os efeitos de variações nos lucros antes de juros e Imposto de Renda (LAJIR) sobre o lucro por ações (LPA).

A alavancagem financeira acontece quando a empresa usa, em sua estrutura de capital, fontes de financiamento, como, por exemplo, debêntures, adiantamento de contrato de câmbio, entre outros; quando isso acontece, a companhia pode se beneficiar de um crescimento mais que proporcional no LPA, dado um crescimento do LAJIR. A alavancagem financeira se dá em dois sentidos, ou seja, crescimento ou queda do LAJIR, e seu efeito é o mesmo, sendo em sentido oposto. Também pode ser definido como a capacidade da companhia em maximizar o lucro por ação ou utilização de financiamentos bancários.

Exemplo: A empresa ECS Alimentos estima um lucro antes de juros e do Imposto de Renda de R$ 800.000 para o ano de 2006; ela possui uma dívida de longo prazo de R$ 250.000 por ano. Seu Imposto de Renda é de 25%, e possui 1.900 ações ordinárias. É avaliado o impacto sobre os lucros da companhia, caso aconteça: (a) uma queda de 15% no LAJIR; (b) um aumento de 15% no LAJIR.

Quadro 11.7 *Alavancagem financeira.*

Atividades	– 15%		+ 15%
LAJIR	680.000	800.000	920.000
(–) Juros	250.000	250.000	250.000
LAIR	430.000	550.000	670.000
(–) Imposto de Renda	107.500	137.500	167.500
LLDIR	322.500	412.500	502.500
LPA	– 21,82%		+ 21,82%

LPA: 502.500/1.900 = 264.47

  412.500/1.900 = 217.10

  Δ% = 21,82%

O efeito da alavancagem financeira faz com que uma variação de 15% do LAJIR cause uma variação no LPA de 21,82%, que pode ser positivo ou negativo.

% de variação no LPA = (R$ 502.500 – R$ 412.500)/R$ 412.500 = 21,82%

O grau de alavancagem financeira mede o impacto da alavancagem financeira da companhia nos lucros por ação (LPA).

Fórmula: Grau alavancagem financeira (GAF)

GAF = Variação percentual no LPA/Variação percentual no LAJIR

GAF = 21,82%/15% = 1,45%.

Uma variação de 15% no LAJIR da companhia traz impacto de 21,82% no LPA; representa 1,45 vezes de aumento.

11.4.3.3 Alavancagem combinada ou total

Alavancagem combinada ou total é o emprego de custos fixos operacionais e financeiros, para aumentar o efeito das variações nas vendas sobre o lucro por ação.

A fórmula da medida do grau de alavancagem total (GAT) é a seguinte:

GAF = Variação percentual no LPA/Variação percentual nas vendas

Com base no exposto sobre alavancagem, observa-se que, quanto maior a alavancagem da companhia, maior é o seu risco. O Quadro 11.8 mostra a estrutura da alavancagem que a relaciona com o Demonstrativo do Resultado do Exercício (DRE).

O resultado representa que, para cada 1% de aumento nas vendas, o lucro por ações aumentará 45% a mais. A alavancagem combinada pode também ser calculada com base na relação:

21,82%/15,0%= 1,45 vezes ou 45% a mais.

GAT = GAO/GAF

Nota: Quanto maior for a alavancagem operacional, maior será a combinação e vice-versa.

Quadro 11.8 *Alavancagem e Demonstrativo do Resultado do Exercício.*[32]

	Receita de vendas líquidas	
Alavancagem operacional	(–) Custos das mercadorias vendidas	
	(=) Lucro bruto	
	(–) Despesas operacionais	
	(=) Lucro antes de juros e Imposto de Renda (LAJIR)	
Alavancagem financeira	(–) Juros	Alavancagem combinada ou total
	(=) Lucro líquido antes do Imposto de Renda	
	(–) Imposto de Renda e CSLL	
	(=) Lucro líquido depois do Imposto de Renda e CSLL	
	(–) Dividendos de ações preferenciais	
	(=) Lucro disponível para acionistas comuns	
	Lucro por ação	

11.4.4   Margem de segurança

Equivale ao volume de vendas que ultrapassa as vendas calculadas no ponto de equilíbrio. O volume de vendas excedente pode ser tanto o valor das vendas previstas, como o valor real das vendas, para avaliar a margem de segurança.

Margem de segurança (MS) = vendas reais ou orçadas (–) vendas no PE (ponto de equilíbrio)

MS = R$ 2.000.000 – 1.539.000

MS = R$ 461.000

Fórmula:

% MS = MS em valor/vendas totais

Exemplo:

% MS = R$ 461.000/2.000.000

Percentual de MS = 23%

11.5 Utilização das informações contidas nas demonstrações contábeis pelo administrador financeiro como apoio no processo decisório empresarial

Novos conceitos, ferramentas e instrumentos têm surgido com o intuito de capacitar os administradores financeiros no processo decisório das finanças da empresa, o que permite melhor entendimento de como as organizações geram, aplicam e gerenciam seus recursos financeiros, de modo a criarem riquezas para os acionistas. Esta seção aborda um dos temas que vêm sendo muito discutido, a administração do capital de giro; no entanto, não temos a intenção de esgotar a matéria.

11.5.1 Administração do capital de giro

11.5.1.1 Conceitos básicos

Para o Prof. Roberto Braga,[28] "em sentido restrito, o capital de giro corresponde aos recursos aplicados no ativo circulante, formado basicamente pelos *estoques, contas a receber e disponibilidades*. Uma abordagem mais ampla contempla também os passivos circulantes (capital de giro próprio). Deste modo, a administração do capital de giro está relacionada com os problemas de gestão dos ativos e passivos circulantes e com as inter-relações entre esses grupos patrimoniais. Outro elemento fundamental é o capital circulante líquido que corresponde à parcela dos recursos permanentes ou de longo prazo (próprios e de terceiros) aplicada no ativo circulante".

Quadro 11.9 *Capital de giro com enfoque econômico.*

Capital de giro – enfoque econômico	
Ativo Circulante	200
(–) Passivo Circulante	60
(=) Capital de Giro	140

Quadro 11.10 *Capital de giro com enfoque financeiro.*

Capital de giro – enfoque econômico	
Exigível a Longo Prazo	300
(+) Patrimônio Líquido	100
(–) Realizável a Longo Prazo	100
(–) Ativo Permanente	160
(=) Capital de Giro	140

O Prof. Clóvis Padoveze[15] define a gestão do capital de giro como a gestão do ciclo de comprar, produzir e vender ou revender produtos e serviços. Ela se caracteriza pela gestão do conjunto de atividades do sistema empresa necessário para gerar produtos e serviços e entregá-los para sua comunidade de clientes. Significa, portanto, a gestão da utilização dos recursos necessários para o processo de transformação, a gestão do processo de transformação dos produtos e serviços e, finalmente, a gestão do processo de entrega dos produtos e serviços aos clientes.

Na opinião dos Profs. Assaf Neto e Tibúrcio Silva,[29] o capital de giro significa a administração das contas dos elementos de giro, ou seja, dos ativos e passivos correntes (circulantes), e as inter-relações existentes entre eles.

- Capital de giro (enfoque financeiro)

Exigível a Longo Prazo	
(+)	Fontes de Longo Prazo
Patrimônio Líquido	
(–)	(–)
Realizável a Longo Prazo	
(+)	Aplicações de Longo Prazo
Ativo Permante	
(=) Capital de Giro	(=)

A administração do capital de giro é caracterizada pelo estudo de ativos e passivos que constituem os grupos circulantes do balanço patrimonial, ativo circulante (disponibilidades, valores a receber, estoques e outras contas com liquidez) e passivo circulante (fornecedores, empréstimos e financiamentos, impostos, encargos e outras contas).

11.5.1.2 Os ciclos: operacional, financeiro e econômico

O constante aumento no nível de rotatividade do capital de giro aplicado ao negócio é fator decisivo para a manutenção do equilíbrio financeiro da operação. Então, é fundamental o acompanhamento sistemático do ciclo operacional, com destaque para os aspectos relevantes.

O ciclo operacional representa a gestão de cada atividade que envolve planejamento, execução e controle.

O *ciclo operacional* se inicia com a compra de matéria-prima (planejamento da produção e do recebimento da ordem de compra) e se estende até o recebimento de vendas (pedidos de venda, entrega do produto ou serviço e recebimento da venda).

Um ciclo operacional adequado refletirá de maneira positiva o comportamento e o uso do capital de giro investido. A otimização dos prazos médios de permanência de estoques, contas a receber e contas a pagar deve ser um propósito permanente por parte do administrador financeiro.

O ciclo financeiro representa o efetivo pagamento de cada evento econômico em termos de fluxo de caixa.

O *ciclo financeiro* representa o tempo entre o pagamento a fornecedores (compra e estoque) e crédito dos impostos e o recebimento de vendas.

O *ciclo econômico* se constitui pelo prazo decorrido entre as entradas de matérias-primas ou compras (compra e estocagem) e crédito dos impostos e as saídas de produtos acabados ou vendas (efetivação da venda), enquanto o ciclo financeiro, como já visto, constitui-se pelo prazo decorrido entre as saídas de caixa (pagamentos a fornecedores) e as entradas de caixa (recebimentos dos clientes). Como se vê o ciclo financeiro mostra-se defasado em relação ao ciclo econômico, porque os movimentos de caixa acontecem em tempos posteriores aos tempos das compras de matérias-primas e das vendas de produtos acabados.

A Figura 11.1 ilustra os três ciclos: operacional, econômico e financeiro. A primeira e a segunda colunas descrevem as fases dos ciclos; a terceira coluna mostra que o *ciclo operacional* abrange todas as fases, isto é, inicia-se na fase de planejamento e termina na fase de recebimento da venda; a quarta coluna apresenta o *ciclo econômico*, que se inicia nas fases de compra e estoque, e crédito dos impostos, e termina na fase de venda; a quinta coluna apresenta o *ciclo financeiro*, que se inicia na fase de pagamento das compras e termina na fase de recebimento de venda; e por último, a sexta coluna mostra os tempos, que se inicia no T0 (fase de planejamento) e termina no T9 (fase de recebimento da venda).

		O			T0
Planejamento	–	O			T0
Ordem de compra	–	P			T1
Compra e estoque	Crédito dos impostos	P E	E		T2
Pagamento das compras	–	E	C	F	T3
Consumo de materiais	Processo de fabricação e consumo dos demais recursos industriais	R A C	O N Ô	I N A	T4
Produção e estoque de produtos acabados	–	I O	M I	N C	T5
Pedido do cliente	–	N	C	E	T6
Venda	–	A	O	I	T7
Recolhimento dos impostos	–	L		R	T8
Recebimento da venda	–			O	T9

Figura 11.1 *Ciclos: operacional, econômico e financeiro.*

11.5.1.3 Estrutura das contas do balanço
(Lei nº 6.404/76 – artigos 178 a 182)

Para entender melhor o capital de giro da companhia, é preciso conhecer a estrutura de seu balanço patrimonial, o qual é composto de ativo, passivo e patrimônio líquido.

- Ativo – formado por dinheiro em caixa, valores a receber de terceiros, depósitos bancários, imóveis, instalações e equipamentos. É formado por três subgrupos principais: Ativo Circulante, Ativo Realizável a Longo Prazo e Ativo Permanente.

  Ativo Circulante – é composto das disponibilidades financeiras (caixa, bancos, aplicações financeiras de liquidez imediata), duplicatas, títulos a receber e estoques.

  Ativo Realizável a Longo Prazo – estão registrados os bens e direitos com realização posterior ao encerramento do exercício seguinte.

  Ativo Permanente – é composto pelo ativo imobilizado (bens móveis e imóveis), investimentos (participações acionárias) e diferido (despesas relativas a resultados futuros).

- Passivo – formado por obrigações da companhia para com terceiros, como: salários, fornecedores, impostos e financiamentos. É formado por quatro subgrupos: Passivo Circulante, Passivo Exigível a Longo Prazo, Resultados de Exercícios futuros e Patrimônio Líquido.

  Passivo Circulante – é composto por fornecedores, instituições financeiras, salários, impostos e taxas a recolher. As exigibilidades futuras são lançadas no passivo circulante quando seu vencimento acontece no máximo até o encerramento do exercício social seguinte.

  Passivo Exigível a Longo Prazo – são as obrigações com vencimento posterior ao encerramento do exercício social seguinte.

- Resultado de Exercícios Futuros – serão classificadas como REF as receitas de exercícios futuros diminuídas dos custos e despesas a elas correspondentes.

- Patrimônio Líquido – compõe os recursos financeiros dos sócios ou acionistas aplicados na companhia sob a forma de capital inicial e reinvestimento de lucros.

  O valor do patrimônio líquido é igual ao total do ativo subtraído do passivo exigível e, dessa forma, aponta o valor que efetivamente pertence aos sócios da companhia.

A legislação societária emprega um conceito amplo para passivo, coloca o patrimônio líquido como um subgrupo deste. Dessa forma, nos balanços o total do ativo é igual ao total do passivo. O Quadro 11.9 apresenta um exemplo de balanço patrimonial da empresa ACQ.

Quadro 11.11 *Balanço Patrimonial da empresa ACQ em 31/12/20XX.*

Balanço Patrimonial	31/12/20XX
Ativo circulante	5.527.500
Caixa/bancos	1.000
Aplicações financeiras	777.160
Contas a receber de clientes	1.650.000
(–) Títulos descontados	(30.000)
Contas a receber líquido	1.620.000
Estoques	3.124.340
Impostos a recuperar	4.500
Despesas do exercício seguinte	500
Realizável a longo prazo	6.000
Empréstimos a controladas	5.000
Depósitos judiciais e incentivos fiscais	1.000
Permanente	5.990.000
Investimentos em controladas	200.000
Imobilizado líquido	5.790.000
Diferido	0
Ativo total	11.523.500
Passivo circulante	2.723.500
Fornecedores	460.000
Salários e encargos a pagar	200.000
Contas a pagar	100.000
Impostos a recolher – sobre mercadorias	460.000
Impostos a recolher – sobre lucros	100.000
Adiantamento de clientes	3.500
Empréstimos	1.200.000
Dividendos a pagar	200.000
Exigível a longo prazo	4.800.000
Financiamentos	4.798.000

Outras obrigações	2.000
Resultado de exercícios futuros	0
Patrimônio líquido	4.000.000
Capital social	2.700.000
Reservas de capital	500.000
Reservas de reavaliação	200.000
Reservas de lucros/lucros acumulados	100.000
Lucro do período	500.000
Passivo total	11.523.500

11.5.1.4 Liquidez e capacidade de pagamento

Toda a empresa deve procurar um nível adequado de capital de giro de modo a assegurar a sustentação de sua atividade operacional. O equilíbrio financeiro requer interação entre a liquidez dos ativos e os desembolsos exigidos pelos passivos.

11.5.1.5 Necessidade de capital de giro

Uma das tarefas mais difíceis para o administrador financeiro é conhecer o adequado dimensionamento da necessidade de capital de giro. Isso exige profundo conhecimento das operações da empresa, suas práticas comerciais e financeiras, e dos prazos de cobrança/recebimento e pagamentos.

Se a empresa dispõe de "elevada" soma de capital de giro, corre risco de desviar recursos financeiros que poderiam ser empregados parcialmente nos ativos permanentes da companhia, como, por exemplo, na atualização do parque industrial e na redução do custo financeiro bancário. No entanto, se o capital de giro é muito restrito, diminuirá a capacidade de operação e de vendas da empresa; portanto, isso é o dilema do administrador financeiro.

Alguns fatores devem ser considerados para dimensionar o capital de giro:[30]

- O capital de giro não deve ser reduzido a ponto de restringir vendas e a lucratividade da companhia, como, por exemplo, não manter estoques elevados sem a devida necessidade.

- A parcela permanente do capital de giro deve ser financiada com recursos financeiros permanentes (passivo exigível de longo prazo e patrimônio líquido), enquanto a parcela flutuante do capital de giro pode ser financiada com recursos financeiros de curto prazo (passivo circulante).

- A geração de lucros fornece recursos para financiar o capital de giro. Em alguns casos, há significativa diferença entre resultado e caixa. Nessa situação, a projeção de resultado terá menor impacto sobre o dimensionamento do capital de giro.

- Quando a companhia começa a expandir-se rapidamente, o apropriado dimensionamento do capital de giro tem sido um dos principais aspectos para o sucesso de seu crescimento. Deve ser dada atenção à análise de viabilidade econômica dos novos projetos de investimentos, da mesma forma ao planejamento e dimensionamento das necessidades de capital de giro.

O Quadro 11.12 mostra o cálculo da necessidade de capital de giro.

Quadro 11.12 *Cálculo de necessidade do capital de giro.*

Necessidade de capital de giro	
Contas a Receber	2.000
Estoques	700
Necessidade de recursos – Total 1	2.700
Fornecedores	1.000
Obrigações fiscais	200
Obrigações trabalhistas	300
Despesas a pagar	400
Fontes espontâneas – Total 2	1.900
Superávit (déficit) de recursos (1–2)	(800)*

* Necessidade adicional de recursos para financiar o investimento operacional de giro (conta cíclicas – estoque e conta a receber), a custo zero, ou seja, não existe a necessidade de remuneração financeira (juros) por sua utilização, dentro dos prazos estabelecidos).

11.5.1.6   *Reserva financeira para capital de giro*

O capital de giro sofre influências das incertezas do mercado de qualquer segmento empresarial. Por isso, a companhia deve fazer reservas financeiras para enfrentar eventuais problemas que podem aparecer. Quanto maior as reservas para a manutenção do capital de giro, menores são as possibilidades de crises financeiras, desde que bem aplicados os recursos na gestão do negócio.

Caso a empresa decida não fazer nenhuma reserva financeira para o capital de giro e canalize todos os recursos para a sua atividade-fim, ela correrá maior risco financeiro, porque pode vir a ter problemas de capital de giro.

Vale ressaltar que apenas os ativos permanentes propiciam sólida rentabilidade para a companhia, enquanto a rentabilidade conseguida mediante reserva de capital de giro aplicada no mercado financeiro, em geral, é menor do que a obtida na atividade-fim da companhia, com base em estudo de viabilidade econômica financeira do projeto de investimento.

É bom lembrar que o capital de giro é prioritário; sem ele, a empresa pode fechar, enquanto a rentabilidade da empresa pode aguardar por uma recuperação de lucros; a empresa pode até trabalhar provisoriamente sem rentabilidade, pode ficar estagnada, mas sem capital de giro ela morre.

11.5.1.7 Mecanismos de redução da necessidade de capital de giro

Verifica-se que o ciclo financeiro curto exige maior giro de caixa, o que implica menor necessidade de caixa operacional ou capital de giro.

Um mecanismo para suprir a insuficiência de capital de giro na fase de implantação ou de operação da companhia seria, então, conseguir uma diminuição de seu ciclo financeiro, pois sofre a influência de três aspectos: prazo de pagamento das compras, prazo de produção ou estocagem e prazo de recebimento das vendas.

Os prazos de pagamento de compras e de recebimento das vendas são estipulados pelo mercado. É possível conseguir mudanças provisórias desses prazos mediante negociações com fornecedores e clientes; entretanto, as medidas financeiras para encurtar o ciclo financeiro não são muito eficazes.

Quanto ao encurtamento do prazo de produção ou estocagem, pode sofrer alterações significativas e de longo prazo sobre o ciclo financeiro, porém, para isso acontecer, é necessário que se discuta com as áreas técnicas, como: produção, vendas, operação, entre outras.

Caso a empresa possua uma gestão de qualidade, algumas técnicas, como *Just in Time* (JIT), podem contribuir para diminuir o tempo da etapa de produção ou operação, e conseqüentemente favorecerá o ciclo financeiro da companhia.

11.5.1.8 Insuficiência de capital de giro

Alguns aspectos podem causar a insuficiência do capital de giro, chegando a prejudicar o funcionamento da companhia. Os mais relevantes são os seguintes:[30]

- Diminuição de vendas.
- Aumento da inadimplência.
- Aumento das despesas financeiras.
- Aumento de custos.

Algumas sugestões permitem a eliminação ou prevenção da insuficiência de capital de giro:

- Controle da inadimplência – a inadimplência pode ser causada pelo quadro econômico do país ou por aspectos internos da própria empresa. No primeiro caso, pode haver uma retração geral das atividades econômicas e, conseqüentemente, atingir o crescimento da inadimplência; a empresa tem pouco controle sobre o problema. No segundo caso, a empresa terá que analisar melhor a qualidade das vendas e rever as práticas de política de crédito.

- Financiamentos de capital de giro – a empresa deve ter cuidado ao captar empréstimos para atender à insuficiência de capital de giro, pois é comum a companhia, na ânsia de resolver o problema de imediato, captá-lo a um custo elevado. Em geral, resolve o problema momentâneo, mas cria outro: a dificuldade de pagar o compromisso.

- Renegociação de prazos de dívidas – da mesma forma, quando se alongam prazos de pagamento de dívidas, deve-se ter o cuidado sobre o custo do alongamento da dívida, pois é preciso que a companhia suporte esses custos.

- Redução de custos e despesas – quando a empresa se encontra diante de uma crise de capital de giro, deve ter um controle maior sobre os custos e as despesas fixas, e rever de forma a reduzi-los, mas sem prejudicar as atividades da companhia.

- Diminuição do ciclo operacional – quando ocorre a diminuição do ciclo operacional, as necessidades de capital de giro da companhia são reduzidas, pois ela produzirá e venderá em menor espaço de tempo, quando se trata de indústria. Na atividade comercial, essa redução representa um giro mais rápido dos estoques, e na atividade de serviços a diminuição do ciclo econômico significa trabalhar com um cronograma mais curto para a execução dos serviços. Caso a empresa pretenda reduzir o seu ciclo operacional, ela precisa do suporte das áreas financeira, produção, operação e logística.

11.5.1.9   Ciclo operacional de longo prazo

A companhia que possui um ciclo operacional mais longo requer maior necessidade de capital de giro e precisa de maior rentabilidade sobre as vendas para compensar o alto custo de financiamento de capital de giro.

11.5.1.10   O efeito tesoura e o overtrade

O evento **efeito tesoura** acontece quando a empresa financia uma grande parte de sua necessidade de capital de giro (NCG), por meios de recursos caros e de curto prazo.

O efeito tesoura pode ser proveniente de crescimento real das vendas a prazo em percentuais muito elevados; uso de recursos para expandir o ativo permanente, usando recursos a curto prazo, com altas taxas de juros; investimentos elevados com retorno a longo prazo; inflação; crescimento expressivo do ciclo financeiro por causa da má gestão dos estoques, contas a receber e contas a pagar; prejuízos; distribuição excessiva de lucros; devolução excessiva de vendas; entre outros.

Esse efeito acontece com maior freqüência durante a fase de começo dos negócios, quando ocorre o crescimento rápido da empresa; e em período de recessão, quando existe o acúmulo de estoque proveniente da queda nas vendas.

A dependência crescente por empréstimos bancários de curto prazo pode tornar crítica a situação de liquidez da empresa. Se houver diminuição no nível do crédito, a empresa pode ser levada a um processo de insolvência. Da mesma forma, se o saldo de tesouraria se revela negativo e crescente incessantemente, período após período, ocorre o efeito tesoura.

A denominação *efeito tesoura* é proveniente do fato de que, visualizado em um gráfico, o processo que provoca o afastamento das curvas da necessidade de capital de giro (NCG) (aplicações operacionais) e do capital de giro (CDG) (fontes de longo prazo) gera o efeito visual parecido ao obtido pelas duas partes de uma tesoura. O espaço aberto entre as duas lâminas da tesoura imaginária representa a participação dos recursos financeiros de curto prazo embutidos no saldo de tesouraria e usados no financiamento da demanda operacional de recursos – NCG. *Exemplo do saldo de tesouraria*:

Contas a receber	500
(+) Estoques	300
(–) Obrigações fiscais e outras	(200)
(–) Fornecedores	(100)
(=) NLCDG – Necessidade líquida de capital de giro ⟶	500
(+) Disponibilidades	200
(–) Empréstimos	(150)
(=) Saldo de tesouraria ⟶	550

Nota: A tesouraria positiva expressa uma situação financeira com folga. Porém, muito cuidado com esta folga financeira. A situação financeira será boa quando a referida folga expressar saldo aplicações financeiras ou de outros ativos de elevada liquidez e sólida remuneração.

Dentro do contexto visual, que é muito útil para se ter a idéia da deterioração da situação financeira da companhia devido à utilização crescente dos recursos financeiros de curto prazo do saldo de tesouraria, quanto maior for a distância entre a linha que representa a NCG e a linha que representa o CDG, maior será o valor referente ao saldo de tesouraria – T; portanto, maior será a abertura da tesoura mostrada na Figura 11.2.

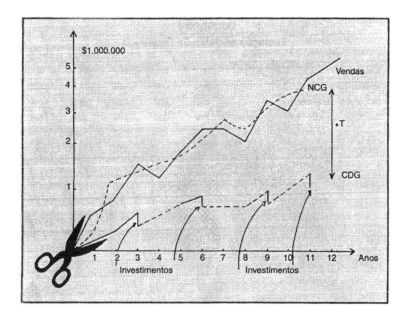

Figura 11.2 *Efeito tesoura.*

Overtrading significa uma grande expansão no volume de atividades de uma empresa, não havendo recursos disponíveis para bancar as necessidades adicionais de giro.

Overtrading ou desequilíbrio financeiro acontece quando o capital de giro se revela cronicamente insuficiente para sustentar o nível operacional das atividades da empresa.[31]

Toda empresa tem um limite de caixa para lastrear certo volume de negócios. Quando ocorre de o volume de vendas extrapolar este limite, ou quando o lastro para sustentar os negócios diminuir, então se tem uma redução representativa da diminuição da margem de segurança da empresa, é o que se chama de *overtrading*.

Uma causa conhecida para a ocorrência de *overtrading* é a inflação. Ao fornecer maior demanda por bens como uma maneira de resguardar o consumidor de aumentos de preços, a companhia pode ser obrigada, para não perder participação de mercado, a expandir sua atividade acima de sua capacidade financeira.

Os sucessivos aumentos de preços, geralmente, costumam acobertar essa situação de *overtrading*. Entretanto, quando a economia se mantém estável, as conseqüências de um crescimento sem sustentação financeira aparece mais visivelmente, surgindo problemas de lucratividade, inadimplência e estoques volumosos.

Podemos citar algumas situações em que podem ocorrer *overtrading* e uma empresa caminhar para um crescimento sem sustentação, como, por exemplo, metas de expansão ambiciosas e superdimensionadas, redução do capital de giro líquido, políticas sem freios de imobilizações etc.

11.5.2   *Sazonalidade das receitas de vendas e serviços*

Algumas empresas têm suas vendas distribuídas de maneira irregular ao longo do ano; quando isso ocorre, é aconselhável que se tenha um adequado planejamento financeiro, de modo a projetar as vendas sazonais num fluxo de caixa, bem como o resultado da empresas em base anual.

Devem-se fazer reservas (aplicar no mercado financeiro com taxas atrativas, por um período maior do que o normal quando se tem sobra de caixa) para os períodos fracos de vendas. Outra alternativa seria negociar o pagamento antecipado de dívidas com taxas atrativas para efeito de redução do custo financeiro da empresa, que, pessoalmente, acho melhor no que se refere à liquidez.

11.5.3   **Cash management**

Para se visualizar o *cash management* nas empresas, é fundamental que o administrador financeiro atente para os seguintes aspectos:

- Conhecimento geral do caixa do ponto de vista dos negócios, isto é, o administrador financeiro ou tesoureiro não deve estar voltado apenas para a geração de caixa, mas também para todas as oportunidades operacionais de todas as áreas; o profissional tem que estar preocupado com o aumento de receitas, redução de custos e das despesas fixas.

- Comprometimento com a competitividade e o desempenho, como, por exemplo, cobrar da área de vendas maior liquidez nas vendas; da mesma forma, cobrar da área de compras as solicitações de suprimentos que devem ser feitas dentro dos prazos estabelecidos.

- Definição do perfil de investimentos que a empresa deseja operar; escolha das instituições financeiras que se quer trabalhar; política de crédito para os clientes; política de cobrança; entre outras definições, na verdade está se falando de gestão de caixa.

- Transmissão da importância do fluxo de caixa como instrumento gerencial da empresa para todos os executivos, pois muitos não têm essa visão.

- Elaboração do fluxo de caixa com a participação de todas as áreas, ou seja, toda a empresa deve estar comprometida com a seriedade das informações passadas para a Tesouraria.
- Explicação sobre os efeitos gerados pela liquidez das vendas para a equipe de vendas.
- Discussão e análise das idéias e sugestões entre as áreas para saber se haverá impactos nos resultados, antes de se colocar em prática.
- Constante preocupação com o equilíbrio financeiro.

Portanto, os elementos do *cash management* são os princípios financeiros; fluxo de informações; relações com as instituições financeiras; estrutura do capital; investimentos e captações; concentração de fundos; análise das receitas e despesas operacionais.

11.5.4   Custo de capital

O custo de capital de uma companhia é definido como o custo dos recursos financeiros de terceiros e próprios utilizados por ela. Muitas decisões na empresa são consideradas com base no seu custo de capital, o qual é analisado como alternativa de investimento de longo prazo, como, por exemplo, tomar decisões de preço, avaliar entre comprar e alugar.

O custo de capital é entendido como a taxa mínima de rentabilidade a ser conseguida em qualquer aplicação realizada no ativo da empresa.

O custo de capital é também considerado como o retorno que os acionistas ou financiadores querem por investir capital na companhia. As empresas precisam financiar seus investimentos, seja mediante capital próprio, seja imediante capital obtido de novas subscrições ou, ainda, através de financiamentos, fundos de pensão ou de outros agentes econômicos. Pela formação percentual de cada fonte de financiamento e de seus custos, aparece o custo médio ponderado de capital, que é denominado custo de capital da empresa.

O *custo de capital* é um dos elementos controversos das decisões de investimentos que utilizam o método do fluxo de caixa descontado. Na realidade, a companhia se pauta pelos custos de projetos passados, por alternativas de investimentos no mercado financeiro e por rentabilidade de empresas líderes do ramo.

Especialistas ressaltam que as taxas de retorno de 8% a.a., em países desenvolvidos, são atrativas, enquanto projetos em países de maior risco, como o nosso Brasil, apontam o uso de taxas nominais superiores a 15% a.a. Essas taxas orientam a fixação do custo do capital em várias empresas.

11.5.5   Análise do capital próprio

Para uma companhia que não possui ações na bolsa de valores, o custo do capital próprio equivale ao custo-oportunidade, considerado pelos seus proprietários, para esse capital. Assim sendo, o *custo-oportunidade* é um parâmetro de valor subjetivo, porém deve ser maior do que a taxa de retorno de longo prazo concedida para um investimento sem risco no mercado financeiro.

No Brasil, as informações do mercado financeiro apontam para uma taxa de retorno real de longo prazo de 10% a.a., enquanto em termos mundiais é de 7% a.a. para prêmio obtido nos investimentos de risco, como é o caso da atividade empresarial, e chegaria à taxa de 15% a.a. para o custo-oportunidade do capital próprio nas pequenas e médias empresas.[30]

Outra sugestão para a fixação do custo-oportunidade do capital próprio é a taxa histórica de rentabilidade da companhia mensurada em moeda constante.

Portanto, as decisões de financiamento devem ser tomadas levando em consideração o custo e as mudanças que acontecerão sobre a estrutura de capital da companhia, isto é, a participação de capitais próprios e de terceiros no financiamento dos ativos.

11.5.6   Análise da estrutura de endividamento

O Capítulo 9 aborda os índices de endividamento que mostram indicadores do grau de risco proveniente dos financiamentos. O administrador financeiro deve se preocupar com os índices de endividamento, pois os fornecedores, bancos e clientes também avaliam a solidez financeira da companhia com base nesses índices.

Não há padrões universais para os índices de endividamento. A melhor maneira de entendê-los é fazer comparações com a média do segmento setorial.

Uma companhia está sujeita aos riscos econômico e financeiro. O risco econômico ocorre quando a empresa tem custos fixos operacionais e sua receita está atrelada às oscilações; mesmo funcionando com 100% de capital próprio, a empresa enfrenta o risco econômico, já que a receita alcançada pode não ser suficiente para honrar os custos.

O risco financeiro é decorrente da existência de despesas financeiras de contratos fixos, originárias do uso de capital de terceiros. Ele é caracterizado por maior intervalo de variação de resultado (lucro ou prejuízo) face às oscilações no resultado operacional.

A variação do resultado operacional está relacionada com o risco econômico da companhia, quanto maior for este último, maior será o risco financeiro proveniente do endividamento. Observa-se que as companhias, ao se endividarem, têm um custo médio de capital variável.

11.5.7   Valor da empresa

O valor da empresa representa o valor de mercado de suas fontes de capital, isto é, o valor dos empréstimos e o valor das ações, isto é, capital próprio; então, o valor da empresa (VE) corresponde ao capital de terceiros + capital próprio.

Para trabalhar a estrutura de capital, é necessário conhecer algumas equações, como custo da alavancagem ou empréstimos, custo das ações e custo médio do capital da empresa.

O custo da alavancagem ou empréstimos – Ki –, pode ser calculado da seguinte forma:

Fórmula:

Ki = Custo anual de juros/Valor de mercado das dívidas (capital de terceiros)

O custo das ações ou o custo exigido pelos acionistas – Ke –, o valor dos acionistas corresponde ao lucro após os juros –, é calculado usando a fórmula a seguir:

Fórmula:

Ke = Lucro disponível aos acionistas (lucro operacional depois dos juros)/
Valor de mercado do patrimônio líquido (capital próprio)

O custo médio de capital de empresa – Ko – utiliza a seguinte fórmula:

Fórmula:

Ko = Lucro operacional (lucro antes dos juros)/Valor de mercado da empresa
(capital de terceiros + capital próprio)

Exemplo: A empresa RCQ possui a seguinte carteira de empréstimos:

Empréstimo A – R$ 15.000 – 12% a.a.

Empréstimo B – R$ 22.000 – 11% a.a.

Debêntures – R$ 25.000 – 10% a.a.

É esperado um lucro operacional (antes dos juros) de R$ 18.400, e o valor hipotético da empresa de R$ 130.000.

Pede-se calcular:

a) o custo médio de capital de terceiros – Ki;

b) o custo médio de capital dos acionistas – Ke;

c) o custo médio de capital da empresa – Ko.

Quadro 11.13 *Custo médio ponderado de capital de terceiros.*

Tipo de empréstimo	Capital	Taxa de juros	Custo anual
Empréstimo A	15.000	12%	1.800
Empréstimo B	22.000	11%	2.420
Debêntures	25.000	10%	2.500
Total	62.000	–	6.720
$Ki = 6.720/62.000 = 10,84\%$ a.a.			

Quadro 11.14 *Custo médio de capital dos acionistas.*

Valor da empresa	130.000
(–) Valor do capital de terceiros	(62.000)
= Valor do capital dos acionistas	68.000
Lucro operacional	18.400
(–) Custo dos juros	(6.720)
= Lucro para os acionistas	11.680
$Ke = 11.680/68.000 = 17,18\%$ a.a.	

Quadro 11.15 *Custo médio de capital da empresa.*

$$Ko = 18.400/130.000 = 14,15\% \text{ a.a.}$$

11.5.8 Fluxo de caixa

O fluxo de caixa é o principal instrumento da gestão financeira que planeja, controla e analisa as receitas, as despesas e os investimentos, considerando determinado período projetado. O fluxo de caixa é representado graficamente por uma planilha e sua apresentação segue a cronologia das entradas e saídas de recursos monetários, o que permite às empresas executar suas programações financeiras e operacionais.

O fluxo de caixa projetado e real da empresa representa uma importante informação gerencial; mediante essas demonstrações do fluxo de caixa, podem ser analisadas as alternativas de investimentos, os motivos que ocasionaram as mudanças da situação financeira da empresa, as formas de aplicação do lucro gerado pelas operações e também as razões de eventuais reduções no capital de giro, entre outros.

As necessidades de informações sobre os saldos de caixa podem ser diárias para o gerenciamento financeiro de curto prazo, ou períodos mais longos, tais como mensal ou trimestral. Assim sendo, o fluxo de caixa é um instrumento gerencial, permitindo apoiar o processo decisório da empresa, de modo que ela alcance os resultados estabelecidos.

11.5.8.1   *Objetivos e utilização*

Os objetivos do fluxo de caixa são muitos, mas o principal é a visão geral de todas as atividades (entradas e saídas) diárias do grupo do ativo e passivo circulante; assim, tem-se uma visão das disponibilidades livres, que representam o grau de liquidez da empresa.

Os demais objetivos do fluxo de caixa são também relevantes e podemos citar:[7]

- Planejar as necessidades de captação de recursos de maneira a preservar a liquidez.
- Fornecer recursos para a realização das transações definidas no planejamento financeiro.
- Pagar as obrigações dentro do vencimento.
- Aplicar de forma eficaz os recursos disponíveis, entretanto, sem comprometer a liquidez.
- Planejar e controlar os recursos financeiros, utilizando:
  - análise e controle das atividades de planejamento de vendas e despesas;
  - análise para as necessidades de capital de giro;
  - prazos médios de contas a receber, a pagar, estoques etc.
- Verificar as fontes de créditos onerosas de maneira a minimizar o custo do seu uso.
- Visar ao equilíbrio financeiro dos fluxos de entrada e saída de recursos.
- Prognosticar desembolsos de caixa elevados em ocasiões de encaixe baixo.
- Coordenar os recursos a serem usados pelas diversas atividades da empresa em termos de investimentos.

O fluxo de caixa vem sendo cada vez mais empregado por diversos motivos, entre eles:

- Maior rapidez no fluxo de informações, pois normalmente o fluxo de caixa é diário, enquanto os demonstrativos contábeis são mensais ou anuais.
- Facilidade na compreensão.
- Facilidade na identificação dos recursos escassos.
- Uma companhia pode sobreviver durante algum tempo com prejuízo, mas não pode sobreviver se não tiver caixa.
- Em decorrência de procedimentos fiscais divergentes do entendimento dos administradores, algumas companhias adotam controles paralelos.

11.5.8.2 Modelos de fluxos de caixa

Alguns modelos de fluxos de caixa diário e mensal são apresentados em seguida, usando o "método direto". Esse método está baseado no regime de caixa, registra todos os recebimentos e todos os pagamentos; é o método mais utilizado pelos administradores financeiros.[7]

O método direto tem como objetivo listar a movimentação financeira refletida nos resultados e no balanço patrimonial. Assim, fica mais claro para qualquer usuário o entendimento do fluxo de caixa ao usar esse método, mesmo que o usuário não seja da área de finanças.

Quadro 11.16 *Fluxo de caixa diário (método direto).*

Atividades	Período de __/__/__ a __/__/__									
	Dia 1º		Dia 2		Dia 3		Dia 4		....		Dia 30	
	P	R	P	R	P	R	P	R	P	R	P	R
Saldo Inicial												
Entradas: Vendas Aumento de capital Resgate de aplicações Juros de aplicações Outras receitas												
Total de entradas												
Saídas: Salários Aluguel Matéria-prima Impostos Despesas com vendas Despesas administrativas Empréstimos – amortização Empréstimos – juros Outras despesas												
Total de saídas												
Superávit/(Déficit)												
Captação/(Aplicação)												
Saldo final												

P – Previsto

R – Realizado

Alguns comentários sobre o Quadro 11.16 são pertinentes:

- As transações de entradas e saídas irão variar de acordo com as peculiaridades das atividades de cada empresa.
- Podem-se utilizar planilhas auxiliares, caso se queiram mais detalhes.
- O superávit ou déficit apresentado equivale ao somatório do saldo inicial mais o total das entradas menos o total das saídas.
- O item captação/aplicação acontece sempre que o déficit ou superávit for diferente de zero.
- Toda vez que houver déficit de caixa, a empresa deverá tomar empréstimo bancário. Então, este item apresentará um valor positivo, pois terá uma entrada de recurso no caixa.
- Quando ocorrer captação de recursos, o pagamento de juros e do principal do empréstimo será uma saída de caixa no respectivo vencimento da operação.
- Quando ocorrer superávit ou sobra no caixa, a empresa deverá aplicar os recursos no mercado financeiro e/ou quitar dívidas com bom custo de oportunidade. Assim sendo, este item apresentará um valor negativo no fluxo, pois será uma saída de recurso do caixa.
- Quando houver o resgate da aplicação, esse valor será representado como uma entrada no caixa.

Quadro 11.17 *Fluxo de caixa mensal* (*método direto*).

Atividades	Períodos											
	Jan.			Fev.			...			Total		
	P	R	D	P	R	D	P	R	D	P	R	D
1. ENTRADAS												
Vendas à vista												
Cobranças em carteira												
Cobranças em bancos												
Descontos de duplicatas												
Aluguéis												
Aumento de capital social												
Vendas de ativo permanente												
Receitas financeiras												
Dividendos de coligadas e controladas												
Outros tipos de receitas												
Total de entradas												

2. SAÍDAS											
Fornecedores											
Salários											
Luz											
Telefone											
Compras à vista											
Manutenção											
Despesas administrativas											
Despesas com vendas											
Despesas financeiras											
Impostos											
Compras de ativo permanente											
Outros tipos de despesas											
Total de saídas											
3. ENTRADAS – SAÍDAS (1 – 2)											
4. SALDO INCIAL DE CAIXA											
5. DISPONIBILIDADE (3 + 4)											
6. EMPRÉSTIMO A CAPTAR											
7. APLICAÇÕES FINANCEIRAS											
8. AMORTIZAÇÃO DE EMPRÉSTIMOS											
9. SALDO FINAL											

Observação: P = projetado; R = realizado; D = diferença (pode ser em R$ ou em %).

Comentários sobre o Quadro 11.17:

- Este modelo traz três colunas com os valores do projetado, do real e da diferença que pode ser positiva ou negativa.
- O item 3 representa a diferença do período, isto é, entradas menos saídas da empresa, que podem ser positiva, negativa ou nula.
- O item 4 é igual ao saldo final de caixa do período anterior.
- A disponibilidade representa o resultado da diferença do item 3 mais o item 4, que é o saldo final de caixa do período anterior.
- Dependendo da disponibilidade do caixa, se for negativa, serão captados empréstimos para atender às necessidades de caixa da empresa, ou, se for positiva, serão feitas aplicações financeiras.
- As amortizações representam os pagamentos do principal do empréstimo tomado.

- O saldo final representa o saldo do período corrente, que será usado como saldo inicial de caixa do próximo período.

Foram mostrados dois modelos de fluxo de caixa (método direto = registro de todos as entradas e saídas), sendo um modelo diário e um modelo mensal; pode também ser feita planilha de fluxo de caixa semanal.

A seguir, é apresentado um modelo de fluxo de caixa de método indireto. Ao utilizar esse método, é feita uma reconciliação do lucro líquido para o caixa líquido, e as mudanças, como aumento ou redução, medidas nas contas de capital de giro, como contas a receber, estoques etc., serão ajustadas para acréscimos líquidos e mensuração de caixa.

O método indireto não se interessa em conseguir as informações de entradas e saídas do período, mas pela movimentação de fundos (origens e aplicações) que dão origem ao saldo final de caixa. É parecido com a Demonstração Contábil das Origens e Aplicações de Recursos (DOAR), que é exigida por lei para as sociedades anônimas, com duas diferenças:

- Não considera o saldo de disponibilidades como capital circulante.
- Especifica no fluxo de caixa as variações de todos os elementos do capital circulante, e na DOAR essa variação é mostrada de maneira resumida e inclui as próprias disponibilidades.

As principais características do método indireto são:

- Toda a movimentação é realizada considerando os saldos iniciais e finais de caixa.
- É mostrada a ligação que existe entre a demonstração de resultados, o balanço patrimonial e o fluxo de caixa.
- Não mede o fluxo financeiro efetivo das receitas e despesas, já que é parte do lucro líquido.
- Os usuários têm dificuldades de entender a movimentação financeira apenas pelas variações das contas do capital de giro.
- As variações do capital de giro, pelas suas naturais variações, dificultam a extrapolação de seus dados para os próximos períodos.

Quadro 11.18 *Fluxo de caixa (método indireto).*[32]

Fluxo de caixa proveniente	R$
1. Das atividades operacionais	
1.1 Lucro líquido do exercício	2.590
+/– Receitas ou despesas que não afetaram o caixa	
• Receita de equivalência patrimonial	(980)
• Depreciação e amortização	1.118
• Baixa de ativo permanente	72
• Despesa com devedores duvidosos	640

= Lucro líquido ajustado	3.440
1.2 Acréscimo ou diminuição de ativos operacionais	
• Duplicatas a receber de clientes	(2.150)
• Contas a receber diversas	(1.012)
• Adiantamentos diversos	1.206
• Estoques	(2.612)
• Despesas pagas antecipadamente	(801)
= Diminuição nos ativos operacionais	(5.369)
1.3 Acréscimos ou diminuições de passivos operacionais	
• Fornecedores	1.460
• Impostos e contribuições	2.370
• Salários e encargos sociais	1.001
• Credores diversos	(667)
• Imposto de Renda	1.975
= Acréscimos nos passivos operacionais	6.139
= Acréscimos de caixa originado das atividades operacionais (3440 – 5369 + 6.139)	4.210
2. Das atividades de investimento	
2.1 Receita da venda de:	
• Imobilizado	250
• Investimentos permanentes	170
2.2 Aquisições de:	
• Imobilizado	(1.378)
• Investimentos permanentes	(670)
= Diminuição de caixa originada das atividades de investimentos	(1.628)
3. Das atividades de financiamento	
• Integralização de capital	2.100
• Novos empréstimos e financiamentos	3.000
• Amortização de empréstimos e financiamentos	(990)
• Dividendos pagos	(185)
= Acréscimo de caixa originado das atividades de financiamentos	3.925
Resumo	
• Saldo inicial	605
+ Acréscimo de caixa no período (1 + 2 +3)	6.507
= Saldo final	7.112

12

Tópicos de Planejamento Financeiro – Uma Abordagem Introdutória

O objetivo de uma empresa deve ser a geração de valor para seus acionistas ou proprietários; sob essa ótica, este capítulo faz abordagens introdutórias para compreender a importância da avaliação de investimentos.

12.1 Maximização do lucro *versus* maximização da riqueza *versus* criação de valor

O conceito de maximização do lucro como objetivo principal da área financeira é muito conhecido e há longo tempo tem sido o propósito mais relevante de finanças. Entretanto, é importante ressaltar a diferença do conceito entre a maximização do lucro e a maximização da riqueza.

A *maximização do lucro* é o resultado das receitas menos as despesas de determinado período.

Inúmeras possibilidades de gestão podem conduzir a companhia a alcançar um bom lucro em certo período, porém pode atrapalhar o seu futuro. Às vezes, os administradores, com interesses dissociados dos acionistas, podem tomar decisões de maneira a assegurar ou aumentar o resultado desejado de um período, e comprometer o futuro da riqueza dos acionistas. Padoveze[15] cita algumas possibilidades nesse sentido:

- Diminuição ou suspensão de gastos com treinamento e capacitação de empregados.

- Diminuição ou suspensão dos gastos com conservação dos ativos fixos.
- Diminuição dos gastos com desenvolvimento de novos produtos.
- Diminuição dos gastos com publicidade e promoção.
- Diminuição ou suspensão dos investimentos em modernização do parque operacional.
- Aumento do volume de vendas através de descontos de preços, aumentando o valor do lucro, porém reduzindo a lucratividade dos produtos, entre outros.

Observa-se que esses tipos de decisões estão associados ao propósito de alcançar maior lucro, diminuindo as despesas e aumentando a receita; entretanto, essas decisões podem prejudicar a geração futura de lucros. Nesse caso específico, há a maximização do lucro, mas não a maximização da riqueza, a qual está mais voltada para a geração futura de lucros do que para a obtenção de lucros no presente.

Pode-se dizer que o conceito de maximização de lucro é um conceito voltado para o curto prazo, não permitindo uma gestão com base no longo prazo. Os acionistas investem desejando dividendos contínuos ao longo do tempo; então, decisões tomadas em relação ao aumento de lucro a curto prazo podem não estar em sintonia com as intenções dos acionistas.

O *conceito de maximização de riqueza* equivale ao conceito de geração de valor, que significa aumento da riqueza. A riqueza constitui o valor patrimonial de uma pessoa ou de uma empresa; medida economicamente, inclui todos os seus investimentos, líquidos de suas dívidas, e os lucros criados por esses investimentos até o instante da mensuração da riqueza. O valor da riqueza dos acionistas é mostrado nas demonstrações financeiras pelo valor do capital próprio ou patrimônio líquido.

Nas companhias, em termos financeiros e dentro da visão dos acionistas, a riqueza equivale ao valor do capital próprio representado pelo capital investido e os lucros retidos. Em termos contábeis, esse valor é representado pelo patrimônio líquido.

Com base no conceito de maximização da riqueza, a geração de valor é a diferença entre o valor da riqueza no fim de determinado período e o valor da riqueza no seu começo, ou seja, a criação de valor representa o lucro do período analisado. Em termos contábil-financeiros, é a diferença entre o valor do patrimônio líquido final – PLf – menos o valor do patrimônio líquido inicial – Pli –, sendo a fórmula a seguinte:

$$\text{Criação de Valor} = \text{PLf} - \text{PLi}$$

Dentro desse conceito, em vez de se conseguir o lucro pela exposição das receitas e despesas de certo período, consegue-se o valor pela *avaliação do patrimônio líquido* da companhia ao final do período, e ele é comparado com o valor do patrimônio líquido inicial, que foi avaliado pelo mesmo critério. Esse conceito é conhecido como *lucro econômico*, em contraposição ao conceito de *lucro contábil*.

12.2   Rentabilidade do acionista pelo lucro líquido

A análise da rentabilidade do acionista é considerada como a principal análise financeira de balanço. O lucro líquido do exercício, depois da contabilização das despesas financeiras do capital de terceiros de empréstimos e financiamento, e após os impostos sobre o lucro, resulta em um montante disponibilizado para os acionistas, que correm o risco da empresa.

O lucro líquido do exercício pode ser totalmente distribuído aos acionistas, ou permanecer parcial ou mesmo totalmente retido na companhia, observados os limites legais, com propósitos de obter futuramente maiores rendimentos. Dessa forma, a análise de rentabilidade do acionista se refere ao patrimônio líquido do balanço patrimonial como o investimento do acionista.

A fórmula da análise de rentabilidade do acionista é a seguinte:

> Rentabilidade do Patrimônio Líquido – RSPL = Lucro Líquido do Exercício/ Patrimônio Líquido

a) pode-se usar a média mensal ou anual;

b) (PLi + PLf)/2.

Exemplo: Ano 20X1: RSPL = 850.455/5.200.000 = 16,35%

No ano de 20X1, a rentabilidade foi considerada excelente.

12.2.1   Aplicação do método DuPont

O método DuPont pode ser adequado também para a análise de rentabilidade do patrimônio líquido na visão do acionista. Deve-se acrescer a fórmula à participação do capital próprio sobre o ativo total; então, a fórmula fica da seguinte maneira:

> Retorno do Patrimônio Líquido – RSPL = (Giro do Ativo x Margem)/ (Participação do Patrimônio Líquido no Ativo Total)

Sendo:

Giro do ativo = vendas/ativo

Margem = lucro líquido/vendas

Participação do PL no ativo = patrimônio líquido/ativo total

O Quadro 12.1 apresenta um exemplo de análise da rentabilidade do patrimônio líquido, empregando o método DuPont adaptado.

Quadro 12.1 *Análise da rentabilidade do patrimônio líquido:
método DuPont adaptado.*

Atividade	Fórmula	20XX	20X1
Giro x	Vendas líquidas/ativo	19.631.400/12.320.450 = 1,59% x	19.850.055/12.650.678 1,57% x
Margem ÷	Lucro líquido/vendas	850.455/19.631.400 = 4,33% ÷	670.777/19.850.055 = 3,38% ÷
Participação PL =	Patrimônio líquido/ ativo	5.200.000/12.320.450 = 42,21% =	5.478.450/12.650.678 = 43,31% =
Retorno sobre o PL	Lucro líquido/ patrimônio líquido	850.455/5.200.000 = 16,35%	670.777/5.478.450 = 12,24%

No exemplo, verifica-se que no ano de 20X1 houve uma pequena queda no giro, isto é, a companhia obteve um volume de receitas pouco menor que o do ano anterior, com aumento do ativo, ocasionando uma queda de produtividade do ativo/investimento. A margem de 4,33% alcançada em 20XX foi reduzida para 3,38% no ano de 20X1. Observa-se que o aspecto mais relevante que contribuiu para a queda da rentabilidade de 20X1 foi a redução da margem líquida.

Com base no exposto, é recomendado analisar a demonstração do resultado do período, para checar quais os elementos de despesas, custos e receitas foram os causadores da queda da margem em 20X1. Essa análise é conhecida como análise de lucratividade, que foi vista no Capítulo 8.

As variáveis do método DuPont que formam o giro e a margem merecem atenção na tomada de decisão para aumentar o lucro e a rentabilidade, isto é, aumentar a receita, diminuir as despesas e custos e rever os investimentos no ativo.

A inclusão do indicador de participação do patrimônio líquido no ativo total, no método DuPont adaptado para a análise de rentabilidade sob a ótica do acionista, insere um fator adicional que requer atenção. O *método DuPont* adaptado trabalha com intensidade o capital de terceiros, configurando-se o modelo de estrutura de capital de alavancagem financeira, que é, na verdade, *o foco ortodoxo* da teoria de finanças empresariais.[15]

12.3 Rentabilidade da empresa pelo lucro operacional

A análise da rentabilidade começa pela avaliação do lucro operacional total, voltado para o ativo da companhia, e não para o patrimônio líquido. É importante levantar a rentabilidade do investimento como um todo, sem vincular-se a que tipo de capital foi financiado.

Esse tipo de análise é importante, porque não vincula o investimento realizado (o ativo) ao financiamento (passivo) levantado para financiar esse investimento. Dessa forma, pode-se fazer uma análise comparativa no decorrer do tempo com as outras companhias, sejam elas do próprio segmento, ou mesmo com o desempenho da própria companhia, e até com outros ativos ou investimentos financeiros.

A fórmula para apurar essa rentabilidade é a seguinte:

> Rentabilidade Operacional = Lucro Operacional/Ativo Operacional

Para medir essa rentabilidade, é necessário adaptar tanto o balanço patrimonial quanto o demonstrativo de resultados. No balanço, não se pode considerar o conceito contábil de ativo total, mas considerar o *conceito financeiro de ativo operacional*; e na demonstração de resultados, tem-se que apurar o *lucro das operações*, não considerando as despesas financeiras com o capital de terceiros, já que, nesse modelo de análise, as despesas financeiras com capital de terceiros deixam de ser despesas e passam a ser distribuição de resultados.[15]

Quadro 12.2 *Ativo total.*

Ativo Total
Passivo de funcionamento:
(–) fornecedores
(–) contas a pagar
(–) impostos a recolher
(–) salários a pagar
(–) dividendos a pagar
(=) investimentos

Fonte: PADOVEZE[15] (2005).

12.3.1 Ativo operacional

Para esse tipo de análise, o capital próprio é representado pelo valor do patrimônio líquido das demonstrações financeiras, e o capital de terceiros é representado pelos empréstimos e financiamentos com ônus financeiros. Então, todos os passivos que *não recebem ônus de juros* e prêmios financeiros não são considerados fontes de financiamento e devem ser representados com valor negativo no ativo.

As aplicações financeiras devem diminuir o valor dos financiamentos e empréstimos do capital de terceiros. De modo geral, os valores aplicados no mercado financeiro podem ser empregados para saldar dívidas, ou podem também ser empregados para reduzir o valor do capital de terceiros.

Nota: O ativo operacional é composto de ativos usados para gerar lucro operacional, consistindo normalmente em caixa, estoques, recebíveis, imóveis, fábricas, equipamentos etc.

O Quadro 12.3 apresenta o ativo operacional, que reflete o mesmo valor do ativo do balanço patrimonial e o Quadro 12.4 mostra o passivo operacional.

Quadro 12.3 *Ativo operacional: formato financeiro referente aos exercícios de 20XX e 20X1 respectivamente.*

1. Ativo circulante	4.032.860	4.779.140
Caixa/bancos	800	800
Contas a receber	1.290.000	1.896.000
(–) Títulos descontados	(21.500)	(27.912)
Estoques	2.760.000	2.906.000
Outros créditos	3.560	4.252
2. (–) Passivo sem ônus financeiro	1.190.500	1.414.124
Fornecedores	306.500	550.139
Salários e encargos	185.000	188.995
Retenção contratual	96.000	98.790
Impostos a recolher s/ mercadorias	321.000	371.000
Impostos a recolher s/ lucros	85.000	56.500
Outros	197.000	148.700
3. Capital de giro líquido ou próprio (1 – 2)	2.842.360	3.365.016
Realizável a longo prazo	4.760	6.500
Empréstimos a controladas	3.960	6.000
Outros	800	500
Permanente	4.975.000	5.200.000
Investimentos em controladas	185.000	199.000
Imobilizado líquido	4.790.000	5.001.000
Diferido	0	0
ATIVO TOTAL	7.822.120	8.571.516

Quadro 12.4 *Passivo operacional: formato financeiro referente aos exercícios de 20XX e 20X1 respectivamente.*

Capital de terceiros – Passivo	4.209.850	4.345.520
Empréstimos do passivo circulante	990.000	1.371.020
Financiamento do exigível a longo prazo	3.796.000	3.821.000
(–) Aplicações financeiras	(576.150)	(846.500)
Patrimônio líquido	3.612.270	4.225.996
Capital social	3.512.000	3.612.000
Reservas	270	270
Lucro do período	100.000	613.726
Passivo Total	7.822.120	8.571.516

12.3.2 Lucro operacional (visão gerencial)

O lucro operacional é considerado o resultado da companhia isolado das despesas financeiras dos empréstimos e financiamentos, e das receitas financeiras decorrentes das aplicações no mercado. O valor das despesas financeiras líquidas corresponde às despesas financeiras menos as receitas financeiras; no entanto, é preciso considerar o efeito dos impostos sobre o lucro, tanto para o lucro operacional quanto para as despesas financeiras líquidas.

Sabendo que os impostos são os mesmos para a empresa, o critério mais empregado é usar a alíquota média real que incidiu no lucro antes desses impostos, e usá-la no resultado das despesas financeiras líquidas, diminuindo o seu efeito econômico. O restante do valor do imposto é inserido no lucro operacional.

O lucro operacional avalia a rentabilidade operacional da companhia, depois da dedução dos respectivos impostos sobre o lucro. As despesas financeiras líquidas das receitas e dos impostos sobre o lucro são usadas para avaliar se a alavancagem financeira foi positiva.

Na visão de muitos autores, deveria também ser retirado da base de cálculo do lucro operacional o resultado da equivalência patrimonial oriundo de operação das controladas e coligadas, apesar de a Lei nº 6.404/76 considerá-la como operacional.

O Quadro 12.5 apresenta um exemplo de demonstração do resultado do exercício para calcular o lucro operacional líquido dos impostos sobre o lucro.

Quadro 12.5 *Demonstração do resultado do exercício/ apuração do lucro operacional.*

1. Formato oficial	31/12/20XX	31/12/20X1
Lucro operacional antes das despesas e receitas financeiras	1.345.690	1.005.912
Receitas financeiras	35.600	77.860
Despesas financeiras com financiamentos	(451.670)	(601.000)
Outras despesas financeiras	(49.000)	(96.770)
Equivalência patrimonial	5.000	50.000
Lucro operacional	885.620	436.002
Resultados não operacionais	(16.000)	(12.500)
Lucro antes dos impostos	869.620	423.502
Impostos sobre o lucro	(285.556)	(206.780)
Lucro líquido depois dos impostos	584.064	216.722
2. Alíquota média dos impostos sobre o lucro		
Lucro antes dos impostos (A)	869.620	423.502
Impostos sobre o lucro (B)	285.556	206.780
Alíquota média (B:A)	32,84%	48,83%
3. Despesas financeiras		
Despesas financeiras com financiamentos	451.670	601.000
(–) Receitas financeiras	(35.600)	(77.860)
Despesas financeiras líquidas (A)	416.070	523.140
Alíquota média dos impostos sobre o lucro	32,84%	48,83%
Impostos sobre despesas financeiras líquidas (B)	136.637	255.449
Despesas financeiras líquidas dos impostos (a – b)	279.433	267.691
4. Lucro operacional (para efeito de alavancagem)		
Lucro líquido do exercício (A)	584.064	216.722
(+) Despesas financeiras líquidas dos impostos (B)	279.433	267.691
Lucro operacional	863.497	484.413

Fonte: PADOVEZE[15] (2005).

12.3.3 *Rentabilidade do financiamento pela alavancagem financeira*

A alavancagem financeira objetiva o uso de capital de terceiros de modo a melhorar a rentabilidade do capital próprio. Isso acontece porque o custo de capital de terceiros é um gasto fixo, o que equivale aos juros pagos pelos empréstimos e financiamentos. Assim, quando há aumento de receitas, o lucro operacional aumenta, e aí a empresa consegue pagar as despesas fixas.

A alavancagem financeira também tem como propósito mostrar que o custo de capital de financiamento é menor do que o custo de capital próprio. As atividades não financeiras devem dar uma rentabilidade maior que o custo dos juros, já que elas detêm um risco maior.

É bom ressaltar que a alavancagem financeira negativa prejudica a companhia, quando acontece de a rentabilidade operacional ser inferior ao custo médio dos juros, ou em ocasiões de declínio da demanda e do volume de atividade.

Vamos considerar os dados dos Quadros 12.4 e 12.5 para avaliar a rentabilidade do financiamento. A fórmula a ser usada é a seguinte:

> Despesas financeiras líquidas/capital de terceiros

Quadro 12.6 *Avaliação da rentabilidade do financiamento, ou seja, custo do capital de terceiros.*

Atividade	31/12/20XX	31/12/20X1
Custo de capital de terceiros	279.433/4.209.850 = 6,64%	267.691/4.345.520 = 6,16%

12.3.4 Avaliação geral da rentabilidade

É apresentada uma avaliação geral para saber se a rentabilidade do capital próprio do acionista, pelo patrimônio líquido, foi favorecida pela utilização do capital de terceiros através da rentabilidade operacional da companhia. O Quadro 12.7 mostra os três tipos de rentabilidades alcançados:

Quadro 12.7 *Avaliação geral de rentabilidade.*

Atividade	Fórmula	31/12/20XX	31/12/20X1
Retorno sobre o ativo operacional	Lucro operacional/ ativo operacional	863.497/7.822.120 = 11,04%	484.413/8.571516 = 5,65%
Custo do capital de terceiros	Despesas financeiras líquidas/capital de terceiros	279.433/4.209.850 = 6,64%	267.691/4.345.520 = 6,16%
Retorno sobre o PL	Lucro líquido/ patrimônio líquido	584.064/3.612.270 = 16,17%	216.722/4.225.996 = 5,13%

Observa-se que no ano de 20XX a rentabilidade operacional foi maior do que o custo do capital de terceiros e a rentabilidade do patrimônio líquido maior do que o retorno operacional; portanto, ocorreu a alavancagem financeira. Já no ano de 20X1 ocorreu o oposto: a rentabilidade operacional foi inferior ao custo de capital de terceiros e a rentabilidade do patrimônio líquido foi menor do que o retorno operacional; nesse caso, não ocorreu a alavancagem financeira.

12.4   Política de dividendos

A política de dividendos refere-se ao procedimento adotado pela companhia no tocante a se deve reter ou distribuir lucros. Caso a empresa adote uma política de pagar mais dividendos em dinheiro, isso elevará o preço da ação; por outro lado, se a companhia aumentar os dividendos a serem pagos, haverá menos recursos para novos investimentos, o que causará queda na taxa futura de crescimento e tenderá a diminuir o preço da ação.

É recomendado que haja uma política ótima de dividendos, ou seja, é a política de dividendos que alcança o equilíbrio entre dividendos correntes e crescimento futuro, maximizando o preço da ação da companhia.[33] Nas sociedades por ação, o pagamento de dividendos está regulado pela Lei nº 6.404/76, artigos 201 a 205.

Os principais elementos que interferem na política de dividendos são: liquidez, perspectivas de crescimento, considerações dos donos das empresas, restrições legais em contratos de obrigações ou de empréstimos e avaliação do mercado.[33]

- Liquidez – esse fator é importante nas decisões de dividendos, pois eles representam uma saída de caixa, quanto maior a posição de caixa e a liquidez geral da companhia, maior sua capacidade de pagar dividendos.

- Perspectivas de crescimento – é preciso analisar as necessidades de recursos para expandir os ativos, e para isso são utilizados os orçamentos de capital e os demonstrativos projetados de origens e aplicações de recursos. As modificações no fluxo de caixa operacional, os crescimentos de contas a receber e estoques necessitam ser vistos com cuidado; da mesma forma, possíveis reduções nos níveis de endividamento ou qualquer outra modificação que afete a posição de caixa da companhia devem ser consideradas. É relevante avaliar as projeções dos fluxos de caixa e a posição de caixa da empresa, o risco dos negócios e o risco financeiro, e isso tudo pode influenciar na política de distribuição de dividendos.

  Quando a companhia tem uma boa posição líquida, facilita o acesso às amplas linhas de crédito e à emissão de debêntures ou ações; quanto mais uma companhia for bem estabelecida, maior será seu acesso ao mercado de capitais, e assim ela tem capacidade de pagar dividendos em dinheiro.

- Considerações dos proprietários – a principal preocupação da empresa deveria ser maximizar a lucratividade para os acionistas; no entanto, muitas vezes os acionistas se preocupam mais com o controle acionário. Quando a empresa paga bons dividendos e de maneira regular, pode necessitar de capital mais tarde e conseguir este capital mediante a venda de ações, e aí o controle da empresa pode se diversificar se os acionistas controladores não puderem subscrever mais ações. Esses acionistas podem querer dividendos baixos e o financiamento das necessidades de investimento da empresa através de lucros retidos. Esse tipo de política de dividendos pode não maximizar os lucros dos acionistas, porém promove os interesses dos acionistas controladores.

- Restrições legais em contratos de obrigações ou de empréstimos – existem contratos de obrigações ou de empréstimos que estipulam restrição ao pagamento de dividendos; isso é colocado pelos financiadores de modo a garantir a capacidade da empresa de cumprir com as obrigações de suas dívidas; em geral, é estipulada uma percentagem máxima de lucros acumulados. Quando essa restrição está vigorando, ela influencia na política de dividendos da companhia.

  Às vezes, a administração aprecia essa restrição com referência ao pagamento de dividendos exigidos pelos credores, pois dessa forma fica desobrigada de pagá-los, e ela justifica esse fato perante os acionistas.

- Avaliação do mercado – a administração deve conhecer todas as informações importantes sobre a política de dividendos de modo a aumentar a riqueza dos acionistas. Em geral, os acionistas gostam de políticas de pagamentos de dividendos fixos e constantes; esse tipo de política passa para os investidores uma segurança maior em relação à rentabilidade e à saúde econômico-financeira da empresa, reduz o custo de captação de recursos, aumenta o preço das ações e aumenta os lucros da companhia.

A política de dividendos tem como propósitos: maximizar a riqueza dos acionistas e captar financiamento apropriado à companhia. As três políticas de dividendos mais empregadas são abordadas a seguir.

12.4.1 Política de dividendos com índice de distribuição contínua

A empresa cria um índice de distribuição de dividendos fixos, ou pode também dividir os dividendos pagos em dinheiro por ação por seus lucros em ação. Essa política quer assegurar aos acionistas um repasse imediato dos resultados alcançados; a desvantagem dela é que os lucros sofrem oscilações, e os dividendos variam constantemente; isso passa aos acionistas uma impressão de que a empresa é de risco ou mal administrada.

Exemplo: A empresa ABS trabalha com uma política de distribuição de dividendos em dinheiro de 20% dos lucros; os dados do Quadro 12.8 são os seguintes:

Quadro 12.8 *Política de dividendos com índice de distribuição*
contínua da empresa ABS.

Anos	Lucros por ação – R$	Dividendo em dinheiro por ação – R$	Preço médio da ação – R$
20XX	1,50	0,30	11,00
20X1	– 1,10	0	10,00
20X2	2,50	0,50	12,00
20X3	3,10	0,62	14,00
20X4	– 0,50	0	11,50

Observa-se que nos anos de 2003 e 2004 o preço da ação da empresa ABS subiu e, nos períodos em que houve quedas dos dividendos, 20X1 e 20X4, o preço da ação caiu.

Esse tipo de política não tem sido muito utilizado, pois traz insegurança para os acionistas sobre seus investimentos na companhia, e diminui o valor das ações, o que reduz a riqueza do acionista.

12.4.2 Política de dividendos regulares

Essa política está centrada no pagamento de um dividendo em dinheiro fixo por período, que pode ser mensal ou anual. Ela passa para o acionista a impressão de que a empresa teve um bom desempenho. A empresa pode reajustar este dividendo fixo para cima, quando se verificar novos patamares de lucros.

Exemplo: A empresa TSQ Empreendimentos adota a política de dividendos regulares, a qual ajusta o valor dos dividendos quando mudam os patamares de lucros no decorrer dos anos. Os dados são mostrados no Quadro 12.9.

Quadro 12.9 *Política de dividendos regulares da empresa TSQ.*

Anos	Lucros por ação – R$	Dividendo em dinheiro por ação – R$	Preço médio da ação – R$	Índice de distribuição de dividendos – %
20XX	0,70	0,19	4,80	30
20X1	0,69	0,19	4,70	29
20X2	0,70	0,19	4,90	33
20X3	0,75	0,20	5,10	36
20X4	0,73	0,20	5,10	40

Exemplo:

(0,19 / 0,70) x 4,80 = 1,30 – 1 x 100 = 30%.

A empresa TSQ pagou dividendos fixos no período de 20XX a 20X2, no valor de R$ 0,19; depois passou a pagar R$ 0,20, porque os lucros aumentaram. Observa-se que a companhia garantiu um dividendo fixo, porém ajustou o valor aos novos patamares de lucro, procurando estabelecer um índice médio de distribuição de dividendos de 33,6% a.a.

Esse tipo de política proporciona maior segurança e faz com que as ações sejam mais valorizadas no mercado; por isso, ela tem sido a mais empregada pelas empresas, porque atende aos seus próprios objetivos, como política de dividendos, que compreende maximizar a riqueza dos acionistas e favorecer um financiamento apropriado à companhia. É comum ocorrerem variações nos lucros; entretanto, essa política procura não repassar todas as oscilações para os acionistas.

12.4.3 Política de dividendos regulares mais distribuição extra

Essa política é utilizada quando os resultados são bons, proporcionando aos acionistas uma renda estável que fornece segurança, além de uma renda extra. É um tipo de política mais conservadora do que a política de dividendos regulares; ela é cautelosa ao distribuir um pouco menos de dividendos regulares e somente concede mais dividendos de acordo com a sua capacidade de gerar caixa.

Exemplo: A empresa RCQ Alimentos opta pela política de dividendos em dinheiro de R$ 0,30 por ano, mais dividendos extras, quando houver lucros excedentes.

Quadro 12.10 *Política de dividendos regulares mais distribuição extra da empresa RCQ Alimentos.*

Anos	Lucros por ação – R$	Dividendo em dinheiro por ação – R$	Preço médio da ação – R$	Índice de distribuição de dividendos – %
20XX	0,70	0,30	6,00	157
20X1	0,60	0,30	5,30	165
20X2	0,75	0,30	5,80	132
20X3	1,10	0,50 (0,30 + 0,20)	6,50	195
20X4	1,05	0,45 (0,30 + 0,15)	6,80	191

Exemplo:

(0,30 / 0,70) x 6,00 = 2,57 –1 x 100 = 157%.

Nos anos de 20X3 e 20X4, foram distribuídos dividendos extras, além dos dividendos regulares de R$ 0,30, o que refletiu no preço médio da ação; a média do índice de distribuição, incluindo os dividendos extras de dividendos, é de 168%.

12.5 Critérios de avaliação de investimentos

Os critérios empregados para análise de investimentos objetivam avaliar a viabilidade econômica de um investimento antes de decidir pela sua implementação.

O custo do capital de terceiros tem relevante impacto sobre a estrutura de capital da companhia; portanto, precisa ser avaliado, visto que pode condicionar a continuidade da empresa. Da mesma forma, as oportunidades de investimentos surgem e precisam ser avaliadas, utilizando as técnicas existentes. Existem inúmeras ferramentas, mas as mais utilizadas são: valor presente líquido (VPL); taxa interna de retorno (TIR) e taxa de retorno do investimento inicial – *Payback* descontado.

12.5.1 Valor Presente Líquido (VPL)

É uma técnica que permite analisar o resultado líquido do investimento, trazendo todos os fluxos de caixa para o valor presente, considerando determinada taxa de desconto. Essa técnica é também conhecida como *net present value* (NPV).

O princípio do VPL é o custo do dinheiro no tempo. Todo investimento tem risco; quanto mais tempo se leva para obter retorno do investimento, maior o risco; então, é conveniente utilizar uma taxa de juros apropriada para que cubra o risco do investimento no decorrer do tempo.

Se o valor dos fluxos futuros for igual ou superior ao valor atual a ser investido, o investimento deve ser realizado; no entanto, se o valor atual dos fluxos futuros for inferior ao valor a ser investido, o investimento não deve ser realizado.

Exemplo: A empresa TCX Celulose fará um investimento em quatro anos, considerando as seguintes premissas:

- investimento inicial – R$ 900.000;
- rentabilidade mínima exigida – 15% a.a.;
- fluxo de caixa futuro para os anos 1, 2, 3 e 4 – R$ 350.000 por ano.

1. Linha do tempo:

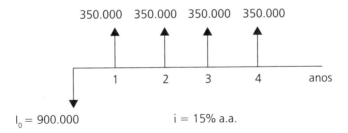

2. Fluxo do valor presente líquido (VPL) na HP 12C:

900.000 CHS g Cfo

350.000 g CFj

4   g Nj

15%   i

NPV = 99.243 (positivo)

F IRR = 20,35 superior à taxa mínima de atratividade = 15%, então o investimento pode ser aceito.

Na dúvida, para efeito de tomada de decisão em ambiente de grande risco, em que existem divergências de opinião entre VPL e TIR, a tendência é tomar a decisão com base no resultado do VPL positivo.

Quadro 12.11 *Fluxo de caixa do investimento.*

Anos	Fluxo futuro	Valor atual do fluxo futuro
Ano 1	350.000	304.348
Ano 2	350.000	264.650
Ano 3	350.000	230.131
Ano 4	350.000	200.114
	1.400.000	999.243

Exemplo na HP 12C (1ª parcela):

350.000 VF

1   n

15%   i

VP?   304.348

Considerando o Quadro 12.11, o investimento deve ser aprovado, já que a soma do valor atual dos fluxos dos próximos quatro anos, descontados à taxa de 15% a.a., é de R$ 999.243, superior ao valor de R$ 900.000 a ser investido.

O fluxo futuro de cada valor por ano é diferente do valor atual; por exemplo, o fluxo futuro do ano 1 foi descontado à taxa de 15% a.a. para um ano e o seu valor atual, equivalente um ano antes, é de R$ 304.348, isto é, R$ 304.348 hoje corresponde a R$ 350.000 daqui a um ano; e assim acontece para os demais anos.

Vejamos no Quadro 12.12 como usar a calculadora HP 12C:

Quadro 12.12 *Cálculo do VPL com emprego da calculadora HP 12C.*

Inserir na calculadora	Pressionar a tecla	Resposta no visor da HP
350.000	g (tecla azul) CFj	350.000
4	g (tecla azul) Nj	4.00
15	i	15.000
	f (tecla amarela) NPV	999.243

12.5.2 Taxa Interna de Retorno (TIR)

Para Van Horne,[34] a taxa de retorno representa "*a taxa de desconto que equaliza o valor presente das entradas de caixa com o valor presente dos desembolsos, resultando um valor presente líquido (NPV) igual a zero*".

Os investimentos devem ser aceitos se a TIR for positiva, isto é, quando o fluxo de caixa gerado agregar valor à companhia, ou seja, NPV maior que zero. É comum utilizar as duas técnicas de avaliação de investimentos: valor presente líquido (VPL) e taxa interna de retorno (TIR) em conjunto.

Com base nos dados do exemplo anterior, vamos calcular a TIR na calculadora HP 12C:

Quadro 12.13 *Cálculo da TIR com emprego da calculadora HP 12C.*

Inserir na calculadora	Pressionar a tecla	Resposta no visor da HP
900.000	CHS (mudança de sinal) g (tecla azul) CFo	900.000
350.000	g (tecla azul) CFj	350.000
4	g (tecla azul) Nj	4.00
	f (tecla amarela) NPV	500.000 (valor agregado à companhia)
	F (tecla amarela) IRR	20,35 (TIR)

Usando a taxa TIR de 20,35% a.a. para descontar os fluxos futuros e aplicar o método VPL, encontra-se que o valor atual dos fluxos futuros, descontados a 20,35% ao ano, é R$ 900.080, confirmando a TIR. Para chegar aos R$ 900.000 redondos, é necessário que seja aumentado o número de casas decimais para o cálculo da taxa TIR; no nosso exemplo, utilizamos apenas duas casas decimais; por isso, a diferença.

Quadro 12.14 *Cálculo do VPL para confirmar a TIR com emprego da calculadora HP 12C.*

Inserir na calculadora	Pressionar a tecla	Resposta no visor da HP
350.000	g (tecla azul) CFj	350.000
4	g (tecla azul) Nj	4.00
20,35	i	20.35
	f (tecla amarela) NPV	900.080

12.5.3 Payback (*Período de Recuperação do Investimento*)

Este método mostra em quanto tempo acontecerá o retorno do investimento inicial. A análise do fluxo de caixa é muito simples.

Considerar os seguintes dados:

Quadro 12.15 *Cálculo de payback.*

Anos	Fluxo de caixa do 1º investimento	Fluxo de caixa do 2º investimento
0	(Desembolso) 10.000	(Desembolso) 15.000
1	3.000	2.500
2	3.000	2.000
3	(Retorno) 4.000	1.500
4	–	5.500
5	–	(Retorno) 4.000

Observa-se nitidamente que o primeiro investimento retorna em três anos, enquanto o segundo investimento retorna em cinco anos; então, deve-se optar pelo primeiro investimento.

Desvantagens:

- O *payback* não pode determinar com exatidão o período exato de retorno do investimento, pois desconsidera o valor do dinheiro no tempo (inflação, liquidez e risco).
- Não considera também o fluxo de caixa após o período de *payback*.

12.5.4 Períodos de retorno de investimento – payback *descontado*

Esse método indica em quanto tempo acontecerá o retorno do investimento inicial. É importante saber qual será o tempo de retorno do investimento, pois representa um elemento complementar no processo de tomada de decisão.

Com base nos dados dos exercícios anteriores, o cálculo do **payback** descontado é o seguinte:

Quadro 12.16 *Cálculo do* payback *utilizando o VPL dos fluxos futuros à taxa de 15% ao ano.*

Anos	Fluxo futuro	Valor atual do fluxo futuro	Investimento R$ 900.000
			Saldo a recuperar
Ano 1	350.000	304.348	595.652
Ano 2	350.000	264.650	331.002
Ano 3	350.000	230.131	100.871
Ano 4	350.000	200.114	
	1.400.000	999.243	

O saldo do investimento de R$ 900.000 somente será recuperado no último ano, isto é, no quarto ano, que representa 6,05 meses. O cálculo é o seguinte:

R$ 100.871/200.114 x 12 meses = 6,05 meses.

Somando esse período aos três primeiros anos, o retorno do investimento acontecerá em 3 anos e 6,05 meses.

Desvantagem:

A crítica ao método é que ele ignora o fluxo de caixa gerado após a data-limite estabelecida para a comparação do retorno do capital investido.

12.5.5 Índice de lucratividade

A comparação de dois investimentos é realizada pelo mesmo processo do valor presente líquido (VPL), ou seja, encontra-se o VPL para depois dividi-lo pelo valor do investimento inicial, achando assim o índice de lucratividade (IL) e verificando por meio deste índice qual é o melhor dos investimentos propostos.

Exemplo:

Dois investimentos produzem fluxos de caixa diferentes, como se vê no Quadro 12.17.

Quadro 12.17 *Cálculo do índice de lucratividade.*

Período	1º Investimento	2º Investimento
0	(–) 10.000	(–) 10.000
1	5.500	0
2	5.500	0
3	5.500	22.000

Quadro 12.18 *Solução pela HP 12C do primeiro investimento.*

Teclas	Visor	Observação
F CLEAR REG	0	Apaga todos os registros
10000 CHS g Cfo	– 10,000	Introdução do investimento inicial
5500 g CFj	5,500	Introdução do fluxo
3 g Nj	3	Introdução do nº de parcelas
12 i	12	Introdução da taxa
f NPV	3,210.07	Valor do NPV

Dividindo-se, em seguida, o resultado pelo investimento inicial de 10.000 e + 1, obtém-se IL = 1,3210.

Quadro 12.19 *Solução pela HP 12C do segundo investimento.*

Teclas	Visor	Observação
F CLEAR REG	0	Apaga todos os registros
10000 CHS g Cfo	– 10,000	Introdução do investimento inicial
0 g CFj	0	Introdução do 1º fluxo
0 g CFj	0	Introdução do 2º fluxo

22000 g CFj	22,000	Introdução do 3º fluxo
12 i	12	Introdução da taxa
f NPV	5,659.17	Valor do NPV

Dividindo-se, em seguida, o resultado pelo investimento inicial de 10.000 e + 1, obtém-se IL = 1,5659.

Comparam-se ambos os investimentos e verifica-se que o segundo investimento tem IL mais alto = 1,5659; assim, deve ser o escolhido.

12.5.6 *Taxa de retorno contábil*

Este método é também conhecido como taxa média de retorno contábil; ele compara os investimentos, considerando a razão entre o lucro líquido, a depreciação e o valor do investimento inicial ($ 8.000).

Fórmula:

> Taxa de Retorno Contábil = Lucro Líquido/Investimento

O lucro líquido do exercício é obtido segundo os cálculos abaixo:

Exemplo: Empresa Z

– Receitas	10.000
– Despesas	(5.000)
– Depreciação	(2.000)
– Lucro antes IR/CS*	3.000
– IR/CS (34%)	(1.020)
– Lucro líquido	1.980

* Estimado.

Para escolher entre os três investimentos com a mesma demanda de capital ($ 8.000), deve-se proceder da seguinte forma:

Quadro 12.20 *Cálculo da taxa média de retorno contábil.*

Período	X	Y	Z
0 – Investimento	(8.000)	(8.000)	(8.000)
1	1.000	1.500	2.000
2	2.000	1.500	2.000
3	3.000	3.000	2.000
ARP	25%	25%	25%

Exemplo:

Investimento X = \$ 1.000 + \$ 2.000 + \$ 3.000 = \$ 6.000 / 3 (n^{os} de períodos) = \$ 2.000/\$ 8.000 = 25%.

A terminologia inglesa *Average Return Rate* (ARR) significa taxa média de retorno. Portanto, dividindo (1.980/8.000) = 25%, obtém-se a mesma taxa média de retorno para os três investimentos, o que impõe limitações ao processo decisório no tocante a investimentos.

Este método é criticado pelos motivos relacionados a seguir:

- Consideram-se no cálculo algumas variáveis, como depreciação de investimento que ficam a critério do administrador financeiro (pode ser manipulado).
- Fornece resultados iguais para investimentos com diferentes momentos de desembolso.

Assim, este método não dá uma visão adequada sobre qual a melhor opção de investimento; é preciso recorrer a outros métodos para melhor apurar os resultados. Os métodos recomendados para essa apuração são: VPL, TIR e *payback* descontado (com restrição).

12.5.7 *Limitações dos métodos de avaliação de investimentos*

Todos os métodos de avaliação de investimentos têm suas limitações. Quando o administrador financeiro avalia um projeto de investimento, ele deve também considerar se existe algum elemento subjetivo ou objetivo que venha a inviabilizar o projeto, pois nenhum dos métodos cria relação entre o risco do investimento e o retorno desejado.

Apresentamos algumas das limitações dos métodos analisados:

- Taxa interna de retorno (TIR) – esta taxa iguala os fluxos de entrada e saída, ou essa taxa iguala o valor presente líquido a zero.

Limitação – é menos consistente com a maximização da riqueza do acionista; pode aceitar projetos com taxas altas, mas abaixo da taxa mínima de atratividade (TMA), se for o caso.

- Taxa média de retorno contábil – este método recebe críticas em relação à inserção no cálculo de algumas variáveis, como depreciação/amortização de investimento, que ficam à mercê do administrador financeiro; e também por proporcionar resultados iguais para investimentos com diferentes momentos de desembolsos.

- *Payback* (PB) – período de tempo em que o investimento inicial retornará.

  Limitação – não considera o período restante do projeto e o valor do dinheiro no tempo.

- *Payback* descontado (PBD) – representa o período de tempo em que o investimento inicial retornará, descontado o custo de capital.

  Limitação – não considera o período restante do projeto.

Em princípio, o método mais apropriado para maximizar a riqueza do acionista, porque considera o valor do dinheiro no tempo e o custo de capital, é o VPL ou NPV, observando com bastante cuidado a escolha da taxa de desconto e a dificuldade de projeção de fluxos de caixa futuros (prazos muito longos). O VPL e a TIR devem ser avaliados em conjunto, para uma melhor conclusão, sempre que for possível.

13

Estrutura de Preços – Precificação

A administração estratégica de preços tem como propósito criar decisões de preços com base em inúmeros fatores; os mais comuns são os fatores de mercado e financeiros.

O preço é um dos componentes fundamentais para tornar economicamente viável a oferta de bens ou serviços por parte de qualquer empresa. Dessa forma, nenhum elemento é capaz de justificar a prática de um preço médio inapropriado por longo tempo.

13.1 Objetivos e aplicação

Está comprovado que os bons resultados econômico-financeiros dependem de um preço de venda justo. Quando se fala de globalização, observa-se que as empresas têm que se ajustar aos preços praticados pelo mercado internacional.

Quando a empresa fixa preços, ela tem que considerar estratégias e políticas prefixadas, analisando determinados aspectos, tais como mercado, *market share*, elasticidade de preço etc.

Muitas vezes, as empresas, antes de lançarem produtos, fazem análises econômico-financeiras e de mercado; depois, porém, que estão no mercado, observam que tais produtos já não atendem às necessidades do consumidor. Isso pode ser causado por vários motivos, como entrada de outros concorrentes no mercado, mudanças nas condições financeiras do consumidor etc.

Não é aconselhável que a empresa pratique preços que não cubram os custos por longo tempo; só poderá agir dessa forma se tiver objetivos estratégicos que justifiquem tal procedimento.

Conforme já dito anteriormente, o principal propósito de qualquer decisão da empresa é a geração de lucro e valor para o acionista, mediante retorno sobre o investimento; assim, esse é também o principal objetivo da decisão de preços. Outros objetivos são perseguidos; entre eles, podemos citar:

- Aumentar vendas e participação no mercado.
- Evitar a competição e assegurar a sobrevivência.
- Ser líder de preços com sustentabilidade.
- Ter uma gestão eficiente da sua estrutura de custos e despesas fixas.

13.2   Política de preços

A política de preços de uma companhia representa um conjunto de normas que suportam as decisões de preços de curto e longo prazo, e as condições em que esses preços são praticados.

Ao formular uma política de preços, a empresa visa cumprir certos objetivos, principalmente sob a ótica mercadológica, porém estará sempre voltada para o objetivo financeiro de longo prazo, que é alcançar uma taxa de retorno adequada para o investimento.

Algumas vezes, as empresas, para ganhar uma parcela maior de participação no mercado, usam a estratégia de preços reduzidos; no entanto, deve-se ter cuidado, pois essa prática pode gerar retornos econômicos não satisfatórios.

As principais políticas de preços utilizadas pelas companhias são apresentadas a seguir, porém uma empresa pode praticar ao mesmo tempo mais de uma política:

- Preço de penetração – é a prática de preço inicial mais baixo, para facilitar a penetração da empresa em determinado mercado. Essa política considera dois elementos relevantes: (a) a resposta da concorrência; (b) a rentabilidade a longo prazo.

  Devem-se avaliar as possíveis perdas pela prática de preços reduzidos; ao longo da vida útil do investimento, essas perdas devem ser recompensadas por futuros lucros.

- Preço de promoção – é adotado como uma política que minimiza perdas não previstas, como, por exemplo, grande volume de estoque devido à diminuição da demanda, erro de compras ou outro motivo relevante.

  Observa-se que o preço de penetração é também um preço promocional; contudo, é utilizado de maneira planejada.

- Preços decorrentes de capacidade ociosa – há empresas que têm capacidades ociosas: normal ou eventual. A capacidade ociosa normal é proveniente de demandas em função das estações do ano, dias da semana, entre outras causas. Nesse caso, pode-se adotar uma política de preços reduzidos continuamente.

  E a capacidade ociosa eventual é proveniente da redução provisória na procura de produtos ou serviços da companhia, em geral ocasionada por motivos externos. O preço com desconto deve ser calculado quando a situação acontecer, observada a margem mínima de segurança.

- Preços de otimização – política de preços que interagem com outras políticas, em que se estabelece a necessidade de uma análise geral com o propósito de conseguir um bom resultado. Um exemplo pode ser um comerciante que pratica um preço único para venda à vista, venda com cheques pré-datados ou com cartão de crédito, apesar de que algumas formas de vendas podem não ser favoráveis economicamente, mas podem ser justificadas pelo conceito de lucro médio estimado (*mix* de lucro dos produtos ajustados pelo custo financeiro embutido no preço).

- Preço nata – equivale a uma política de preço em que a companhia possui um produto que permite ser vendido a um preço mais elevado do que o normal durante o período de introdução no mercado.

  Entretanto, com o decorrer do tempo, outros concorrentes podem lançar produto semelhante e obrigar a empresa a reduzir o preço. Deve-se avaliar essa possibilidade no lançamento do produto, considerando possíveis reduções de lucros.

- Preço com venda financiada – toda empresa tem um risco de inadimplência em suas vendas a prazo; outro risco é o financiamento das vendas a prazo que é feito com taxas de juros prefixadas que equivalem ao custo do dinheiro no momento da venda; caso haja aumento nas taxas de juros durante o período de financiamento, pode haver perda para a empresa.

  São freqüentes as empresas embutirem no preço para venda uma parcela de custo tanto para fazer face às possíveis perdas, por causa de inadimplência, quanto para provisão para perdas físicas, desvios e aumento de taxa de juros. As condições do "mercado" ditarão esses valores, isto é, até que patamar a empresa pode repassar esses preços.

Vale ressaltar alguns pontos:

- Desconfiar quando o preço à vista é igual ao preço financiado.
- Não existe venda financiada com prazos longos **sem juros**.
- O importante é conhecer a taxa de juros (i) mensal do financiamento e não somente o valor da prestação (PMT).

13.3 Formação de preço

As técnicas de formação de preço variam de empresa para empresa, depende do porte, do segmento em que ela atua e das condições mercadológicas, mas o fator custo de alguma maneira está presente em todas elas.

Verifica-se que as técnicas de formação de preço utilizadas por muitas companhias partem de um volume de vendas que é considerado ideal, ao invés de praticarem a fixação de preço ótimo com base no mercado, análise de preço, custo de oportunidade, procura, custo e concorrente.

13.3.1 Formação de preço à vista

O principal elemento da formação do preço de venda à vista é a compra do material, insumos ou mercadorias a um custo que compreende o valor à vista, que são os ciclos financeiros; então, todos os demais custos e despesas (impostos, comissões, custos financeiros, entre outros) são à vista.

A fórmula para o cálculo do preço de venda à vista é a seguinte:

$$PVV = Ctu\ (1 + Ml)/(1 - Ev)$$

Legenda: PVV – preço de venda à vista

Ctu – custo total unitário

Ev – encargos e despesas sobre o preço de venda (pode trabalhar com percentuais)

Ml – margem de lucro sobre o custo total unitário (em %)

Exemplo:

O custo total unitário de um produto é de $ 250,00. Os encargos e as despesas que incidem sobre as vendas desse produto são de 25%. O fabricante quer vendê-lo com uma margem de lucro de 38% sobre o custo. Calcular o preço de venda para pagamento **à vista**.

Preço de venda à vista:

PVV = 250 (1 + 0,38)/(1 – 0,25)

PVV = 250 x 1,84

PVV = 460,00

13.3.2 Formação de preço a prazo

Normalmente, o maior volume de vendas das empresas é de vendas a prazo. As vendas podem ser realizadas pelo crédito comercial, em que a empresa compradora tem um prazo para pagá-las, ou as vendas podem ser realizadas em parcelas financiadas para pessoas jurídicas ou físicas.

- Preço a prazo com recebimento em uma única parcela: quando a venda a prazo é recebida em uma única parcela, e a taxa de juros embutida somente será conhecida pelo comprador se ele souber o preço para compra à vista.

A fórmula para cálculo da venda a prazo é a seguinte:

$$Pp = Pv \times (1 + i)^{n/30}$$

Legenda: Pp – preço para recebimento a prazo

Pv – preço para recebimento à vista

i – taxa de juros mensal

n – número de dias relativo ao prazo de pagamento

Exemplo:

Calcular a taxa de juros mensal para uma mercadoria que custa R$ 395,00 à vista e R$ 450,00 a prazo, para pagamento **em 60 dias**.

Quadro 13.1 *Cálculo da taxa de juros mensal para pagamento a prazo usando a calculadora HP 12C.*

Inserir na calculadora	Pressionar a tecla	Resposta no visor da HP
395	CHS (mudança de sinal) PV	– 395.000
450	FV	450.000
2	n	2.00
	i	6.7352

A taxa embutida da compra a prazo é de 6,74%, ao mês.

- Preço a prazo com recebimento em parcelas: o estabelecimento de preços para venda com recebimento parcelado pode ocorrer nas seguintes situações:
- Preço para parcelas iguais, a primeira um **mês após a compra**:

A fórmula é a seguinte:

$$Pp = Pv \times ((1 + i)n \times i)/((1 + i)^n - 1)$$

Exemplo:

Calcular a taxa de juros mensal embutida em determinada compra com valor à vista de R$ 2.438,00, para pagamento em seis parcelas iguais de R$ 450,00, sendo a primeira com vencimento "**30 dias após a compra**".

É recomendado que o leitor desenhe o fluxo de desembolsos, pois isso auxilia na resolução e na detecção de possíveis erros de cálculo.

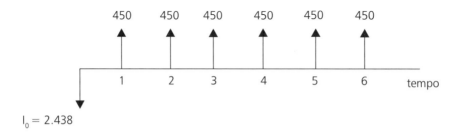

Quadro 13.2 *Cálculo da taxa de juros mensal para pagamento a prazo usando a calculadora HP 12C.*

Inserir na calculadora	Pressionar a tecla	Resposta no visor da HP
2438,00	CHS (mudança de sinal) PV	– 2.438
450	PMT	450.000
6	n	6.00
	i	3.00

A taxa embutida da compra a prazo é de 3% ao mês.

• Preço para parcelas iguais, a primeira no "**ato da compra**":

A fórmula é a seguinte:

$$Pp = (Pv/(1 + i)) \times ((1 + i)^n \times i)/((1 + i)^n - 1)$$

Exemplo:

Calcular o valor à vista de uma compra para pagamento em seis parcelas iguais de R$ 450,00, sendo a primeira parcela **no ato da compra**, a uma taxa de 2% a.m.

Neste exemplo, pode-se usar a tecla g BEG da HP 12C, que representa a tecla de séries uniformes antecipadas. O **n** (número de períodos de desindexação) deverá ser inserido *como n = 7*, pois com estas duas indicações a calculadora entende que haverá n – 1 períodos de desindexação, porque uma das parcelas, aquela dada como entrada, será adicionada por esta ao valor presente sem qualquer desindexação.

Períodos de capitalização

i = 2% a.m.

PV = ?

Quadro 13.3 *Cálculo do valor presente de parcelas iguais*
com o primeiro pagamento no ato da compra usando a calculadora HP 12C.

Inserir na calculadora	Pressionar a tecla	Resposta no visor da HP
f CLX	–	0.00
f FIN	–	0.00
g BEG	–	0.00 (BEGIN)
450	CHS (mudança de sinal) PMT	450.000
2	i	2.00
7	n	7.00
	PV	2.970,64

Portanto, o valor presente é R$ 2.970,64.

• Preço para parcelas iguais, a primeira é considerada com um número de dias maior do que 30 dias entre a data da compra e a primeira parcela:

A fórmula é a seguinte:

$$Pp = (Pv(1 + i)^{d-30}) \times ((1 + i)^n \times i)/((1 + i)^n - 1)$$

Exemplo:

Uma compra contratada a juro de 2% a.m. deve ser paga em cinco parcelas iguais de R$ 180,00. Sabendo-se que a loja ofereceu dois meses de **carência** antes do primeiro pagamento, calcular o valor da compra à vista.

O exemplo mostra uma série uniforme de sete períodos de capitalização (5 + 2 de carência), em que serão efetuados cinco pagamentos no valor de R$ 180,00, sendo que o primeiro pagamento será **dois meses depois** da data da compra.

Períodos de capitalização

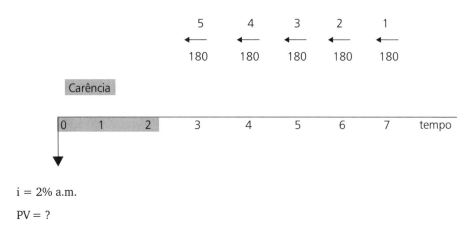

i = 2% a.m.

PV = ?

Verifica-se que o enunciado do exemplo reflete uma série uniforme postecipada e com carência. O primeiro pagamento acontecerá no momento 3.

Quadro 13.4 *Cálculo do valor presente de parcelas iguais com o primeiro pagamento no terceiro mês após a compra, usando a calculadora HP 12C.*

Inserir na calculadora	Pressionar a tecla	Resposta no visor da HP
f CLX	–	0.00
f FIN	–	0.00
180	CHS (mudança de sinal) PMT	180.00
2,0	i	2.0
5	n	5.00
–	PV	865.39

Nota: Utilizar a tecla gBEG da HP 12C, que representa a tecla de séries uniformes antecipadas.

Atenção:

O PV é R$ 865,39, porém não se pode esquecer que o pagamento é **posteci-pado** e com **carência** de dois períodos; então, o fator de correção para a carência é $[1 / (1 + 0,02)^2] = 0,9612.^*$ Dessa forma, o valor presente é 865,39 x 0,9612 = 831,78.

Quadro 13.5 *Resolução pela HP 12C.*

Inserir na calculadora	Pressionar a tecla	Resposta no visor da HP
f CLX	–	0.00
f FIN	–	0.00
1	Enter	1.00
0,02	+	1.02
2	Y^x	1.0404
STO 1	–	1.0404
1	Enter	1.00
RCL 1	÷	0,9612
865,39	X	831,78

13.4 Formação de preço para mercadoria importada

Os cálculos para estabelecer o preço de venda de mercadorias importadas em moeda estrangeira podem ser feitos usando os métodos comuns. É bom observar que, quando se trabalha com mercadoria importada, a empresa vendedora corre risco de oscilação cambial, pois a mercadoria será vendida em real. Se o preço de venda praticado for mais elevado que o do concorrente, pode gerar perda de vendas e também prejuízo financeiro.

A seguir, os Quadros 13.6 e 13.7 apresentam a apuração de custos de impor-tação.

Quadro 13.6 *Apuração de custos de importação.*

Descrição	R$
Valor FOB da mercadoria	850
Frete	145
Seguro	2
Preço CIF (FOB + Frete + Seguro)	1.000

Imposto de importação 85% s/ valor CIF	850
IPI de 20% s/ valor CIF + imposto de importação	370
ICMS de 18% s/ valor CIF + IPI + imposto de importação	399
AFRMM (capatazias/outras despesas) 50% s/ valor do frete	74
Custo de importação (internado no país)	2.693

Fonte: SILVA (2005).[7]

Observação: Os percentuais são hipotéticos.

Quadro 13.7 *Formação de preço de venda em R$ (à vista).*

a) Formação do custo do produto importado	2.693
b) Cálculo do *mark-up* (à vista)	
ICMS*	18%
PIS*	1,65%
COFINS*	7,60%
CPMF*	0,38%
Comissão*	2%
PDD – Provisão para devedores duvidosos*	1%
Lucro bruto (marcação – projetada)*	15%
Total	45,63%
100% – 45,63% = 54,37% ou 0,5437	
Mark-up 0,5437 + 1 = 1,5437 ou 1,5897 multiplicador	
c) Preço de venda hipotético	
R$ 2.693 x 1,5437 = R$ 4.157,18 (sem IPI)	
R$ 4.157,18 + 20% (IPI) = R$ 4.989,20 (com IPI)	

Fonte: SILVA (2005).[7]

Observações: * a) Percentuais sujeitos à alteração, conforme política de preços da empresa e legislação tributária em vigor.

b) Dentro da marcação já está embutido o *overhead.*

13.4.1 Mark-up – *comentários gerais*

O método *mark-up* é representado por uma taxa prefixada que se soma sobre a base, com o propósito de estabelecer o preço de venda.

No caso de a taxa do *mark-up* adicionada ser utilizada sobre a **base do custo total**, devem-se considerar todos os custos, tais como impostos, despesas e também lucro desejado. Se forem usados como **base os custos de despesas variáveis** (CDV), a taxa de *mark-up* adicionada deve ser suficiente para cobrir os impostos, os custos e despesas fixas (CDF) e o lucro.

Quando a atividade da empresa é industrial, então a base de cálculo do *mark-up* é sobre o custo de produção. Quando for atividade comercial, os cálculos são sobre o custo da mercadoria. É um método fácil e largamente usado pelo comércio, de pequeno e médio porte.

Vejamos o exemplo a seguir:

Uma loja vende biscoitos por quilo, e o dono aplica um *mark-up* de 1,8 que equivale a 180% sobre os custos de compra do biscoito. Essa taxa adicionada tem que cobrir impostos, custos e despesas, e a parcela de lucro que se quer, considerando a estimativa do volume de vendas.

Quadro 13.8 *Demonstrativo de cálculo.*

Volume de vendas em unidades	200
Custo de compras	1.000
Despesas	600
Perdas previstas	30
Impostos (por dentro)	50
Subtotal	1.680
Mark-up multiplicador	1,80
Preço de venda (1.680 x 1,80)	3.024
Preço unitário de vendas em R$ (3.024/200)	15,12

Neste exemplo, foi visto que o *mark-up* de 1,8 cobre os custos e o lucro; portanto, o preço ao consumidor do produto por unidade é de R$ 15,12.

Notas: a) *Mark-up* (FATOR) não é lucro da venda. Confunde-se, na prática, *mark-up* com lucro da venda, o que é ruim para a imagem da empresa, além de ser incorreto.

b) Se uma empresa utiliza o custo multiplicado por *mark-up* 2, por vezes compreendido como lucrar 100%, isto não é correto, pois existem despesas e impostos que necessitam ser pagos com o retorno da venda, não restando um lucro de 100% sobre os custos.

c) O preço de venda deve ser suficiente para cobrir custos, despesas, impostos e proporcionar um lucro na venda, como, por exemplo:

Quadro-resumo

	EXEMPLO:	$
(+) custos	Compra de mercadoria	100
(+) despesas	Despesas e impostos	50
(+) impostos	Venda de mercadoria	200
(+) lucro	*Demonstração do Resultado*:	
...............................*MARK-UP*	Venda líquida	200
(=) preço de venda	CMV	(100)
	Lucro bruto	100
	Margem bruta (%)	50% (100/200 x 100)
	Despesas e impostos	(50)
	Lucro líquido	50
	Margem líquida (%)	25% (50/200 x 100)

Glossário

Alavancagem – Gerada pela capacidade de utilização de ativos ou fundos a um custo fixo. Relação entre risco e retorno.

Alavancagem combinada – Capacidade da empresa de usar custos fixos operacionais para aumentar o efeito de variações nas vendas e no lucro por ação.

Alavancagem financeira – Capacidade da empresa em maximizar o lucro por ação através da utilização de financiamentos bancários.

Alavancagem operacional – Relação entre o crescimento do lucro operacional (antes dos juros e IR) e o crescimento das vendas.

Ativo operacional – É formado pelos recursos aplicados na exploração das atividades usuais da empresa. É constituído pelo ativo total menos investimentos circulantes e permanentes, pelos créditos de transações não usuais e outros valores não relacionados às atividades normais da empresa.

Average return rate – Taxa média de retorno.

Block trade – Um grande lote de ações retido por um acionista.

Break even point – Ponto de equilíbrio.

Capital circulante líquido – Ativo circulante menos passivo circulante, também denominado capital de giro próprio.

Capital fixo – É constituído pelo ativo e imobilizado.

Capital de giro – É constituído de ativos circulantes (disponível, estoques, contas a receber e investimentos temporários).

Cash-flow – Fluxo de caixa.

Cash management – Gerenciamento de caixa de forma ampliada.

CIF – *Cost, insurance and freight.*

Ciclo de caixa – Número de dias entre o pagamento da compra e o recebimento da venda da mercadoria.

Clearings – Companhias que gerenciam sistemas e garantias para a liquidação das operações feitas e para a custódia (guarda e administração dos valores mobiliários negociados).

Commercial paper – Nota promissória.

Commodities – Bolsa de mercadorias.

Controller – Profissional responsável pela área de Controladoria.

Custo de capital – Taxa mínima de rentabilidade a ser obtida em qualquer aplicação realizada no ativo da empresa.

Custo de oportunidade – Taxa de retorno sobre a melhor alternativa de investimento não selecionada.

Custo de oportunidade de capital – Representa o que o investidor deseja obter, em determinado momento, dentre as alternativas existentes.

Desconto bancário, comercial ou por fora – Calculado com base no valor nominal ou de parte do título.

Desconto racional ou por dentro – Calculado com base no valor atual do título.

EBIT – Lucros antes dos juros e impostos.

EBITDA – *Earnings before interest, taxes, depreciation and amortization* (lucro antes de juros, impostos (sobre o lucro), depreciação, amortização e exaustão.

Eurobonds – Empresas que emitem títulos em dólar com prazo acima de dez anos, fora dos EUA.

Euronotes – Empresas que emitem títulos em dólar com prazo inferior a dez anos, fora dos EUA.

EVA – *Economic value added* (lucro operacional menos o custo de capital).

Export note – Nota promissória em dólar emitida pelo exportador.

Factoring – Tipo de transação de fomento mercantil (serviços mais compra de créditos) resultantes de vendas mercantis.

Feedback – Retorno.

Fixed rate notes – Títulos emitidos com taxas de juros fixas.

Float **bancário** – Diferença entre o saldo da conta de uma empresa no banco e o valor registrado pela empresa em seus controles bancários.

Floating rate notes – Títulos com taxas de juros flutuantes.

Fluxo de caixa incremental – Diferença entre o fluxo de caixa esperado da empresa e seu fluxo de caixa, se um novo investimento for realizado.

Free on board – FOB (livre a bordo).

Funding – Obtenção de recursos financeiros.

Hedge – Mecanismo que o mercado financeiro utiliza para proteger-se contra a variação de preços de ativos e passivos.

Holding – Empresa que mantém o controle sobre outras.

Hot money – Tipo de operação financeira de curtíssimo prazo.

Incerteza – É a situação de dúvida ou insegurança de se obter um resultado, sem forma de quantificar as possibilidades de ocorrência de situações positivas ou negativas.

Joint ventures – União de risco. Contrato entre as partes para, em associação, desenvolver um projeto. Não configura uma fusão ou incorporação.

Just in time – Técnica de administração para eliminar desperdícios.

Kanban – Sistema que faz parte da técnica do *Just in time*.

Lead time **zero** – Liderar faz parte da técnica do *Just in time*.

Lease back – Tipo de operação em que uma empresa vende um bem de seu imobilizado a uma empresa de *leasing* com direito de recompra.

Leasing – Palavra de origem inglesa; significa operação de arrendamento mercantil (aluguel).

Liquidez – É a medida de facilidade com que um bem ou direito se transforma em dinheiro.

Margem de contribuição – Vendas líquidas menos custos e despesas variáveis.

Market makers – Formadores de mercado.

Market share – Participação de uma empresa no mercado.

Mark-up – Tipo de método para cálculo de formação de preço.

NPV – *Net present value* (Valor Presente Líquido).

Open market – Títulos de liquidez imediata.

Overtrading – Grande expansão no volume de atividades de uma empresa, não havendo recursos disponíveis para bancar as necessidades adicionais de giro.

Payback – Método de investimento no qual se quer saber em quanto tempo se dará o retorno do investimento inicial.

Probabilidade – É a expressão percentual de um evento ocorrer.

Project finance – É uma operação financeira estruturada que permite dividir o risco entre o empreendedor e o financiador, os quais serão remunerados pelo fluxo de caixa do empreendimento.

Rating – Classificação do risco de cada empresa.

Retorno – É o total de ganhos ou de perdas de um proprietário ou aplicador sobre investimentos anteriormente realizados.

Risco – possibilidade de prejuízo financeiro ou, mais formalmente, a variabilidade de retorno associado a determinado ativo.

Risco financeiro – Risco de não conseguir gerar recursos necessários à cobertura das despesas financeiras.

Risco operacional – Risco incorrido ao não gerar vendas em volumes necessários à cobertura das despesas operacionais fixas.

Securitização de recebíveis – Consiste na antecipação de fluxos de caixas futuros, provenientes de contas a receber de uma empresa, sem comprometer seu limite de crédito e sem prejudicar seu índice de endividamento.

Spread – 1. Diferença entre preço de compra e preço de venda no mercado de ações, mercadorias ou moedas; diferença entre juros ativos e passivos. 2. Taxa de risco; depende da liquidez do tomador, do prazo e do valor contratado.

Swap – Tipo de contrato que consiste em troca de fluxo de fundos (ativos) futuros entre as partes contratantes.

Taxa de desconto – É a taxa conhecida também de deságio; transforma um valor futuro em um valor presente.

Taxa efetiva – É a taxa realmente verificada na operação financeira. É igual à taxa equivalente quando o período de capitalização é o mesmo.

Taxa equivalente – É a taxa que remunera igualmente um mesmo capital, aplicado por um mesmo período de tempo, independentemente do número de capitalizações a que cada uma se refere.

Taxa mínima de atratividade – É o custo de oportunidade de capital, expresso sob a forma de taxa de juros.

Taxa nominal – É a taxa expressa para um intervalo de tempo diferente do período de capitalização.

Taxa real – É a taxa efetiva ajustada pela inflação.

TIR – Taxa de desconto que equaliza o valor presente das entradas de caixa com o valor presente dos desembolsos, resultando um valor presente líquido igual a zero.

Treasury bills, Treasury notes, Treasury bonds – Títulos do Tesouro norte-americano.

Vendor – Tipo de operação de crédito.

Volatilidade – Representa as flutuações dos eventos em torno de um denominador comum. Estatisticamente, a média é o denominador comum, e o desvio-padrão é a medida de flutuação.

Valor presente ou VPL – 1. Somatório do valor atual de cada componente (entradas e saídas) do fluxo de caixa descontado pela taxa mínima de atratividade. 2. Valor de um fluxo de rendimentos futuros de um investimento, na data zero, descontado a uma determinada taxa de desconto.

Valor residual – Valor de um ativo após ter sido totalmente depreciado.

Zero-base *budget* – Sistema de elaboração de orçamentos de base zero.

Notas bibliográficas

[1] CHING, Hong Yuh; MARQUES, Fernando; PRADO, Lucilene. *Contabilidade & finanças*: para não especialistas. São Paulo: Prentice Hall, 2003.

[2] ARAÚJO, Adriana M. P.; ASSAF, Alexandre. *Introdução à contabilidade*. São Paulo: Atlas, 2004.

[3] BARRETO, Gualter A. *Manual do contador*. Belo Horizonte: Líder, 2003.

[4] NAGATSUKA, Divane A. da Silva; TELES, Egberto Lucena. *Manual de contabilidade introdutória*. São Paulo: Pioneira Thomson Learning, 2002.

[5] MARION, José Carlos. *Contabilidade empresarial*. 10. ed. São Paulo: Atlas, 2003.

[6] BARROS, Sidney Ferro. *Contabilidade básica*. São Paulo: IOB – Thomson, 2003. (Coleção Prática IOB.)

[7] SILVA, Edson Cordeiro da. *Como administrar o fluxo de caixa nas empresas em época de crise:* um guia de sobrevivência para pequenas e médias empresas. São Paulo: Atlas, 2005.

[8] SANTOS, José Luiz dos et al. *Contabilidade geral*. São Paulo: Atlas, 2004. v. 1. (Coleção Resumos de Contabilidade.)

[9] ALMEIDA, Marcelo Cavalcanti. *Princípios fundamentais de contabilidade e normas brasileiras de contabilidade*. São Paulo: Atlas, 2000.

[10] BARROS, Sidney Ferro. *Entendendo a contabilidade*: um guia básico para iniciantes e não contadores. 2. ed. São Paulo: Thomson-IOB, 2004. v. 2. (Coleção Prática IOB.)

[11] PADOVEZE, Clóvis Luís; BENEDICTO, Gideon Carvalho de. *Análise das demonstrações financeiras*. São Paulo: Pioneira Thomson Learning, 2004.

[12] KROETZ, Cesar Eduardo Stevens. *Balanço social*: teoria e prática. São Paulo: Atlas, 2000.

[13] MEIN, John. Transparência para construir a confiança. *Jornal Valor Econômico*, Rio de Janeiro, 15 abr. 2003. Caderno Empresas S.A., p. B2.

[14] ASHLEY, Patrícia A. et al. *Ética e responsabilidade social nos negócios*. São Paulo: Saraiva, 2003.

[15] PADOVEZE, Clóvis Luís. *Introdução à administração financeira*. São Paulo: Pioneira Thomson Learning, 2005.

[16] _____. *Curso básico gerencial de custos*. São Paulo: Pioneira Thomson Learning, 2005.

[17] BORNIA, Antonio Cezar. *Análise gerencial de custos*: aplicação em empresas modernas. Porto Alegre: Bookman, 2002.

[18] WERNKE, Rodney. *Análise de custos e preços de venda*: ênfase em aplicações e casos nacionais. São Paulo: Saraiva, 2005.

[19] PEREZ JÚNIOR, José Hernandez; OLIVEIRA, Luís Martins de; COSTA, Rogério Guedes. *Gestão estratégica de custos*. 2. ed. São Paulo: Atlas, 2001.

[20] SANTOS, Edigar Bernardo dos. Consolidação das demonstrações contábeis. In: REIS, Arnaldo; MARION, José Carlos (Org.). *Mudanças nas demonstrações contábeis*. São Paulo: Saraiva, 2003.

[21] PADOVEZE, Clóvis Luís. *Contabilidade gerencial*: um enfoque em sistema de informação contábil. 4. ed. São Paulo: Atlas, 2004.

[22] SILVA JÚNIOR, José Barbosa da (Coord.). *Temas contábeis relevantes*. Conselho Regional de Contabilidade do Estado de São Paulo/Instituto Brasileiro de Contadores. São Paulo: Atlas, 2000.

[23] PEREZ JÚNIOR, José Hernandez. *Conversão de demonstrações contábeis:* para moeda estrangeira. 2. ed. São Paulo: Atlas, 1998.

[24] SARRO, Francisco Carlos. Noções introdutórias. In: REIS, Arnaldo; MARION, José Carlos (Org.). *Mudanças nas demonstrações contábeis*. São Paulo: Saraiva, 2003.

[25] MACHADO, José Roberto. *Administração de finanças empresariais*. Rio de Janeiro: Qualitymark, 2002.

[26] MARTELANC, Roy; PASIN, Rodrigo; CAVALCANTE, Francisco. *Avaliação de empresas*: um guia para fusões e aquisições e gestão de valor. São Paulo: Pearson Prentice Hall, 2005.

[27] NETO ASSAF, Alexandre. *Estrutura e análise de balanços*: um enfoque econômico-financeiro. 7. ed. São Paulo: Atlas, 2002.

[28] BRAGA, Roberto. *Fundamentos e técnicas de administração financeira*. São Paulo: Atlas, 1995.

[29] NETO ASSAF, Alexandre; SILVA, Tibúrcio C. A. *Administração do capital de giro*. 2. ed. São Paulo: Atlas, 1997.

[30] SANTOS, Edno Oliveira dos. *Administração financeira da pequena e média empresa*. São Paulo: Atlas, 2001.

[31] COSTA, Reinaldo Rocha. *Análise empresarial avançada para crédito*. Rio de Janeiro: Qualitymark, 2003.

[32] SILVA, Amado Francisco da. Demonstração dos fluxos de caixa. In: MARION, José Carlos; REIS, Arnaldo. *Mudanças nas demonstrações contábeis*. São Paulo: Saraiva, 2003. p. 67-68.

[33] LEMES JÚNIOR, Antônio Barbosa; RIGO, Cláudio Miessa; CHEROBIM, Ana Paula Mussi S. *Administração financeira*: princípios, fundamentos e práticas brasileiras. Rio de Janeiro: Campus, 2002.

[34] VIRGILLITO, Salvatore B. *Princípios de matemática financeira e análise de investimentos*. São Paulo: Edicon, 2004. p. 207.

[35] RIBEIRO, Maisa de Souza. *Contabilidade ambiental*. São Paulo: Saraiva, 2005.

[36] SCHMIDT, Paulo; SANTOS, José Luiz dos; FERNANDES, Luciane Alves. *Manual de conversão das demonstrações financeiras*. São Paulo: Atlas, 2005.

[37] AMAT, O.; BLAKE, J. *Contabilidad creativa*. 3. ed. Barcelona: Gestión, 1999/2000.

[38] SANTOS, Ariovaldo dos; GRATERON, Ivan. Contabilidade criativa e responsabilidade dos auditores. *Revista Contabilidade & Finanças – USP*, São Paulo, n. 32, p. 7-22, maio/ago. 2003.

[39] REIS, Arnaldo. Balanço patrimonial. In: REIS, Arnaldo; MARION, José Carlos (Org.). *Mudanças nas demonstrações contábeis*. São Paulo: Saraiva, 2003.

[40] MARION, José Carlos; REIS, Arnaldo. Demonstração do resultado do exercício. In: REIS, Arnaldo; MARION, José Carlos (Org.). *Mudanças nas demonstrações contábeis*. São Paulo: Saraiva, 2003.

[41] JORNAL Folha de S. Paulo. São Paulo, 21 jul. 2002, p. B9.

[42] AIG admite que inflou resultados em US$ 3,9 bilhões. Jornal *O Globo*. Caderno Economia, 1º jun. 2005, p. 25.

[43] PADOVEZE, Clóvis L. *Controladoria básica*. São Paulo: Pioneira Thomson Learning, 2004.

[44] JACOBSEN, Paulo. *Otimização de custos e recursos*. 3. ed. Rio de Janeiro: COP, 1993.

[45] LINS, Luiz S.; SILVA, Raimundo Nonato S. *Gestão empresarial com ênfase em custos*: uma abordagem prática. São Paulo: Pioneira Thomson Learning, 2005.

Referências bibliográficas

AGF Consultores. *Seminário de avaliação da situação da empresa* – análise das demonstrações, fluxos de caixa, EVA, balanço social. Rio de Janeiro, 21 jul. 2005.

ASSEF, Roberto. *Manual de gerência de preços*: do valor percebido pelo consumidor aos lucros da empresa. Rio de Janeiro: Campus, 2002.

BERNARDI, Luiz Antonio. *Política e formação de preços*: uma abordagem competitiva, sistêmica e integrada. 2. ed. São Paulo: Atlas, 1998.

DA SILVA, Alexandre Alcântara. *Estrutura, análise e interpretação das demonstrações contábeis*. São Paulo: Atlas, 2007.

FIPECAFI. IUDÍCIBUS, Sérgio de; MARTINS, Eliseu; GELBCKE, Ernesto Rubens. *Manual de Contabilidade das sociedades por ações* (aplicável às demais sociedades). Fundação Instituto de Pesquisas Contábeis, Atuárias e Financeiras – FI – PECAFI, FEA/USP. 7. ed. São Paulo: Atlas, 2007.

FONSECA, Adriana Monteiro; PETTI, Carin Homonnay. Revista *Pequenas Empresas Grandes Negócios*, Globo, nº 205, fev. 2006.

GITMAN, Lawrence J. *Princípios da Administração Financeira*. 10. ed. São Paulo: Pearson Education do Brasil, 2004.

GOMES, Adriano. *Gerenciamento do crédito e mensuração do risco de vendas*. São Paulo: Manole, 2003.

GRECO, Alvísio; AREND, Lauro. *Contabilidade*: teoria e prática básicas. 9. ed. Porto Alegre: Sagra Luzzatto, 2001.

IUDÍCIBUS, Sérgio de; MARTINS, Eliseu; GELBCKE, Ernesto Rubens. *Manual de contabilidade das sociedades por ações* (aplicável às demais sociedades). Fundação Instituto de

Pesquisas Contábeis, Atuárias e Financeiras – FIPECAFI, FEA/USP. 6. ed. São Paulo: Atlas, 2003.

_____. 7. ed. São Paulo: Atlas, 2007.

LAURETTI, Lélio. *Relatório anual*: veículo por excelência da comunicação institucional. 2. ed. São Paulo: Saraiva, 2003.

MARION, José Carlos. *Análise das demonstrações contábeis*: contabilidade empresarial. 3. ed. São Paulo: Atlas, 2005.

MATARAZZO, Dante C. *Análise financeira de balanços*: abordagem básica e gerencial. 3. ed. São Paulo: Atlas, 1994.

MENDONÇA, Luís Geraldo et al. *Matemática financeira*. 3. ed. Rio de Janeiro: FGV, 2004.

OLINQUEVITCH, José Leônidas; SANTI FILHO, Armando. *Análise de balanços para controle gerencial*. 4. ed. São Paulo: Atlas, 2004.

PEREIRA, Elias et al. *Fundamentos da contabilidade*. São Paulo: Pearson – Prentice Hall, 2005.

REIS, Arnaldo. *Demonstrações contábeis*: estrutura e análise. São Paulo: Saraiva, 2003.

RIBEIRO, Osni Moura. *Estrutura e análise de balanços*: fácil. 7. ed. São Paulo: Saraiva, 2004.

RODRIGUES, José Antonio. *Dilemas na gestão financeira empresarial*. Rio de Janeiro: Qualitymark, 2003.

SANTOS, José Luiz dos; SCHMIDT, Paulo. *Contabilidade societária*: atualizado pela Lei nº 10.303/01. São Paulo: Atlas, 2002.

SILVA, Jose Pereira da. *Análise financeira das empresas*. 7. ed. São Paulo: Atlas, 2005.

VIEIRA, Marcos Villela. Administração estratégica do capital de giro. São Paulo: Atlas, 2005.

WALTER, Milton Augusto. *Orçamento integrado* (operação, investimentos e caixa). São Paulo: Saraiva, 1980.

IMPRESSÃO E ACABAMENTO:
YANGRAF   Fone/Fax:
6195.77.22
e-mail:yangraf.comercial@terra.com.br

Sim. Quero fazer parte do banco de dados seletivo da Editora Atlas para receber informações sobre lançamentos na(s) área(s) de meu interesse.

Nome: _____

CPF: _____ Sexo: ○ Masc. ○ Fem.

Data de Nascimento: _____ Est. Civil: ○ Solteiro ○ Casado

End. Residencial: _____

Cidade: _____ CEP: _____

Tel. Res.: _____ Fax: _____ E-mail: _____

End. Comercial: _____

Cidade: _____ CEP: _____

Tel. Com.: _____ Fax: _____ E-mail: _____

De que forma tomou conhecimento desse livro?

□ Jornal □ Revista □ Internet □ Rádio □ TV □ Mala Direta

□ Indicação de Professores □ Outros: _____

Remeter correspondência para o endereço: ○ Residencial ○ Comercial

Indique sua(s) área(s) de interesse:

○ Administração Geral / Management
○ Produção / Logística / Materiais
○ Recursos Humanos
○ Estratégia Empresarial
○ Marketing / Vendas / Propaganda
○ Qualidade
○ Teoria das Organizações
○ Turismo
○ Contabilidade
○ Finanças

○ Economia
○ Comércio Exterior
○ Matemática / Estatística / P. O.
○ Informática / T. I.
○ Educação
○ Línguas / Literatura
○ Sociologia / Psicologia / Antropologia
○ Comunicação Empresarial
○ Direito
○ Segurança do Trabalho

Comentários

_____
_____
_____

REMETENTE:
ENDEREÇO:

01216-999 - São Paulo - SP

O selo será pago por:

CARTA - RESPOSTA
Não é necessário selar

ISR-40-2373/83
U.P.A.C Bom Retiro
DR / São Paulo